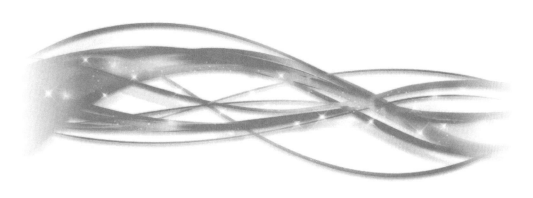

保健医療と福祉

Medical Treatment for Health & Welfare

児島 美都子

【監修】

成清　美治
竹中 麻由美
大野 まどか

【編著】

学 文 社

執筆者

児島美都子 日本福祉大学名誉教授

*竹中麻由美 川崎医療福祉大学（第1章）

　渡辺　　央 静岡福祉大学（第2章）

*成清　美治 神戸親和女子大学（第3・5章）

　崔　　銀珠 福山平成大学（第4章）

　伊藤　隆博 岩手県立大学（第6章）

　巻　　康弘 北海道医療大学（第7章）

　田中希世子 京都光華女子大学（第8章）

　木村多佳子 福井県立大学（第9章）

　室田　人志 元同朋大学（第10章）

*大野まどか 大阪人間科学大学（第11章）

　加納　光子 京都府立大学（非常勤）（第12章）

　宮崎　牧子 大正大学（第13章）

（執筆順：*は編者，**は監修者）

は じ め に

　2019（令和元）年6月28日，厚生労働省社会・援護局福祉基盤課　福祉人材確保対策室より，新しい「社会福祉士養成課程のカリキュラム」が発表された。それに伴って，科目名が「保健医療サービス」から「保健医療と福祉」へ変更された。新たに設けられた同科目のねらい（目標）は，① ソーシャルワーク実践において必要となる保健医療の動向を理解する，② 保健医療に係る政策，制度，サービスについて理解する，③ 保健医療領域における社会福祉士の役割と，連携や協働について理解する，④ 保健医療の課題を持つ人に対する，社会福祉士としての適切な支援のあり方を理解する，等となっている。

　すなわち，専門職であるソーシャルワーカー（社会福祉士）として，保健医療分野において福祉を基盤として適切な支援を行うことを目的とし，保健医療領域に係る政策，制度，サービスについて学ぶと同時に多職種との連携や協働が必要であるとしている。

　本書の作成にあたって，医療ソーシャルワーカーとして病院あるいは医療関係の職場において豊富な現場経験と知見を有する大学の研究者，あるいは高齢者福祉領域や精神保健医療領域において経験を通じて豊かな知見を有する大学の研究者を配し，内容の充実したテキストを作成することにした。また，テキストの内容においても読者（大学生や専門学校生あるいは現場の担当者）の理解を助けるため各章において適切な図表を用いた。そして本書においては，読者に理解と興味を持っていただくため，「学びを深めるために」「プロムナード」の欄等を設けている。

　本書が保健医療と福祉の領域に従事する人びと並びに学生の皆さんの基本的知識あるいは学びの羅針盤となることを切に希望している。

　なお，各章の欄外の用語は，成清美治・加納光子編集代表『現代社会福祉用語の基礎知識（第13版）』(学文社)より引用・参照している。

　最後に本書の出版に力添えを頂いた学文社代表田中千津子氏に感謝する次第である。

2020年3月吉日

執筆者を代表して　成清　美治
竹中麻由美
大野まどか

<h1>目　　次</h1>

はじめに …………………………………………………………………………………… ⅰ

第1章　保健医療の動向 ──────────────────────── 1

　1　保健医療とは …………………………………………………………………… 2
　　（1）保健とは　　2／（2）医療とは　　2
　2　疾病構造の変化 ………………………………………………………………… 4
　　（1）感染症による死亡　　4／（2）感染症から生活習慣病へ　　5／（3）生活習慣病　　5／（4）
　　撲滅されていない結核　　5
　3　在宅医療 ………………………………………………………………………… 6
　　（1）進展する高齢化と医療　　6／（2）診療報酬改定と在宅医療　　7／（3）地域包括ケアシス
　　テムから地域共生社会へ　　7
　4　保健医療における福祉的課題 ………………………………………………… 10
　　（1）人生の終わり方を考える　　10／（2）医療的ケア児　　11／（3）疾病と共に働く　　12／
　　（4）不妊治療　　13／（5）遺伝子医療　　14／（6）健康寿命を延伸し，疾患と共に生きる
　　14／（7）複雑化・多様化するニーズ　　15

第2章　保健医療の歴史的展開 ─────────────────── 17

　1　保健医療前史 …………………………………………………………………… 18
　2　イギリスの保健医療の歴史 …………………………………………………… 20
　3　アメリカの保健医療の歴史 …………………………………………………… 22
　4　わが国の保健医療の歴史 ……………………………………………………… 24

第3章　医療保険制度の概要 ──────────────────── 29

　1　国民医療費の高騰化 …………………………………………………………… 30
　2　国民医療費に関する政策動向 ………………………………………………… 32
　3　医療費の国際比較 ……………………………………………………………… 34
　4　医療保険制度 …………………………………………………………………… 36
　　（1）医療保険制度の沿革　　36／（2）医療保険制度　　40／（3）医療保険制度の概要　　41／
　　（4）高額療養費制度，無料低額診療事業　　47／（5）医療費の一部負担（自己負担），国民健康保
　　険保険料の減免措置　　47
　5　後期高齢者医療制度 …………………………………………………………… 48
　6　公費負担医療制度 ……………………………………………………………… 50
　　（1）公費負担医療　　50／（2）自立支援医療　　50

第4章　保健医療対策の概要 ──────────────────── 55

　1　保健所の役割 …………………………………………………………………… 56
　2　医療計画と地域医療構想 ……………………………………………………… 57
　　（1）医療計画とは　　57／（2）医療計画の内容　　58／（3）地域医療構想の推進　　59
　3　5疾病 …………………………………………………………………………… 60
　　（1）が　ん　　60／（2）脳卒中　　61／（3）急性心筋梗塞　　61／（4）糖尿病　　62／（5）
　　精神疾患　　62

　4　5 事業 ･･ 63
　　　(1) 救急医療　　63 ／ (2) 災害医療　　64 ／ (3) へき地医療　　65 ／ (4) 小児医療　　65 ／
　　　(5) 周産期医療　　66
　5　薬剤耐性（AMR）対策 ･･ 67
　　　(1) 薬剤耐性（AMR）とは　　67 ／ (2) 薬剤耐性（AMR）対策アクションプランの背景　　67 ／
　　　(3) 薬剤耐性（AMR）対策アクションプランの内容　　68
　6　健康日本 21 と健康増進法 ･･･ 68
　　　(1) 国民健康づくり対策の流れ　　68 ／ (2) 21 世紀における第二次国民健康づくり運動（健康日
　　　本 21（第二次））　　69 ／ (3) 健康増進法　　70

第 5 章　医療提供施設の概要 ─────────────────────── 71

　1　医療法と改正の流れ ･･ 72
　2　医療法にもとづく医療施設 ･･･ 74
　　　(1) 病　　院　　74 ／ (2) 診療所　　74 ／ (3) 助産所　　75 ／ (4) 介護老人保健施設　　75 ／
　　　(5) 介護医療院　　75 ／ (6) 調剤薬局　　75
　3　病院の種類 ･･･ 75
　　　(1) 一般病院　　75 ／ (2) 特定機能病院　　75 ／ (3) 地域医療支援病院　　76 ／ (4) 臨床研究
　　　中核病院　　76 ／ (5) 精神科病院　　76 ／ (6) 結核病院　76
　4　病床の種類 ･･･ 77
　　　(1) 精神病床　　77 ／ (2) 感染症病床　　77 ／ (3) 結核病床　　77 ／ (4) 療養病床　　77 ／
　　　(5) 一般病床　　77 ／ (6) 介護療養型医療施設　　78 ／ (7) 介護医療院　　78
　5　地域医療と医師・病院・病棟 ･･･ 79
　　　(1) 医療介護総合確保推進法　　79 ／ (2) かかりつけ医　　81 ／ (3) 在宅療養支援診療所
　　　82 ／ (4) 地域医療支援病院　　82 ／ (5) がん診療連携拠点病院　　83 ／ (6) 回復期リハビリ
　　　テーション病棟　　83 ／ (7) 緩和ケア病棟　　84

第 6 章　診療報酬制度 ──────────────────────────── 87

　1　診療報酬制度とは何か ･･･ 88
　　　(1) 診療報酬の仕組み　　88 ／ (2) 保険診療の仕組み　　88 ／ (3) 診療報酬点数　　90
　2　診療報酬制度の体系 ･･ 90
　　　(1) 入院基本料の算定　　90 ／ (2) 在宅医療と診療報酬　　93 ／ (3) 診療報酬による社会福祉
　　　士の評価　　95
　3　診療報酬の改定 ･･ 97
　4　診療報酬と医療連携，チーム医療 ･･･ 99
　　　(1) 診療報酬と医療連携　　99 ／ (2) 診療報酬とチーム医療　　100
　5　多様な住居の場における在宅療養 ･･･ 100
　6　ターミナル・ケア（終末期医療）を支援する診療報酬制度 ････････････････････ 101

第 7 章　保健医療における専門職の役割と連携・協働 ──────────── 103

　1　保健医療における専門職 ･･･ 104
　　　(1) 医師，歯科医師，薬剤師，保健師，助産師，看護師，作業療法士，理学療法士，言語聴覚士，
　　　管理栄養士の役割　　104 ／ (2) 介護福祉士，精神保健福祉士の役割　　108 ／ (3) 介護支援専
　　　門員，居宅介護従事者の役割　　109
　2　保健医療領域における連携と協働 ･･･ 110
　　　(1) 院内連携　　110 ／ (2) 地域医療連携（病診連携，病病連携）　　112 ／ (3) 地域包括ケアシ
　　　ステムにおける連携　　112

　　3　社会福祉士と医療ソーシャルワーカー ………………………………………… 114

第8章　保健医療領域における支援の実際 ──────────────── 117
　　1　保健医療領域における社会福祉専門職 ………………………………………… 118
　　2　医療ソーシャルワーカー業務指針における業務の範囲 ……………………… 120
　　　　(1) 療養中の心理的・社会的問題の解決，調整援助　120 ／ (2) 退院援助　121 ／ (3) 社会
　　　　復帰援助　122 ／ (4) 受診・受療援助　122 ／ (5) 経済的問題の解決，調整援助　123 ／
　　　　(6) 地域活動　124
　　3　医療ソーシャルワーカーの業務の方法・留意点 ……………………………… 124
　　　　(1) 個別援助に係る業務の具体的展開　124 ／ (2) 患者の主体性の尊重　125 ／ (3) プラ
　　　　イバシーの保護　126 ／ (4) 他の保健医療スタッフ及び地域の関係機関との連携　126 ／ (5)
　　　　受診・受療援助と医師の指示　127 ／ (6) 問題の予測と計画的対応　128 ／ (7) 記録の作成
　　　　等　128
　　4　目の前の患者，家族に向き合うソーシャルワークを ………………………… 128

第9章　地域包括ケアシステムと在宅医療 ──────────────── 131
　　1　地域包括ケアシステムとは（医療・介護・予防・住まい・生活支援） ……… 132
　　　　(1) 地域包括ケアシステム　132 ／ (2) 5 つの構成要素と「自助・互助・共助・公助」　133
　　　　／ (3) 地域包括ケアシステムの深化・推進　135
　　2　地域包括ケアシステムの役割 ………………………………………………… 136
　　　　(1) 地域包括ケアシステム構築のプロセスと市町村の役割　137 ／ (2) 地域包括支援センター
　　　　の役割　137 ／ (3) 地域ケア会議の役割　138
　　3　地域包括ケアシステムにおける在宅医療の役割 ……………………………… 138
　　　　(1) 在宅医療の推進　138 ／ (2) 在宅医療に求められる医療機能　140 ／ (3) 在宅医療の提
　　　　供体制を支えるしくみ　141
　　4　在宅療養支援診療所と在宅療養支援病院の役割 ……………………………… 142

第10章　保健医療に係る倫理 ─────────────────────── 145
　　1　自己決定の尊重 ………………………………………………………………… 146
　　　　(1) インフォームド・コンセント（Informed Consent）　146 ／ (2) インフォームド・アセント
　　　　（Informed Assent）　148
　　2　意思決定支援・アドバンス・ケア・プランニング …………………………… 148
　　　　(1) 意思決定支援　149 ／ (2) アドバンス・ケア・プランニング（Advance Care Planning）
　　　　150
　　3　保健医療に係る医療倫理の 4 原則 …………………………………………… 151
　　　　(1) 自律尊重の原則　151 ／ (2) 無危害の原則　151 ／ (3) 善行の原則　151 ／ (4) 公正
　　　　の原則　152
　　4　倫理的課題─高度生殖医療・出生前診断・臓器移植・尊厳死・身体抑制・倫理的課題 ……… 152
　　　　(1) 高度生殖医療と倫理的課題　152 ／ (2) 出生前診断と倫理的課題　153 ／ (3) 臓器移植医
　　　　療の倫理的課題　154 ／ (4) 尊厳死と倫理的課題　155 ／ (5) 身体拘束と倫理的課題　156

第11章　病気・障害を抱える人びとや家族に対する援助 ──────── 159
　　1　疾病・障害およびそのリスクがある人と家族の理解 ………………………… 160
　　　　(1) 健康とは　160 ／ (2) life の理解　160 ／ (3) 全人的理解　161 ／ (4) 家族，患者の
　　　　周囲の人びとの理解　162

　2　病気の過程と保健医療ソーシャルワークの生活上のニーズ・・・・・・・・・・・・・・・・・・・・・・・・・・163
　　　（1）保健医療ソーシャルワークの生活上のニーズ　163／（2）急性期と医療ソーシャルワーク
　　の生活上のニーズ　164／（3）回復期と医療ソーシャルワークの生活上のニーズ　164／
　　　（4）慢性期と医療ソーシャルワークの生活上のニーズ　165
　3　保健医療領域における支援の実際・・166
　　　（1）保健医療ソーシャルワークの援助過程　166／（2）入院中・退院時の支援　167／（3）
　　在宅医療における支援　167／（4）終末期ケア及び認知症ケアにおける支援　168／（5）家
　　族に対する支援　169

第12章　精神障害を抱えた人びとや家族に対する相談・援助活動 ―――――――― 173
　1　精神保健福祉の歴史・・・174
　　　（1）ヨーロッパ・アメリカにおける精神医療と処遇　174／（2）日本における精神医療と保健・
　　福祉の歴史　176
　2　精神保健福祉の現状と課題・・・179
　　　（1）法律・制度の制定・整備　179／（2）精神保健福祉制度の現状　180／（3）精神保健福
　　祉の課題　182
　3　相談援助と精神保健福祉士・・183
　　　（1）精神科領域における相談援助の歴史　183／（2）相談援助と精神保健福祉士　184

第13章　高齢者福祉の問題を抱えた人びとに対する相談・援助活動 ――――――― 191
　1　高齢者福祉の課題である介護ニーズ・・192
　　　（1）少子高齢社会の現状　192／（2）高齢者の家族と世帯の現状　192／（3）高齢者と疾病
　　192／（4）高齢者と介護　193／（5）高齢者と生活保護　193／（6）高齢者と犯罪被害
　　193
　2　要支援・要介護者家族の支援・・194
　　　（1）要介護・要支援認定者の現状　194／（2）介護者の現状　195／（3）介護者支援の必要
　　性について　197
　3　自己決定のニーズ・・198
　　　（1）自己決定とは　198／（2）高齢者が自己決定することの難しさについて　198／（3）高
　　齢者の「自己決定」の支援とは　199
　4　認知症高齢者とその家族支援・・199
　　　（1）認知症高齢者の現状　199／（2）認知症高齢者を介護する家族への支援の必要性　199

　索　　引・・203

第 1 章

保健医療の動向

1　保健医療とは

(1) 保健とは

　保健とは，その文字が示す通り「健康を保つこと」といえる。

　厚生労働白書英語版では，保健医療は "Health and Medical Services"，厚生労働省は "Ministry of Health, Labour and Welfare" と表記されている。つまり，人が，健康 (Health) であること，働くこと (Labour)，その人らしく生きること (Welfare) を示している。英国で国民保健サービスを統括する保健省は "Department of Health"（下線筆者）と示されている。地域保健法第1条では，地域保健対策について，「地域住民の健康の保持及び増進を目的として国及び地方公共団体が講ずる施策」と示している。

　では，健康とはどのような状態を指すのだろうか。世界保健機関（WHO：World Health Organization）の憲章前文では，「健康」を "Health is a state of complete physical, mental and social well-being not merely the absence of disease or infirmity." 「健康とは，病気でないとか，弱っていないということではなく，肉体的にも精神的にも，そして社会的にも，すべてが満たされた状態にあることをいう[1]」（日本WHO協会訳）としている。疾病や障害などの医療との関係にのみ着目して健康をとらえるのではなく，社会生活をも含めた人間の全体像に着目している。この定義の改正案は，1998年にWHO執行理事会で総会提案として採択されたものの，その後審議されていない。内容は以下の通りである。"Health is a dynamic state of complete physical, mental spiritual and social well-being and not merely the absence of disease or infirmity"（完全な肉体的，精神的，Spiritual及び社会福祉のDynamicな状態であり，単に疾病もしくは病弱ではない状態ではない）。健康を疾病の状態と結びつけてとらえるのではなく，その人の思いや価値観が満たされること，たとえ疾病によって人や人を取り巻く環境に変化が生じたとしても，その変化に応じて "活き活きと" 過ごせることを示していると考えられる。

(2) 医療とは

　副題を "医療−「質」「情報」「選択」そして「納得」" とした『平成7年版厚生白書』は，厚生白書で初めて医療をメインテーマとして取り上げている。第1章は「『一つの文明，一つの社会は，それ特有の病気の構造と生態を持つ』と言われている。」という一文で始まっている。病気に対する社会システムである医療保障制度は，それぞれの社会，文明の産物であり，医療サービスを保障する仕組みは時代や国によって異なる。第3章では，医療サービスの一部を紹介している。

　当時の井出正一厚生大臣は「刊行に当たっての挨拶」で「医療は，人が生ま

れてから死ぬときまで，国民一人ひとりに密接に関連するサービスとなっております。重要なサービスである医療が，真に患者，家族のものとなり今後も国民の生命，健康，生活を守り続けていくものとなるよう，多くの人が転換期にある医療に関する議論に参加していただくことを願っております。」と述べている。社会保障制度は，大きく「医療」「年金」「福祉」に分類されるが，なかでも「医療」は生命が母胎に宿った瞬間から生命が終わるその時まで，国民一人ひとりの生活と密接に関わっている。

医療法第1条の二では，医療を「生命の尊重と個人の尊厳の保持を旨とし，医師，歯科医師，薬剤師，看護師その他の医療の担い手と医療を受ける者との信頼関係に基づき」行われるものであること，「国民自らの健康の保持増進のための努力を基礎として（中略）医療提供施設の機能に応じ効率的に，かつ，福祉サービスその他の関連するサービスとの有機的な連携を図りつつ提供されなければならない。」と示している（下線筆者）。医療は人の生命に直結する専門性の高い分野であり，医療を提供する者（＝医療者）と医療を利用する者（＝患者）の立場は入れ替わることがない。だからこそ医療者には専門職としての知識・技術と共に高い倫理観をもち患者に向き合う姿勢が要求される。

日本の医療保険制度は，「国民皆保険制度」「フリーアクセス」「現物給付」という特徴を持ち，医療は人びとにとって身近で馴染みのあるサービスとなっている。医学の発達に伴い，高度な医療技術やさまざまな機器，新たな薬剤などが開発され，治療の可能性は拡がっている。そして医療技術の発達や寿命の進展に伴い，国民医療費は増大し続けている。国民医療費については，第3章に詳しく解説されている。

2013（平成25）年8月6日「社会保障制度改革国民会議」の報告書がとりまとめられ，社会保障制を持続していくための具体的改革案が示された。医療改革の方向性については，急性期医療で集中的に濃密な医療を提供した後，早期に退院できるよう地域の病床や在宅医療，介護を充実させる「川上から川下までの」医療提供者間のネットワーク構築が必要不可欠であるとしている。併せて，医療改革は提供者側と利用者側が一体となって実現されること，すべての国民の協力と意識の変化を求められることも明記されている。医療保障制度を含む社会保障制度を持続していくためには，健康の維持・増進に留意し，適切な行動によって発症を防げる疾病に罹患しないこと，医療制度のあり方について理解するなど，利用者である国民の自覚と努力が求められる。

厚生労働省は，2015（平成27）年6月「保健医療2035提言書」のなかで，2035年の保健医療が実現すべき展望のひとつに「ライフ・デザイン〜主体的選択を社会で支える〜」を掲げ，「人々が自ら健康の維持・増進に主体的に関与し，デザインする」ことを示している。その上で「健康は個人の自助努力のみで維持・増進できるものではなく，個人を取り巻くさまざまな環境，いわゆ

医療法
医療法は，わが国の医療供給体制の確保をはかるため，病院，診療所，助産所などの整備を推進するために必要な事項が定められている。内容は，①総則，②病院，診療所及び助産所，③医療計画，④公的医療機関，⑤医療法人，⑥医業，歯科医業または助産師の業務等の広告，⑦雑則，⑧罰則等で構成されている。

国民皆保険
すべての国民に医療保険制度が適用されたのは1961（昭和36）年4月である。多くの医療保険未加入者が存していた1956（昭和31）年に，社会保障審議会が示した「医療保障制度に関する勧告」によって，厚生省（現厚生労働省）は「国民皆保険計画」を決定し，「国民皆保険」を推進した。

る『健康の社会的決定要因』を考慮した取組みを進める」としている。

　医療は国民すべてにとって必要不可欠なサービスであり，人を含む多くの資源が投入されている。医療を国民全体で支えるために，医療にかかる費用を国民全体で分担するだけでなく，医療にかかる費用を国民自身が適切にコントロールすることも重要である。医学は専門性の高い分野ではあるが，医療サービスを持続していくためには，国民一人ひとりが自らの健康を管理し，医療サービスを取り巻く状況を理解し，適切に行動していくことが求められる。

　もちろんさまざまな事情によって医療サービスを利用できない人びとは，いつの時代にも存在し，そのような人びとの支援に医療ソーシャルワークは一定の機能を発揮してきた。医療ソーシャルワークの機能や実際については，第8章で紹介している。

２ 疾病構造の変化

（1）感染症による死亡

　1874（明治7）年，医療制度や衛生行政に関する各種規定を定めた日本最初の近代的医事衛生法規である「医制」が発布された。「医制」の目的は「国民の健康を保護し，疾病を治療し及びその学を隆興すること」と示されており，近代的な衛生行政の第一歩といえる。日本は，明治維新後の文明開化政策に基づき積極的に諸外国との交流を行った結果，さまざまな文化や技術と共に，コレラなどの疫病が海外から流入することともなった。当時は都市の衛生環境が劣悪であったことも影響し，たびたび疫病が流行した。明治初期から中期までの衛生行政の重点はコレラなどの急性感染症対策に置かれた。

　明治中期以降は，都市労働者間で結核が流行するなど，慢性感染症対策が求められるようになった。戦後の各種結核対策により結核の死亡者数は著しく減少し，1939（昭和14）年時点の10万人当たり216.3だった死亡率は，1951（昭和26）年時点で110.3と，約半分にまで改善された。

　厚生労働省「人口動態統計」に示された死因順位によると，戦前は，結核，胃腸炎，肺炎などの感染症による死亡および脳血管疾患による死亡が多かった。1947（昭和22）年から1950（昭和25）年にかけての死因の第1位は，明治時代から「国民病」とも呼ばれた結核であった。戦前から戦後にかけては，上下水道の未整備や栄養状態の不良などと相まって結核が蔓延していた。感染性が高く，また死亡率も高い結核は，「不治の病」「亡国の病」などとも呼ばれていたが，戦後，国民の生活水準向上や医学・医療の進歩により，結核による死亡は減少していく。

(2) 感染症から生活習慣病へ

　1945（昭和20）年代後半以降，結核による死亡は著しく減少し，わが国の死因構造の中心は"感染症から生活習慣病"へと転換した。結核，胃腸炎，肺炎による死亡は減少する一方で，脳血管疾患，悪性新生物，心疾患のいわゆる三大死因順位は年々上昇し，1951（昭和26）年には結核に代わって脳血管疾患が死因の第1位となった。1953（昭和28）年には悪性新生物が第2位，1958（昭和33）年には心疾患が第3位となり，当時は成人病と呼ばれていた生活習慣病が死因順位の上位を占めるようになった。40歳代及び50歳代の死亡者総数に占める生活習慣病の割合の推移をみると，第二次世界大戦終戦直後の1947（昭和22）年には，40歳代で25.7％，50歳代で37.6％であったのが，1960（昭和35）年には，40歳代で49.0％，50歳代で62.9％と，2倍近く増加している。こうした事情から，昭和30年代には"成人病対策"が保健医療の大きなテーマとなった。

(3) 生活習慣病

　「成人病」の概念について，1957（昭和32）年成人病予防対策協議連絡会議事録には「主として，脳卒中，がん，心臓病などの40歳前後から死亡率が高くなり，しかも全死因のなかでも上位を占め，40～60歳くらいの働き盛りに多い疾病」と示されている。その後，成人病はある時期に突然発症するのではなく，病原体や有害物質などの外部環境因子や生まれつきの遺伝要因が関係していること，そして若い頃から食生活や運動，睡眠，喫煙，飲酒，ストレスなどを長期に積み重ねた結果，発症することが多く，生活習慣も深く関わっていることが明らかになってきた。これに伴い，1996（平成8）年に公衆衛生審議会において，「食習慣，運動習慣，休養，喫煙，飲酒等の生活習慣が，その発症・進行に関与する疾患群」を「生活習慣病」として定義した。「成人病」が「加齢」に着目していたのに対し，生活習慣を改善することで疾病の発症・進行が予防できることを広く国民に示し，一人ひとりの行動に結びつけていこうとするものであった。

　肺炎は2011（平成23）年に脳血管疾患にかわり死因第3位となり，2017（平成29）年には5位となっている。この要因は，死因統計のルールとなるICD-10（当時）を適用したことによるものであるが，いずれにしても，この4疾患が死因の上位を占め，そして悪性新生物による死亡者数は，一貫して増加傾向となっている。

(4) 撲滅されていない結核

　戦後，国民の生活水準向上や医学・医療の進歩により，結核による死亡は減少したものの，多剤耐性結核の出現，学校や医療機関，高齢者施設等における

生活習慣病

　生活習慣病は，進行しないと自覚症状が現れないため，発症初期に気づかず，気づいた頃には病態が進んでいて治療を始めても治癒しないことが多い。また症状が突然現れ，発作が起こり死亡することや後遺症が残って寝たきりになることもある。そのため予防に重点を置いた対策が重要となる。

脳卒中（脳血管障害）

　高血圧が原因となる脳内出血や脳動脈瘤破裂などのクモ膜下出血を含む脳出血と，動脈硬化症が原因の脳血栓や心疾患などによる血栓が脳動脈を閉塞して起こる脳塞栓などの脳梗塞を総称して脳卒中（脳血管障害）という。脳の損傷によって症状が出現し，中枢組織を損傷することによるマヒ，言語領域を損傷することによる失語，感覚系機能の認知能力の障害による失認，修得していた運動動作が不可能になる失行などがある。

ICD

　「疾病及び関連保健問題の国際統計分類：International Statistical Classification of Diseases and Related Health Problems」は，世界保健機構（WHO）が作成し，世界各国から報告された疾病や傷害及び死因の統計分類に用いられている。最新の分類であるICD-11は，第11回改訂版として2019（平成31）年5月の第72回世界保健総会において採択された。現行のICD-10以来，約30年ぶりの改訂となる。

集団感染，過去に結核菌に感染した人びとが高齢者となり発症するケース，在日外国人の結核患者など，新たな課題が出現した。厚生省（当時）は，1999（平成 11）年に「結核緊急事態宣言」を発表し，結核は過去の病気ではなく国民の健康を脅かす病気であることを国民に普及啓発し，地方自治体と共に健康診断，結核発生動向調査などの対策に取り組むことを示した。2018（平成 30）年に新たに結核患者として登録された者は 15,590 人，そして 2,204 人が結核により死亡しており，結核はわが国の主要な感染症となっている。しかし，結核を「過去の病気」として認識している国民が多いために受診・診断が遅れる傾向があり，国は結核予防週間（毎年 9 月 24 日〜 30 日）などに結核に関する正しい知識の普及啓発を図っている。

3　在宅医療

（1）進展する高齢化と医療

　進展する高齢化は，保健医療のあり方にさまざまな影響を与えてきた。

　1963（昭和 38）年に制定された老人福祉法は，老人や高齢者を明確に定義してはいないものの，第 1 条で「老人に対し，その心身の健康の保持及び生活の安定のために必要な措置を講じ，もって老人の福祉を図ること」を目的として示している。この老人福祉法では，特別養護老人ホームなど高齢者に関する福祉サービスも定義された。当時，国民健康保険加入者の自己負担は 3 割であり，高齢者が受診を控える要因となっていたことから，国は 1973（昭和 48）年から老人医療費を無料化し高齢者の受診を支援した。その結果，医療機関が高齢者のサロンとなる，必要のない点滴などが処方され 1 件当たりの医療費が高額となる，などの弊害が指摘されるようになる。以後，1983（昭和 58）年の老人保健法による老人保健制度創設により高齢者にも一定の自己負担を求めるようになり，やがて後期高齢者医療制度が創設されることになる。

　高齢者を中心とした医療のあり方について，2017（平成 25）年 8 月 6 日　社会保障制度改革国民会議報告「医療・介護分野の改革」では，高齢化の進展や疾病構造の変化に伴い，医療はひとつの医療機関で医療サービスを提供する「病院完結型」から，地域全体で治し支える「地域完結型」へ変化すべきであると提唱している。そのために，患者が状態に応じた適切な医療を受けられるよう病床を機能分化すること，入院期間を短縮化し早期の家庭復帰・社会復帰を実現するとともに，地域で患者を受け入れる病床や在宅医療・在宅介護を充実させていく必要性を指摘している。機能分化に応じた設備人員体制を確保し，病院のみならず地域の診療所をもネットワークに組み込み，医療資源として有効に活用していく。そのため診療所は，他職種と連携・情報共有しながら訪問診療を提供する「かかりつけ医」機能を強化していくことが必要だとしている。

老人保健法
　1982（昭和 57）年に公布され，基本理念として，国民は自助と連帯の精神に基づき自らの心身の変化を自覚し健康の保持増進に努めるとともに，老人の医療費を公平に負担するものとした。老人保健法による老人医療では，高齢者に能力に応じた無理のない範囲の自己負担額を定めた。医療以外の保健事業には，①健康手帳の交付，②健康教育，③健康相談，④健康診査，⑤機能訓練，⑥訪問指導を規定している。2008（平成 20）年に「高齢者の医療の確保に関する法律」に改正された。

(2) 診療報酬改定と在宅医療

2014（平成26）年4月の診療報酬改定では，基本認識を「入院医療・外来医療を含めた医療機関の機能分化・強化と連携，在宅医療の充実等に取り組み，医療提供体制の再構築，地域包括ケアシステムの構築を図る」とし，地域包括ケアシステムを構築するためには，将来にわたって医療機関の機能分化・強化と連携，在宅医療の充実等に取り組み続ける必要があるとしている。

この診療報酬について報道した朝日新聞は，政府が目指す高齢者医療の姿を「時々入院，ほぼ在宅」と示した。病気になると病院に駆け込み面倒をみてもらう「病院完結型」から，患者の生活の基本を自宅や施設におき入院は極力短期間とし，そのためにかかりつけ医や看護師が患者を訪問する「地域完結型」に変えていくとしている（朝日新聞2014年2月13日朝刊）。

2018（平成26）年4月の診療報酬改定では，多様な在宅医療ニーズへ対応できるよう複数の医療機関からの訪問診療が認められ，在宅医療を提供する医療機関の裾野を広げるため，一定の要件を満たした診療所や200床未満の病院が在宅医療へ参入できることとした。かかりつけ医が事前に患者情報を登録しておくことで24時間体制で入院に応じる「在宅療養後方支援病院」も制度化された。

(3) 地域包括ケアシステムから地域共生社会へ
1）地域包括ケアシステムと在宅医療

地域包括ケアシステムと在宅医療については，第9章で詳細に述べられている。2014（平成26）年に公布された「地域における医療及び介護の総合的な確保の促進に関する法律」第2条では「地域包括ケアシステム」を「地域の実情に応じて，高齢者が，可能な限り，住み慣れた地域でその有する能力に応じ自立した日常生活を営むことができるよう，医療，介護，介護予防（要介護状態

図表1-1　在宅医療の体制

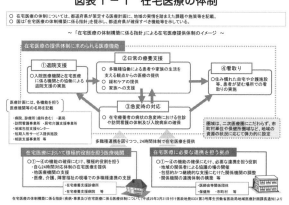

出所）第11回医療計画の見直し等に関する検討会　資料2　平成29年6月30日。在宅医療の体制構築に係る指針（疾病・事業及び在宅医療に係る医療体制について（平成29年3月31日付け医政地発0331第3号厚生労働省医政局地域医療計画課長通知）より

若しくは要支援状態となることの予防又は要介護状態若しくは要支援状態の軽減若しくは悪化の防止をいう），住まい及び自立した日常生活の支援が包括的に確保される体制」と定義している。この定義に示された“包括的支援”体制は，人びとの生活の場である日常生活圏域で適切に整備される必要がある。都道府県医療計画では，在宅医療（居宅等における医療）に関わる医療連携体制に関する事項の記載が義務づけられている。

2015（平成27）年度からの第6期介護保険事業計画では「在宅医療・介護連携推進事業」が位置づけられた。事業項目は，（ア）地域の医療・介護資源の把握，（イ）在宅医療・介護連携の課題の抽出と対応策の検討，（ウ）切れ目のない在宅医療と介護の提供体制の構築推進，（エ）医療・介護関係者の情報共有の支援，（オ）在宅医療・介護連携に関する相談支援，（カ）医療・介護関係者の研修，（キ）地域住民への普及啓発，（ク）在宅医療・介護連携に関する関係市区町村の連携，の8点である。市区町村が主体となって郡市区医師会や地域包括支援センターなどと連携しながら，在宅医療と介護サービスを一体的に提供する体制の構築を推進している。

2015（平成27）年「新たな時代に対応した福祉の提供ビジョン」では「すべての人が世代や背景を問わず，安心して暮らし続けられるまちづくり（全世代・全対象型地域包括支援）」という新しい地域包括支援体制の確立を提言している。

厚生労働省は，社会保障改革の基本コンセプトとして「地域共生社会」の実現を掲げ，2016（平成28）年6月2日に「ニッポン一億総活躍プラン」を閣議決定した。そして2017（平成29）年2月7日に厚生労働省「我が事・丸ごと」地域本部が決定した「『地域共生社会』の実現に向けて（当面の改革工程）」に基づき，地域共生社会の実現に向けた改革を進めている。「地域共生社会」とは，“社会構造や人々の暮らしの変化を踏まえ，制度・分野ごとの「縦割り」や「支え手」「受け手」という関係を超えて，地域住民や地域の多様な主体が参画し，人と人，人と資源が世代や分野を超えつながることで，住民一人ひとりの暮らしと生きがい，地域をともに創っていく社会”としている。

2019（令和元）年5月29日には厚生労働省から「2040年を展望した社会保障・働き方改革本部のとりまとめ」が公表された。高齢者の人口の伸びは落ち着くものの，現役世代が急減すると予測し，国民誰もが，より長く，元気に活躍できるよう，①多様な就労・社会参加の環境整備，②健康寿命の延伸，③医療・福祉サービスの改革による生産性の向上，④給付と負担の見直し等による社会保障の持続可能性の確保，に取り組むとしている。健康寿命延伸プランでは，(1)全ての人の健やかな生活習慣形成，(2)疾病予防・重症化予防，(3)介護予防・フレイル対策，認知症予防の3分野を取組の中心としてあげている。

2）地域医療構想

2014（平成26）年施行された「医療介護総合確保推進法」により，2015（平

介護保険事業計画
介護保険に係る給付を円滑に実施するため厚生労働大臣が定める基本指針に基づいて，市町村は保険給付の円滑な実施に関する計画を，都道府県は介護保険事業に係る保険給付の円滑な実施の支援に関する計画を，それぞれ3年を1期として定めることとなっている。この計画に基づいて，介護サービスの供給体制の整備が図られている。

ニッポン一億総活躍プラン
このプランでは，①成長と分配の好循環メカニズム，②働き方改革，③子育ての環境整備，④介護の環境整備，⑤すべての子供が希望する教育を受けられる環境の整備，⑥「希望出生率1.8」に向けた取り組み，⑦「介護離職ゼロ」に向けた取り組み，⑧「戦後最大の名目GDP600兆円」に向けた取り組みの各点について提言されている。

図表1-2　地域包括ケアシステムにおける在宅医療への期待（平成31年1月20日）

出所）http://www.zaitakuiryo-yuumizaidan.com/docs/highlevel-trainingprogram/2019/20190120_01_suzuki.pdf　2018.12.29 閲覧

成27）年4月から，都道府県は二次医療圏単位で「地域医療構想」を策定することとなった。地域医療構想は，「地域の高齢化等の実情に応じた病床の機能分化・連携を進めることによって効率的な医療提供体制を構築する」ことを目的としている。増加する入院患者に対しては地域ごとの病床機能の効率化・最適化によって対応する。高齢化に伴う疾病構造・受療行動の変化の中で回復期医療を必要とする患者の増加に対しては，施設・在宅を基本としつつ必要に応じて適切な医療機関へ入院することで対応する。そのために医療機関の機能分化を促進し，同時に医療・福祉に関する施設間の連携を強化することが求められている。2013（平成25）年現在134.7万床の入院ベッドを2025年には115万～119万床に整理・統合することを目指す。将来的には医療依存度の低い慢性期患者への医療は，介護施設や高齢者住宅を含めた"在宅"医療で提供する。

　医療の機能分化を促進し在宅医療を実現するためには"かかりつけ医"の存在が重要となる。かかりつけ医は，①日常的な医学管理と重症化予防，②専門医療機関等との連携，③在宅医療支援，介護との連携などの機能を発揮し，ADL低下により通院が困難な高齢者，末期のがん患者など，従来，在宅医療が対応してきた患者にとどまらず，小児への対応，生活習慣病の発症・悪化予防，治療と仕事や学修の両立支援など，さまざまな施設・機関と情報共有・連携しながら患者の生活を支える。「在宅療養後方支援病院」は，24時間の受診や入院を受け入れることで，文字通りかかりつけ医を後方から支援する役割を担う。

3）地域医療におけるかかりつけ医の役割

　地域医療構想は，増加する高齢者への医療では，入院で提供される急性期医療よりも施設・在宅で提供される回復期・維持期医療の必要性が高いことに着目し，地域ごとに必要な医療機能への分化を促し，施設間の連携を強化することで対応しようとしている。かかりつけ医は，施設で生活する高齢者への往診や訪問診療を担当するのみでなく，たとえば生活習慣病を有する患者への対応

として以下のような機能を担う。外来での生活指導などを通じて①日常的な医学管理と重症化予防を実施し，②入院などの必要に応じて専門医療機関等を紹介し，介護支援専門員と連携しつつ在宅医療を提供する③在宅療養支援，介護との連携，という3つの機能である。

在宅医療を必要とする患者は高齢者のみではない。複数の疾患を有するなど，患者の状態に応じた適切な在宅医療を提供するためには，複数の医療機関や介護事業者等が連携し，24時間，必要なサービスが提供される体制が求められる。

4　保健医療における福祉的課題

保健医療制度が発達する一方で，人びとの生活には今までには存在しなかった新たな課題が登場することとなった。

(1) 人生の終わり方を考える
1) 人生の最終段階をどう迎えるか

2018（平成30）年3月14日「人生の最終段階における医療の決定プロセスに関するガイドライン（改訂版）」が公表された。2007（平成19）年に策定された「終末期医療の決定プロセスに関するガイドライン」を改訂したものである。「終末期医療」から「人生の最終段階における医療」へ名称変更され，病院における延命治療への対応を想定した内容だけではなく，在宅医療・介護の現場で活用できる内容へと改訂された。人生の最終段階における医療のあり方について，(1) 医師等の医療従事者から適切な情報提供と説明がなされ，その説明に基づいて患者が医療従事者と話し合いを行った結果としての，患者本人による決定を基本とすること，(2) 人生の最終段階における医療及びケアの方針を決定する際には，医師の独断ではなく医療・ケアチームによって慎重に判断すること，などが盛り込まれている。

終末期（＝ターミナル）は，予期せぬ発症や受傷によって突然に訪れることもあれば，加齢や疾病によって"いよいよ"訪れる人生の最終段階もある。自らが希望する医療やケアを受けるためには，最終段階に至るまでの準備が重要となる。できれば"患者"となる前から，自分自身で考え，家族や医療者と話し合い，自分の思いを共有しておくとよい。未婚の単身生活者等の場合は，家族に代わる信頼できる相手を定めておくことも必要である。患者となった後も心身の状態の変化等に応じて患者本人の意思は変化するため，医療・ケアの方針や，どのような生き方を望むか等を日頃から繰り返し話し合う「人生会議（アドバンス・ケア・プランニング：ACP）」が重要となる。厚生労働省は，11月30日を「いい看取り・看取られ」る，人生会議の日として広報している。

従来，患者が自らの意思を表示できなくなった時，患者の意向を尊重した医

終末期
病状などの進行により，余命わずかな状態となった時期をさす。終末期に病院や介護施設，患者の自宅等で行われるケアを終末期ケアという。終末期ケアでは，延命を図るための治療ではなく，病気に伴う身体的・心理的苦痛の緩和を図るための医療的ケアを行うことが中心となる。多職種で構成されたチームが，本人や家族の意志を最大限に尊重しつつ，協働してケアを行うことが求められる。

療を提供するための方法として「事前指示書（アドバンス・ディレクティブ）」があった。「事前指示書」には，自分の代わりに決定する代理人を予め指名しておく「代理人指示」と自分が希望する医療やケアを予め文書で示しておく「リビング・ウィル」や「尊厳死の宣言書」などを含む「内容的指示」が含まれる。「人生会議」は，この「事前指示書」における意思決定プロセスをより明確にしたものといえる。繰り返し話し合うことによって，患者の希望や目標を共有し，共有した目標を実現するために治療やケアの内容が選択される。厚生労働省が「このような取組は，個人の主体的な行いによって考え，進めるものです」と示している通り，患者本人が自らの人生のあり方を直視し考える姿勢が求められる。「病気が悪くなったら考える」ではなく，常に自分の健康について意識し，病気になった際の療養を含めて，自分がどのように生活していくかを考え，家族や医療者と話し合い，また考え，また話し合う，その過程が重要となる。まさに医療法第1条に示された「医師，歯科医師，薬剤師，看護師その他の医療の担い手と医療を受ける者との信頼関係に基づき」「国民自らの健康の保持増進のための努力」を基礎とした，医療の実践といえる。

2）臓器移植

2010（平成22）年，臓器移植法が改正され，本人の臓器提供の意思が不明の場合，家族が書面で承諾すれば脳死判定後の臓器提供が可能となり，15歳未満の脳死臓器提供も可能となった。日本臓器移植ネットワークがホームページで公表している分析データによると，2010年7月17日〜2018年12月31日に実施された479件の臓器提供のうち，家族承諾による提供は372件，約77％となっている。法改正に伴い，被保険者証や運転免許証に意思表示欄が設けられることとなり，インターネットによる臓器提供意思表示登録も可能となった。

これからも医療技術は発達し続け，新たな薬や治療方法など，医療に関するさまざまな選択肢が増え，疾病と共に生きていくことが可能になる。もちろん増大し続ける国民医療費への対応を含め，医療保障制度を持続させていかねば，その恩恵を利用できない。国民一人ひとりが自らの健康について考え，他者と語り合い，行動していくことが求められている。最終段階での医療も，臓器移植も，"その時"に至るまでの生の延長線上にある。自分の望む医療やケアについて話し合うことは，自分の人生に向き合い，生き方を確認する行為といえる。

（2）医療的ケア児

医学の進歩は新生児の救命率向上にも貢献している。2018（平成30）年2月20日，国連児童基金（ユニセフ）が発表した世界各国の新生児死亡率は日本が最も低く千人当たり0.9人だった（ユニセフホームページ，世界こども白書2017）。「赤ちゃんが最も安全に生まれる国」の要因は，安全に出産できる清潔な環境が整っ

> **リビング・ウィル**
> 治療が困難な病気にかかり，延命のための治療を望まない場合に，文書でその意思を表すこと，またはそれを記録したもの。死んだ後に効力を発するのではなく，生命があるうちに効力を及ぼす。日本では法制化されていないが，カリフォルニア州では1976年に「カリフォルニア州自然死法」が制定されている。

ていることと共に，早産や合併症などへ対応する高い医療技術の存在がある。

その結果，NICU（新生児特定集中治療室）等に長期入院した後，引き続き人工呼吸器や胃ろう等を使用し，たんの吸引等の医療的ケアが日常的に必要な子どもの数は18,000人を超えている（厚生労働省ホームページ）。このような医療的ケアの必要な子どもたちやその家族への支援は，医療，福祉，保健，子育て支援，教育等の多職種連携が必要不可欠であるが，自治体によって担当窓口が異なっていることもあり，制度を網羅的に把握することは困難である。厚生労働省は，ホームページに「医療的ケア児等とその家族に対する支援制度」のページを設け「医療的ケア児に関する制度」を紹介している。

2019（平成31年）年4月1日から新たに「医療的ケア児等総合支援事業」を実施し，「人工呼吸器を装着している児童その他の日常生活を営むために医療を要する状態にある児童や重症心身障害児」である「医療的ケア児等」の地域生活支援の向上を図ろうとしている。主な内容は，医療的ケア児等の協議の場の設置，医療的ケア児等コーディネーターの養成や配置，障害児通所支援事業所と保育所や幼稚園等との併行通園の促進，そして医療的ケア児等とその家族への支援である。

2018（平成30）年6月20日には，文部科学省における医療的ケア児等の支援施策として「学校における医療的ケアの実施に関する検討会議の中間まとめ」が示された。学校における医療的ケアに関する基本的な考え方について，小・中学校を含む「すべての学校」，人工呼吸器の管理などを含む「すべての医療的ケア」を想定して，医療的ケア児への対応や役割分担を示している。

医療的ケア児等が学校で安全に教育を受けるためには，医療的ケアや在宅医療に精通した医療職と学校との連携体制が必要となる。従来実施されてきた「院内学級」は，いわば医療の場で教育を実践する機会であり，学校で医療的ケアを確保し教育を受ける場合，保護者も含めた関係者の共通理解と同意が前提となる。

> **障害児通所支援**
> 児童福祉法第6条に規定される「児童発達支援，医療型児童発達支援，放課後等デイサービス，保育所等訪問支援」を指す。医療型児童発達支援は，障害児を保護者のもとから通わせて，日常生活における基本的動作の指導，独立生活に必要な知識技術の付与又は集団生活へ適応のための訓練及び治療を提供することを目的としている。

（3）疾病と共に働く

人は誰しも病気や障害を有する状態になる可能性がある。「平成28年国民生活基礎調査」によると，通院しながら働いている者は，有業者の約3割を占めている。

2016（平成28）年2月，厚生労働省は「事業場における治療と仕事の両立支援のためのガイドライン」を公表した。企業を対象に実施したアンケート調査「治療と職業生活の両立等支援対策事業」（平成25年度厚生労働省委託事業）によると，疾病を理由として1カ月以上連続して休業している従業員がいる企業の割合は，メンタルヘルスが38%，がんが21%，脳血管疾患が12%となっている。また，労働安全衛生法に基づく一般健康診断において，脳・心臓疾患につ

ながるリスクのある血圧や血中脂質などにおける有所見率は年々増加しており，2018（平成 26）年は 53％に上るなど，疾病のリスクを抱える労働者は増加している（厚生労働省「定期健康診断結果報告」（2019 年 12 月 29 日閲覧））。

　診断技術や治療方法の進歩により，かつては「不治の病」とされていた疾病の生存率が向上し「病気と上手に付き合いながら」生きていくことが可能な時代となっている。しかし医学が進歩したとしても，職場の疾病への理解が不足していたり，支援体制が未整備なままだと，適切な治療を受けられない人びとや，疾病のために離職に至ってしまう人びとが存在することにつながる。

　事業場では，労働者の健康確保のために，健康管理やメンタルヘルス対策をはじめとしたさまざまな取り組みが実施されてきたが，治療と仕事の両立支援の取り組み状況は，事業場によってさまざまである。疾病に罹患した後も適切な配慮の下で治療と就業を両立できることは，患者である労働者にとっては安心やモチベーションの向上につながり，雇用主にとっては継続的な人材確保につながり，ひいては社会における労働者の健康確保を実現することにつながる。

　ガイドラインでは，がん，脳卒中，心疾患，糖尿病，肝炎など，反復・継続した治療が必要な疾病に罹患した労働者に対し，事業場において適切な就業上の措置や治療に対する配慮が行われるよう，事業場における取組をまとめている。職場における意識啓発のための研修や，治療と職業生活を両立しやすい休暇制度・勤務制度の導入などの環境整備，治療と職業生活の両立支援の進め方を解説している。

（4）不妊治療

　晩婚化や初産年齢の上昇などを背景に，不妊治療を受ける者が増加しており，国立社会保障・人口問題研究所「2015 年社会保障・人口問題基本調査」によると，不妊の検査や治療を受けた（受けている）夫婦は，子どものいない夫婦の28.2％になっている。また日本産科婦人科学会「ART データブック（2015 年）」によると，2015 年の体外受精など生殖補助医療による出生児は 51,001 人，全出生児の 5.1％である。不妊治療の費用は保険給付の対象とはならないため，厚生労働省が実施する特定不妊治療費助成事業に加えて，各自治体が助成金給付制度を実施している。

　厚生労働省は 2017（平成 29）年度に「不妊治療と仕事の両立に係る諸問題についての総合的調査研究事業」で，企業および労働者に対してアンケート調査を実施している。不妊治療を行っている従業員が受けられる支援制度や取り組みを行っている企業は 9％，不妊治療をしたことがあると答えた 13％のうち，不妊治療と仕事の両立ができずに 退職した方は 16％，行政に望む支援として一番多い回答は「不妊治療への国民・企業の理解を深める」であった。

　持続可能な社会を構築するためには，不妊治療に伴う負担を軽減し，当事者

が前向きに治療に向き合える環境が必要である。

(5) 遺伝子医療

　遺伝子医療の発展により，遺伝子治療はもちろん，将来発症する疾病を予測する遺伝子診断，出生前遺伝子等の対象や可能性は拡大している。メタボ対策やダイエット対策を謳った簡便な遺伝学的検査キットが薬局やインターネットで販売されるなど，消費者が自分の希望によって遺伝学的検査を利用することも可能となった。

　「平成26年度厚生労働科学研究費補助金厚生労働科学特別研究事業遺伝情報・検査・医療の適正運用のための法制化へ向けた遺伝医療政策研究　分担研究報告書　医療及び産業分野における遺伝子検査の現状」では，遺伝情報を安価かつ容易に入手できるようになったものの，その情報をどのように取り扱うべきかを検討することが重要であると指摘している。

(6) 健康寿命を延伸し，疾患と共に生きる

　医療法第30条では，都道府県が地域の実情に応じた医療供給体制を確保するため，「生活習慣病その他の国民の健康の保持を図るために特に広範かつ継続的な医療の提供が必要と認められる疾病として厚生労働省令で定めるものの治療又は予防に係る事業に関する事項」を医療計画として策定することが義務づけられている。2013（平成25）年には，従来の「がん，脳卒中，急性心筋梗塞，糖尿病」に精神疾患を加えた5疾病と5事業（救急医療，災害時における医療，へき地の医療，周産期医療，小児医療（小児救急医療を含む））及び在宅医療に係る目標，医療連携体制及び住民への情報提供推進策を医療計画に記載することが義務づけられた。

1）糖尿病

　「平成28年国民健康・栄養調査」によると，糖尿病が強く疑われる者と糖尿病の可能性を否定できない者は，共に1,000万人と推計されており，両者を合わせると2,000万人と推計されている。うち20歳〜64歳は約620万人と，現役世代の約10人に1人は糖尿病もしくは糖尿病予備軍であると推測される。

　健康増進法に基づき定められる「国民の健康の増進の総合的な推進を図るための基本的な方針」は，現在「21世紀における第二次国民健康づくり運動（健康日本21（第2次））」として，2013（平成25）年度から10年にわたる計画が実施されている。指針では，健康寿命の延伸・健康格差の縮小のための糖尿病対策として，発症を予防する一次予防，重症化を予防する二次予防，合併症や生命予後を改善する三次予防の各段階における切れ目のない対策の重要性を指摘している。

　国民全体のライフスタイルを望ましい方向へと向けるためには，学童期から正しい食生活習慣を身につけ，身体的活動を持続することが求められる。しか

高次脳機能障害

　脳卒中や脳外傷などによって，認識機能と関わりの深い記憶，言語（会話，読字，書字），計算，道具の使用，対人交流，社会交流，思考，創作，判断などの大脳皮質や皮質下機構，小脳の正常な働きが損傷を受けた状態。健忘，失語，失行，失認などが代表的な障害であるが，脳の損傷部位によってさまざまな障害が出現する。

し労働環境や世帯構成の変化によって，子どもが1人で食事をする，ファストフードなど手軽な外食の回数が増え食生活のバランスが崩れるなど，適切な食生活を継続することが困難な家庭も存在する。人が生活する環境の格差が健康格差へつながらないような支援が求められる。

2）精神疾患

近年，精神疾患に罹患する患者は増加傾向にあり，うつ病や双極性障害等の気分障害で治療中の患者は2008年には100万人を超え，1996（平成8）年と比較すると2倍以上に増えている。厚生労働省「患者調査」によると，精神疾患で通院・入院している患者のうち，約7割が20〜64歳となっている。

2017（平成29年）2月の「これからの精神保健医療福祉のあり方に関する検討会」報告書では，「地域生活中心」という理念を基本とし，精神障害者の一層の地域移行を進めるための地域づくりを推進するよう提言している。高齢者ケアのあり方として論じられてきた「地域包括ケアシステム」における，必要な支援を地域のなかで包括的に提供し，地域での自立した生活を支援するという考え方を精神障害者のケアにも応用したものである。精神障害者が地域の一員として，安心して自分らしい暮らしができるよう，医療，障害福祉・介護，社会参加，住まい，地域の助け合い，教育が包括的に確保された「精神障害にも対応した地域包括ケアシステム」の構築を目指すことを新たな理念として明確にした。

3）疾患と共に生きる人びとを支える

精神疾患に限らず，高次脳機能障害，発達障害，65歳未満で発症する若年性認知症など，外見からは障害特性がわかりにくいために，他者から誤解され社会のなかで辛い状況に居る人びとが存在する。医学による正確な診断の後，適切な治療や支援につながることが重要である。

（7）複雑化・多様化するニーズ

貧困状態の世帯に属する児童，高齢の親と働いていない独身の50代の子とが同居している世帯（いわゆる「8050問題」），ひきこもり状態にある者が居る世帯，介護と育児に同時に直面する世帯（いわゆる「ダブルケア」），障害のある子の親が高齢化し介護を要する世帯など，複合的な課題と支援を必要とする世帯の存在が明らかになっている。

高齢者が介護の必要な状態になっても住み慣れた地域で生活し続けたいと望むこと，終末期が近づいた時に自宅で家族と共に過ごしたいと望むこと，医療的ケア児等が医療や介護が必要な状態であっても家族と共に過ごし，同年齢の児童と交流し成長する機会を望むこと，疾病や障害と共に生きる人びとが望む生活はさまざまである。保健医療と福祉は，共に人びとの生活を支えていかねばならない。

発達障害　発達期にさまざまな原因が作用し中枢神経系に障害が生じた結果，認知・運動・社会性などの機能の獲得が妨げられること。具体的には知的障害，広汎性発達障害（自閉症など），特異性の発達障害（学習障害など）が挙げられる。これらの障害は明確に区別がつきにくい場合や，いくつかの障害が重なり合っている場合もある。

貧困状態　貧困状態の指標のひとつとして「相対的貧困率」がある。所得が国民の「平均値」（世帯の可処分所得を世帯人数の平方根で割って調整した所得の中央値）の半分に満たない人の割合で，国民の間の所得格差を表している。2010（平成22）年，政府は初めて貧困率を発表したが，2009年の相対的貧困率は16.0%であった。

ひきこもり　主に不登校や出社拒否など集団から離れたことを契機として，社会との関わりを忌避し，その後年余に及ぶ自宅閉居状態を続ける心理・社会的状態をいう。1990年代以降，メディアによりクローズアップされてきたが，近年，高齢の親と同居する成人したひきこもり状態の人に対する支援の必要性が指摘されている。

ダブルケア　育児と介護が同時に担われることを意味するが，女性の晩婚化・晩産化に伴い高年齢期において育児と親の介護が同時に発生するケースが増加している。育児と介護を担う人の割合は男性より女性が多く，働く女性がダブルケアのために離職する事例も報告されている。

注）
1）日本 WHO 協会ホームページ
　　https://www.japan-who.or.jp/commodity/index.html（2019 年 12 月 29 日閲覧）

参考文献
厚生労働省『平成 30 年版厚生労働白書』2019 年
厚生労働省『平成 26 年版厚生労働白書』2015 年
厚生労働省ホームページ「精神障害にも対応した地域包括ケアシステムの構築について」https://www.mhlw.go.jp/stf/seisakunitsuite/bunya/chiikihoukatsu.html（2019 年 12 月 29 日閲覧）
厚生労働省ホームページ「医療的ケア児等とその家族に対する支援施策」https://www.mhlw.go.jp/stf/seisakunitsuite/bunya/hukushi_kaigo/shougaishahukushi/service/index_00004.html（2019 年 12 月 29 日閲覧）
日本医師会ホームページ「終末期医療について考える」https://www.med.or.jp/people/info/people_info/009016.html（2019 年 12 月 29 日閲覧）

プロムナード

　保健医療及び福祉は，人の生活と密接に関係しており，人が生きていく上で必要不可欠な制度・サービスだといえます。医学の発達により，先進的な治療法，新たな薬剤が開発され，従来は「不治の病」とされていた疾病の中には，治療を続けながら生活する「長く付き合っていく病」へと変化したものも少なくありません。一方で，生活習慣病は私たち一人ひとりが生活習慣に留意することで発症を予防できる疾病だとされています。国民皆保険とフリーアクセス，現物給付によって支えられてきた医療制度によって，現在の私たちは必要な医療を利用できています。しかし，この仕組みを将来にわたって持続していくためには，医療保障を含めた社会保障制度改革によって生じる社会を支えるための負担を私たちが負う必要があります。疾病と共に生活する可能性が拡がると共に，医療分野を超えて患者や家族を支える多様なネットワークが必要となります。たとえば学校や職場で共に過ごす人々が，疾病や障害のある人を理解し適切に支援していくことが求められます。遺伝子レベルでの検査によって，将来発症するであろう疾病を予測することまでも可能となりました。医学の発達は私たちにさまざまな恩恵を与えてくれますが，同時に自らの健康を保ち，賢い医療消費者となり，福祉の実践者となることが求められているともいえます。そして誰もが必要な医療や福祉を利用できる社会を構築していくことが重要です。

学びを深めるために

『国民衛生の動向』厚生労働統計協会
　　毎年出版されており，衛生，保健，医療，介護，薬事，生活環境，などに関する歴史的経緯やデータが紹介されています。保健医療行政全般について理解するのに役立ちます。
『厚生労働白書』厚生労働省編
　　言わずとしれた一冊，厚生労働省のホームページから閲覧できます。年次ごとの政策課題を取り扱った大きなテーマと保健，医療，福祉に係る制度についての解説，資料などが掲載されています。国民への報告書としての性格を有しているので，カラフルかつ分かりやすい内容です。

第 2 章

保健医療の歴史的展開

　現在の保健医療のあり方を考える時，その礎となった歴史を学ぶ意義は大きい。保健医療の歴史をたどることによって，疾病やそれに向き合ってきた人びとの行為を知ることができる。また，保健医療の分野のソーシャルワーカーである医療ソーシャルワーカーがどのような背景で誕生しソーシャルワークを進展してきたのか，その一端を知ることは，今，私たちが組織や地域でどのような役割を担うべきなのかを考える一助となる。

　保健医療前史では，古代から，近代に至るまでの保健医療の変遷を中心に，また，イギリス・アメリカ・日本の保健医療の歴史では，それぞれの国の保健医療と福祉の関わりについて主に医療ソーシャルワークの進展を通して理解したい。

1　保健医療前史

　古代より人類はさまざまな疾病に見舞われてきた。疾病は化石動物の痕跡から人類出現前より存在していたことが古代病理学で明らかになっているが，人類に目を向けると，古代エジプトのミイラからは，肺炎珪肺，胸膜炎，腎臓結石，胆石，肝硬変，中耳炎，虫垂炎，蓄膿症，淋病，麻疹，ハンセン病，マラリア，結核，虫歯，眼病，寄生虫，ガン腫など，現代にも存在する疾病に罹患していたことがわかっている。

　それに対する医療の歴史は古代ギリシャのヒポクラテス（Hippokratès；B.C.460年頃-375頃）に始まる。ヒポクラテス以前は，疾病は超人的な意思のしわざとされ，宗教や魔術，祈祷，呪詛などが医療の役割を担っていた。ヒポクラテスはそうしたものから医療を切り離して疾病を自然の現象として捉えて科学的・客観的に観察することを重視し，科学に基づく医学の基礎を築いた。さらに疾病の治療にあたっては，人の体の自然治癒力を重視したのである。

　また，ヒポクラテスによる医師の倫理性と客観性について記されている「誓い」と題した文章が全集に収められているが，現在でも「ヒポクラテスの誓い」（図表1-1）として受け継がれ，医師の道徳律とされてきた。この「誓い」は，二千年以上前の医療の状況下で書かれたものであるので，一部の内容は現代に適さないものもあるが，患者の利益優先や患者の秘密を守る義務など，多くは現代の倫理観にも通じる内容となっている。

　一方，中世ヨーロッパにおいては，「病院」の起源を見ることができる。病院の語源的言語とされるホスピタルは，巡礼者の宿として旅人に食事を与え，旅人を癒す宿から病人を癒す宿になっていった。そこでは，宗教的な奉仕としての看護も行われるようになったが，医師がこの施設に入ってくるのは17世紀になってからである。さらに，病院は貧困者が療養する場として，救貧などの社会事業施設の役割を有するようになっていく。19世紀後半以降になると，細菌の発見やペニシリンの発見，抗生物質の発見など，徐々に感染症に対する

ヒポクラテス

（ギリシア Hippokratès；B.C.460年頃-375頃）紀元前460年頃，地中海のコス島（ギリシャ）のアスクレピオス学派の家系に生まれたとされる。医師である父から幼少の頃より医学教育をうけ，それまでの古い病人の治療法であった神や呪術から解き放ち，人間の自然治癒力を基本とした治療法である「自然治癒」の考え方を広めた。その結果，「医学の父」とうたわれるまでになり，今日の西洋医学の基礎を築いた。しかし，ヒポクラテスの自然治癒の考え方は，19世紀以降の近代西洋医学の台頭によってその影響力を失っていったのである。ただ，現代医学の功罪が問われているなかにあって再び彼の医学観が見直されている。

図表1－1　ヒポクラテスの誓い

　医神アポロン，アスクレピオス，ヒギエイア，パナケイアおよびすべての男神と女神に誓う，私の能力と判断にしたがってこの誓いと約束を守ることを。

　この術を私に教えた人をわが親のごとく敬い，わが財を分かって，その必要あるとき助ける。その子孫を私自身の兄弟のごとくみて，彼らが学ぶことを欲すれば報酬なしにこの術を教える。そして書きものや講義その他あらゆる方法で私の持つ医術の知識をわが息子，わが師の息子，また医の規則にもとずき約束と誓いで結ばれている弟子どもに分かち与え，それ以外の誰にも与えない。私は能力と判断の限り患者に利益すると思う養生法をとり，悪くて有害と知る方法を決してとらない。

　頼まれても死に導くような薬を与えない。それを覚らせることもしない。同様に婦人を流産に導く道具を与えない。純粋と神聖をもってわが生涯を貫き，わが術を行う。結石を切りだすことは神かけてしない。それを業とするものに任せる。いかなる患家を訪れるときもそれはただ病者を利益するためであり，あらゆる勝手な戯れや堕落の行いを避ける。女と男，自由人と奴隷のちがいを考慮しない。医に関すると否とにかかわらず他人の生活について秘密を守る。

　この誓いを守りつづける限り，私は，いつも医術の実施を楽しみつつ生きてすべての人から尊敬されるであろう。もしこの誓いを破るならばその反対の運命をたまわりたい。

出所）大槻真一郎編集・翻訳責任，小川鼎三・緒方富雄編集顧問『ヒポクラテス全集　第1巻』エンタプライズ，1985年，pp.580-582

治療法の確立がなされ，また，各種検査法の発達や外科手術も進歩していった。このように近代医療が発展していくと，病院は安息の場所から近代医療を実践する場に変化していった。そして近代医療が進歩するにつれ，医療は高度化，分業化，類型化されていった。

　わが国における医療は，中国から唐の時代に伝統医学が伝来したことに始まる。奈良時代になると，僧が祈祷に治療を兼ねるようになった。593年に聖徳太子が四箇院として知られる施薬院（薬と食の養生を行う施設），療病院（病気の治療を行う施設），悲田院（高齢者や障害者などの世話をする施設），敬田院（仏教寺院）を建立した。これらは現代でいう医療や社会福祉の源流と考えられている。また，聖武天皇の后である光明皇后は仏教を篤く信奉し，施薬院で病に悩む貧民の世話を行ったとされている。このようにヨーロッパにおける病院の歴史はキリスト教の慈善施設から発展しており，日本における医療と福祉の始まりとされる聖徳太子の四箇院は中国からもたらされた仏教の慈悲に発している。いずれも宗教が元にあり，また，社会事業と医療は関連していることがわかる。江戸時代，徳川吉宗の時代になると，幕府は1722年に小石川薬園内に小石川養生所を開設し医師を置いた。そして，医薬の料金を支払えない貧しい病人に

無料で施療を行い，看護する人がいない人を収容するなど，為政者による医療面の救済も行われていた。

　その後，1774年杉田玄白らによる「解体新書」の刊行により，オランダ医学が導入された。1861年江戸幕府による長崎医学所と養生所の開設は日本で初めての西洋医学の講習所と西洋式病院の誕生となり，明治時代に入ると西洋医学を中心に日本の医療は展開されていった。一方で，病院は第二次世界大戦前は医学校付属病院や公立病院，私立病院などが存在はしていたが，医療の多くは個人の医師との結びつきで行われていた。病院での医療が主流となるのは戦後になってからである。しかし，貧しい患者に対しては，施療を目的としていた公立病院や施療病院などでは十分に医療を提供できておらず，受療できないことにより，貧困と疾病の悪循環に陥っていた。

2 　イギリスの保健医療の歴史

　前節では，古代から近代に至るまでの保健医療の歴史を概観したが，本節以降においては，医療ソーシャルワーカーの誕生進展を通して保健医療と福祉の関わりについて確認する。医療ソーシャルワーカー誕生の地はイギリスとされる。その誕生には19世紀末のイギリス，特にロンドンにおける，産業革命後の不況による長時間労働や児童労働といった厳しい労働条件下での病気や貧困といった社会問題が背景にあった。当時，政府により救貧対策が主導されたが，加えて，ロンドンには相当数の慈善組織があり，それぞれが貧困層の救済のために活動していた。しかし，組織間に相互の情報交換や協力体制がなく，濫救や漏救を引き起こし，当時の社会問題に効果的に対応できていなかった。そのような状況のなかで，慈善組織協会（Charity Organization Society。以下，COS）やセツルメント運動といった民間の組織や運動が創設され，さまざまな社会福祉活動を展開するようになった。1869年にロンドンで発足したCOSは，慈善組織同士の連絡・調整を図って慈善活動を組織化したり，救済地区の設定，貧困者に対する調査，現物給付による援護，個別訪問指導活動である友愛訪問などを実施した。後に，この友愛訪問は今日のケースワーク（social casework），調査や連絡・調整はコミュニティ・オーガニゼーション（community organization）へと方法・技術を発展していく。1884年にロンドンのトインビー・ホール（Toynbee Hall）で始まったセツルメント運動は，大学教員や学生などがスラム街に住み込み，そこの住民と生活を共にしながら，労働者教育，生活環境改善，自立の促進などを目指す活動であり，この動きは現在のグループワーク（social groupwork）の先駆けのひとつとされる。また，その他，19世紀末ブース（Booth, C.）のロンドン調査やラウントリー（Rowntree, S）のヨーク調査といった大規模な貧困調査が行われたことによって深刻な貧困の実態が明らかになり，それと

慈善組織（化）協会
（Charity Organization Society：COS）。19世紀後半のイギリスにおいて，慈善事業による救済の重複や漏れをなくすことを目的として，慈善事業の組織化・合理化を図るために設立された。方法としては貧困者に対する調査と慈善団体間の連絡・調整を図るとともに，貧困者に対してその自立を促すための個別訪問指導活動（友愛訪問）を実施した。この協会の活動は，各国に少なからず影響を与え，とくにアメリカにおいては大きく普及した。また，その活動方法は，個別訪問指導活動がケースワークの，調査および連絡・調整がコミュニティ・オーガニゼーションの先駆的な実践となった。

同時に貧困に対する救済の必要性が一層認識されるようになった。

　このような状況下において，施療病院に患者があふれていることは大きな問題であった。当時は非衛生的環境による伝染病などに罹患する患者が多かったという。救貧法による施療は貧困対策のひとつであったが，患者が増加したのにもかかわらず入院できる者は限られていた。しかし，施療病院の入院の基準は明確ではなく，医師の興味や恣意によって入院の対象となったり，一方で患者は治療より食糧を必要として来院する，医師の指示にしたがわない，憩の場として病院を利用している等の問題が生じ，真に無料診療を必要とする貧しい施療患者に効果的に医療が提供されているとはいえなかった。そこで，COSの対象者の多くが施療病院を利用していたことからCOSの総領事であったチャールズ・ロック卿（Loch, C.）は，1895年にロンドンのロイヤルフリー病院（Royal Free Hospital；王室施療病院）の外来患者部門に，患者の治療の要否の査定をするための職業であるアルモナー（病院慈善係 almoner）として，COSの書記であったスチュワート（Stewart, M）を配属した。これが，医療ソーシャルワーカーの始まりである。

　当時，裕福な階層の患者は医師を自宅に呼んで治療を受けていた。ロイヤルフリー病院は，富裕層対象の病院ではなく，貧困者を治療する施療病院であったため運営資金が少なく，アルモナーの主な業務は，先に述べたように患者が無料診療の対象になるかどうかを査定し，治療費を支払える者がこの病院を濫用することを防止することにあった。病院経営の必要性から設けられたアルモナーであったが，しかし，当初，病院の医師や他の職員からはアルモナーの業務に対してなかなか理解が得られなかったという。当時の様子について，「アルマナーに与えられた部屋は，カーテンで仕切られた外来待合室の隅で，光もなく空気のよどんだ小さな場所であった。訪問客がきてもたった一つの椅子しかないところで仕事をはじめたのであった。最初の1か月間，どの医者からも患者を紹介してこなかった」「予期しなかった困難は，医療関係職員の疑いの目と敵意であった」[1]と記されているように，医師らの監督下にないアルモナーが新しい仕事をすすめていくことが好ましく思われなかった。

　しかし，COSでソーシャルワークの訓練を受けていたスチュアートは，次第に患者の家庭環境の聞き取りから患者の過酷な生活状態と，それゆえ健康を取り戻すことができない事実を理解していく。そして，医療の有効性を引き出すには患者の生活上の問題に着目し，介入することが必要であると考えるようになったのである。このように，患者の家庭環境のアセスメントを行うなかで，アルモナーの仕事が価値のあるものとして徐々に同僚や患者からも信頼を得ていき，親しい人間関係を作り上げるまでになった。1897年には業務は病棟にも拡大し，2名増員され多くの奉仕者と合せて医療社会事業チームができた。その後，アルモナーが最初に採用されてから1903年までにロンドンの7つの

アルモナー
(almoner)

　1895年にイギリスのロイヤルフリー病院で発生した医療ソーシャルワーカーの当初の名称。初代アルモナーはメアリー（Mary, S.）。その後10年の間に7つの病院で採用される。1903年に病院アルモナー協会（Hospital Almoner's Association），1906年には病院アルモナー協議会（Hospital Almoner's Council）が組織され，病院で働く以前は慈善組織協会で働いていたアルモナーの訓練計画，スーパービジョン，採用の促進を進めた。1922年，病院アルモナー研究所（Institute of Hospital Almoners）を設立し，1945年には協会の約600名，研究所の研究生120名を合体させ，アルモナー研究所（Institute of Almoners）を設立。1963年からは医療ソーシャルワーカー研究所（Institute of Medical Social Workers）となり，訓練，採用の促進，業務の発展と調査研究を行った。1975年，英国ソーシャルワーカー協会へ合併。

病院でアルモナーが採用されたが，すべてロイヤルフリー病院で実習を行っている。1905 年にセント・トーマス病院（St Thomas Hospital）に，同じくロックの推薦でアルモナーとして採用されたアンネ・カミンス（Cummins, A.）は，衛生教育や生活環境の調整を重視し，母子福祉のための活動，結核と妊産婦のための訪問，未婚妊娠ケースの援助，性病に伝染した若い女性たちの支援などを行った。このように，イギリスにおける医療ソーシャルワーカーの誕生のきっかとなったアルモナーたちのその後の努力が，後の医療ソーシャルワークの発展につながっていった。

　その後，アルモナーを雇用する病院数も次第に増えていった。また単なる支払い能力の査定に限らず，他団体との連携や貧困者の発見と救済などの役割も社会的にも認められるようになっていった。さらに，第一次，第二次世界大戦では負傷者など緊急医療を必要とする患者が激増し，アルモナーの業務内容も広がり，性病対策，母親や青少年の保護，負傷者の受け入れから退院準備，アフターケアなどにも対応した。アルモナーの専門性はこの大戦を契機に社会的にさらに認知され，また専門的教育も急速に拡大した。

　一方，1948 年に「国民保健サービス（National Health Service。以下，NHS）」が実施され，すべての国民が医療サービスを原則無料で利用できるようになった。このことで，アルモナーは NHS 所属となるが，患者の支払い能力の査定をする必要がなくなり，1960 年代にアルモナーは医療ソーシャルワーカーと改称された。1970 年の「地方自治体社会サービス法」，1973 年の NHS 法の改正を経て，医療ソーシャルワーカーは地域に目を向けるようになった。また，1970 年代にはジェネリック・ソーシャルワーカーへの統合の動きがあり，地方自治体に統合的サービス部門（Social Service Department：以下 SSD）ができると，医療ソーシャルワーカーも SSD 所属となり，医療ソーシャルワーカーという名称も消えた。その結果，病院におけるソーシャルワーカーは，病院ソーシャルワーカーと呼ばれることになり，病んだ人びとへ密接に関わる専門職集団から，大きなソーシャルワーク集団への移行という変化を生んだ。

　1990 年代前半には NHS 改革とコミュニティケア改革が実施されたが，限られた財源で最もよいサービスを効率的に提供することが改革の目標であり，病院ソーシャルワーカーは，短期間に患者の問題を理解し，最善のサービスが提供できることを求められるようになっている。

3　アメリカの保健医療の歴史

　イギリス同様，アメリカの医療ソーシャルワーカーの歴史は産業革命後の不況をきっかけに発展していった。19 世紀末，都市人口の増加，多くのヨーロッパからの移民の流入，粗悪な住宅，長時間労働，栄養不足，不衛生な環境，結

国民保健サービス法（National Health Service Act）

　イギリスの保健医療制度。ベヴァリッジ報告に基づき，1946 年に労働党政権のもとで制定され，1948 年より施行される。その後，効率化促進のため制度改革が行われ，1990 年サッチャー保守党政権のもと，NHS およびコミュニティ・ケア法への改革が行われた。制定当初の主な原則は，財政は保険料でなく国税，すべての人に医療保障をし，原則無料，疾病予防からリハビリテーションを含む包括的医療サービスを提供，家庭医（General Practitioner）を設ける，実質的には病院スタッフは国家により雇用するというものであった。

核や梅毒などさまざまな疾病の蔓延，そして，疾病から貧困に陥る多くの人びとの姿があった。このような状況を背景に，イギリスで発祥した COS やセツルメント運動が移入された。COS の活動は 1877 年，ニューヨーク州を初めとして展開されたが，貧困は怠惰な性格や生活が原因にあるとされていたため，COS の行っていた友愛訪問は当初，怠惰をなおすことや規則正しい生活の訓練に結びつくと考えられていた。しかし，ボルチモア慈善組織協会に所属していたリッチモンド（Richmond, Mary E.）は，貧困問題を解決するためには規則正しい生活の訓練を行うことだけでなく，社会的な環境や条件を変えることが必要であるとして友愛訪問の活動に携わり，ケースワークの体系化に寄与した。一方，ロンドンのトインビー・ホールで始まったセツルメント運動も 1886 年ニューヨークのネイバーフット・ギルド（Neighborhood Guild），1889 年シカゴのハル・ハウス（Hull-House）で展開された。

　これらの活動を基盤に，医療におけるソーシャルワークは 1905 年マサチューセッツ総合病院（Massachusetts General Hospital）の医師キャボット（CabotR. C.）によって導入された。キャボットは，ハーバード大学医学部を卒業後，診療所での経験を経てボストンのマサチューセッツ総合病院の外来診療部で貧困患者の診療に追われていた。1900 年代初めのアメリカでは，結核，腸チフス，梅毒など伝染性疾患が蔓延していたが，キャボットは診療を行っても，患者の生活環境のために，治療効果が上がらなかったり再発を繰り返すという現状のなかで，苦悩にさいなまれていた。彼は，そのような経験のなかで，イギリスのアルモナーや，リッチモンドの実践，フランスにおける結核対策として家庭訪問員を配置したカルメット（Calmette, L.C.A.），結核の隔離対策を主張したグランシェ（Grancherr, J.J.）の取り組みを研究した。そして，身体状況と心理・社会的状況の密接な関係性を理解し，病状の理解や，効率的な治療を行うには，患者の生活歴，経済状況，心理面，社会的環境条件の情報を活用することの必要性を認識していったのである。加えて，キャボットは，孤児や被虐待児などを援護するボストン小児援護協会において理事の経験があったが，そこで，職員が子どもの気質や生活歴，身体状況などの詳細な情報収集を行い，子どもが抱える課題を明確にし，他の専門職と連携して課題解決を図っている姿に触れ，その援助方法を医療のなかに取り入れたいと考えた。こうしてキャボットは，当時アメリカで専門職として成立しようとしていたソーシャルワークを病院に導入すべく，マサチューセッツ総合病院に医療ソーシャルワーカーを導入し，チームの一員としたのである。

　1905 年，最初に医療ソーシャルワーカー（当時はソーシャル・アシスタントと呼ばれていた）として雇用されたのがセツルメントの看護師として従事していたペルトン（Pelton, G.I.）であった。ペルトンの主な仕事は結核患者に対して，家庭訪問による住宅改善や診療所の入所援助など安心して療養ができるよう援

> **キャボット，R.（米 Cabot, Richard；1865 - 1939）**
>
> 　1905 年に医師として，アメリカにおける最初の医療ソーシャルワーカーであるソーシャル・アシスタントを設置。1892 年，ハーバード大学医学部卒業後，ボストン児童援護協会と関わり専門的社会事業に触れる。1893 年よりマサチューセッツ・ジェネラル・ホスピタルの外来診療所医師となり，日々の診療業務のなかで，患者の生活歴，経済状況，心理面，社会的環境条件の情報を診断と治療へ活用することの必要性を感じ，看護婦出身のガーネット（Garnet, P.）を採用。2 代目の社会事業を学んだアイーダ（Ida, C.）らとともにケースにチーム医療で関わり，医療社会事業を発展させた。

助することであった。ペルトンが結核を発症してわずか半年程で退職したが，その後は訪問看護師であったアイダ・キャノン（Cannon, I.）が採用された。彼女は訪問看護師としての経験から貧困患者の生活実態に関心を持ち，ボストン社会事業学校で学んだ経験を持っていた。キャノンは 39 年間この仕事を続けることになるが，彼女の働きにより，1919 年には医療ソーシャルワーカーが病院組織部に位置づけられ，また，同病院の医師たちの大多数が新しい専門分野に対して懐疑的であったが，ケースの積み重ねにより，その価値を認められ徐々に信用されるようになった。

　マサチューセッツ総合病院を含むアメリカの医療ソーシャルワーカーの発展においてキャボットが与えた影響は非常に大きく，彼は「医療ソーシャルワーカーの父」と呼ばれた。キャボットは著書のなかで，「仕事の時間，仕事の緊張度，患者の遺伝素質，患者の家庭の状況といったもの，そしてそれらのすべてがいっしょになって病気の症状を作っているのだが，これらの原因と結果の糸のかせのもつれを解きほぐせるとしたならば，ソーシャル・ワーカーが行うことのできる親密な，長期間の，そしてくわしい調査によるものである。とくにソーシャル・ワーカーが家族の友人となった場合にこれは顕著である」[2] と医療ソーシャルワーカーの役割について理解を示し，医療ソーシャルワーカーが行う情報収集や面接の大切さに触れるなど，著作や講演を通して，医療ソーシャルワーカーの役割や存在意義を対外的にも広めたのである。1906 年にニューヨーク市ベルビュー病院に社会事業部が設けられたのをはじめとして，他の病院にも医療ソーシャルワーカーの配置がすすみ，1920 年代には 300 の病院にソーシャルワーカーが配属され，1930 年代には 1,000 以上の病院にソーシャルワーク部門ができていった。

　その後のアメリカの医療において，1965 年に 65 歳以上の高齢者や 65 歳以下の一定の障害者を対象とした医療保険制度であるメディケア（Medicare）や，低所得者を対象とした医療扶助制度であるメディケイド（Medicaid）が創設された。しかし，これらの影響を受けて国の医療費は著しく増大し，医療費抑制を図る政策が始まった。1972 年の社会保障法改正（Amendments to Social Security Act）では医療費の支出の妥当性が問われることになり，医療ソーシャルワーカーは専門職としての説明責任や業務の評価が求められた。また，1990 年代には医療費抑制のために保険者による治療内容や範囲の審査が行われ，医師以外によって医療が管理される管理ケア制度（Managed Care）が導入されたことで医療ソーシャルワーカーにも効率的で効果のある業務が求められている。

４　わが国の保健医療の歴史

　わが国においても，明治時代から大正時代の産業革命の影響により，過酷な

労働条件，女性や児童の酷使，そして伝染病などの疾病や貧困といった社会問題が起こっていた。そのような背景において，貧困者を対象とする施療病院にて，医療ソーシャルワークの前身となる相談活動が始められていた。1919（大正8）年，イギリスのアルモナーについての知見を得た三井財閥が，泉橋慈善病院に病人相談所を設置し，婦人相談員を配置した。また，1924（大正13）年に中野療養所，翌年に全生病院などの施療病院においても相談活動が展開された。施療病院の対象者は貧困者であるため，病気だけでなくさまざまな生活上の困難を抱えており，相談内容や業務内容は多岐にわたっていた。しかし，これらの相談活動は，人道思想や相互扶助思想によって行われ，慈善的な意味合いが強かった。専門的な教育を受けた医療ソーシャルワークの実践としては，済生会病院の済生社会部の実践があげられる。1919年，キリスト教社会事業家であり，済生会参事の生江孝之は，アメリカにおいて実際にキャボットの実践を見聞し，大規模病院では医療ソーシャルワーカーが配置されていることを知る。帰国後，その必要性を政府や済生会に訴え，経費の面から実現は難航したが，1926（大正15）年にようやく済生会病院に病院社会部が設立され，彼が教鞭をとっていた日本女子大学で社会事業を学んでいた清水利子を採用し，患者の相談事業を開始した。しかし，彼女の実践は病気により長くは続かなかった。

　一方，わが国における本格的な医療ソーシャルワークのはじまりは，1929（昭和4）年聖路加国際病院にアメリカ人のトイスラー院長によって社会事業部が創設され，浅賀ふさが活動を始めた時だといえる。彼女は日本女子大学の英文科を卒業後アメリカに渡り，シモンズ女子大学社会事業専門学校に入学した。アメリカでは，キャボットの講演を聴講し，キャノンから専門的訓練を受けている。浅賀は最初の2年は聖路加国際病院内に設けられた結核相談所で働いた。広い地域にわたる家庭訪問を通して，患者の療養環境の整備を行い，また，患者の経済的問題の解決や円滑な入院治療と社会復帰への実現に尽力し，地域住民の衛生教育にも力を注いだ。しかし，浅賀は当時を振り返って困難だったことについて次の3点をあげている。「① メディカル・ソーシャル・ウォークについて医師も看護婦もまた事務も誰一人理解していなかったこと。したがって病院組織のひとつの有機機関として全然認識されてもおらず，受け入れられてもいなかったこと。② 総合病院のどの科に最も多くのソーシャルサービスが必要であるか，またどの科の医師が診断にまた治療面にソーシャル面の問題を考えているかを把握していないこと③ 医療の縄張りに医師と看護師以外の侵入者が現れたことに対する一種の反感」[3]である。イギリスやアメリカにおいても医療ソーシャルワーカー導入時に他の職種に医療ソーシャルワークの必要性を認めてもらうには大きな困難があったことから，日本における上記のような厳しい状況があったことは想像に難くない。

　しかし浅賀の実践の積み重ねにより，医師から患者の相談にのってほしいという依頼が徐々に増えていったという。

　1931 年にはアメリカからヘレン・シップス（Shipps, H.）を主任として迎え，一時は 10 人のソーシャルワーカーが所属していたように社会事業部の人員も増えていった。また当時の聖路加国際病院のケース報告については，「守秘のためすべて英文が原則で，それをタイピストが 4 枚プリントし，院内の関係部署に届けるというシステム」[4]であったことから，非常に専門性が高かった。しかし一方で，戦争の影響などを背景に，他の病院に医療ソーシャルワーカーが広く導入されていくことはなかった。

　第二次世界大戦後は戦前の活動を伏線に，GHQ（General Headquarters，連合軍総司令部）の公衆衛生局の示唆により保健所に医療社会事業係を配置したことから，医療ソーシャルワーカーの配置が本格化していった。当時の日本は衛生状態が非常に悪く，GHQ は進駐軍兵士の健康面への配慮から公衆衛生対策に力を注いでいた。そのようななかで 1947（昭和 22）年に保健所法が改正され，保健所に「医療社会事業係」を置くことが規定された。翌 1948（昭和 23）年には東京都杉並保健所にモデル保健所として，専任ソーシャルワーカーが配置された。1958（昭和 33）年には保健所における医療社会事業の業務指針が策定され，講習会の開催などの人材育成も充実していった。その後，保健所だけでなく，国立療養所や民間の病院にも徐々に医療ソーシャルワーカーの雇用がすすんでいったのである。

　1953（昭和 28）年には医療ソーシャルワーカーの全国組織の職能団体として，日本医療社会事業家協会が設立され，1958（昭和 33）年には日本医療社会事業協会（現日本医療社会福祉協会）に名称変更された。日本医療社会事業協会は資格制度運動を行ったが，「医療福祉士法」試案を作成するなどの一定の成果はあったものの，国家資格化は困難な状況であった。一方で，1987（昭和 62）年「社会福祉士及び介護福祉士法」の成立当初，このなかに医療ソーシャルワーカーは含まれていなかったが，2006（平成 18）年から社会福祉士養成における実習指定施設に，病院・診療所・介護老人保健施設が加わり，これにより，社会福祉士の資格に医療の分野が位置づけられた。

　わが国においても近年の医療ソーシャルワーカーに期待される役割は社会の移り変わりとともに変化してきている。1960 年代ごろは疾病構造の変化に伴い，結核などの伝染病に代わって，癌や脳卒中，心疾患などの生活習慣病などの患者が増え，疾病や障害を抱えながら地域で生活する患者や家族の幅広い相談の対応を求められるようになった。1970 年代には高齢化や社会的入院の問題などに関連して，退院支援の役割を担い始めた。1980 年代には高齢化の進展に伴い，地域福祉の充実，在宅医療・在宅介護の整備が本格的に推進されはじめ，退院や社会復帰の支援の重要性が増してきた。1990 年代以降は，介護

保険など新たな制度の創設, 医療法改正・診療報酬改定が相次ぎ, 在院日数の短縮, 病院の機能分化が強調された。医療ソーシャルワーカーの業務は所属する病院の機能ごとに特化され, 患者の病状の変化に伴い, 限られた時間でその人にとって最適な生き方や療養先の選択を支援する役割が期待されてきた。とりわけ 2008 (平成 20) 年の診療報酬改定で社会福祉士の行う退院支援が評価されてから, 退院支援を行う専門職としての位置づけが強調されており, また医療機関間や医療と福祉の連携の要としての役割を任っている。

　今後, さらに高齢化, 単身者増加, 地域の繋がりの希薄化, グローバル化などが進み, 複雑な課題を抱えた患者に対して, 限られた時間で効率的に支援をすることが, より求められるかもしれない。しかし, そのような時にこそ, 保健医療の実践者の一つである医療ソーシャルワーカーの歴史的発展を振り返り, 患者を全人的に理解すること, 患者が必要とする医療や福祉から排除されないようにすること, 医師などの他の職種と協働すること, 病院の機能が発揮されるよう貢献することなど, 先人達が大切にし積み重ねてきたことを改めて心に留めておきたい。

注)

1) 中島さつき『医療社会事業』誠信書房, 1964 年, p.28
2) R.C. キャボット 森野郁子訳『医療ソーシャルワーク―医師とソーシャルワーカー』岩崎学術出版社, 1969 年, p.14
3) 日本社会福祉士会・日本医療社会事業協会編『保健医療ソーシャルワーク実践』中央法規, 2004 年, p.62
4) 同上書, p.63

参考文献

児島美都子・成清美治・牧洋子編著『改訂版　保健医療サービス』学文社, 2015 年
50周年記念誌編集委員会編『日本の医療ソーシャルワーク史　日本医療社会事業協会の 50 年』日本医療社会事業協会, 2003 年
ジョアン・バラクローほか編著, 児島美都子・中村永司監訳『医療ソーシャルワークの挑戦　イギリス保健関連ソーシャルワークの 100 年』中央法規, 1995 年
高橋政祺編『医療学入門』医学書院, 1977 年
高橋恭子『戦前病院社会事業史』ドメス出版, 2016 年
中川米造『素顔の医者―曲がり角の医療を考える』講談社現代新書, 1993 年
保健医療ソーシャルワーク研究会『保健医療ソーシャルワーク・ハンドブック』中央法規, 1990 年
中島さつき『医療ソーシャルワーク』誠信書房, 1975 年
日本医療社会福祉協会・日本社会福祉士会編『保健医療ソーシャルワーク―アドバンスト実践のために』中央法規, 2017 年

```
 プロムナード
```

　　歴史を知ることは，私たちが立っている足元を知ることです。土台がしっかりと築かれていないと私たちは立っていることが難しいのです。
　　本章では，主にイギリス，アメリカ，日本の医療ソーシャルワークの歴史的展開を確認してきました。困難を抱えた人に寄り添い，自宅に訪問してその人が安心して療養できるよう環境を整えたり，他の職種から信頼を得られるよう働きかけたり，地域活動に力を注いだりと，それら数々の取り組みは現代の私たちの実践にも通じる支援の基本であり，大切なことだと改めて気付かされます。先人たちの萌芽期の困難を乗り越え，努力を惜しまなかった姿から学ぶことは多いのではないでしょうか。

🖋 学びを深めるために

50 周年記念誌編集委員会編『日本の医療ソーシャルワーク史　日本医療社会事業協会の 50 年』日本医療社会事業協会，2003 年
　　日本の医療ソーシャルワークの起源および変遷，医療ソーシャルワーカーの職能団体である社団法人日本医療社会事業協会（現公益社団法人日本医療社会福祉協会）が取り組んできた事業のあゆみについて詳細に記載されています。
日本医療社会福祉協会・日本社会福祉士会編『保健医療ソーシャルワーク―アドバンスト実践のために』中央法規，2017 年
　　保健医療ソーシャルワークの基礎を土台にしたアドバンス編として，質の高い実践を目指す上で理解しておくべき，保健医療分野におけるソーシャルワークの歴史，生命倫理や医療政策，組織のチームビルド・マネジメント，地域連携などが体系的に学べる一冊です。

第 3 章

医療保険制度の概要

1 国民医療費の高騰化

　近年，国民医療費の高騰化が著しい。そのなかで年々医療費が増加しているのは老人医療費である。この老人医療費は，1955（昭和30）年度に2,388億円だったが，以後上昇を続けている。こうした国民医療費の抑制を目的としたのが，介護保険の創設（2000年4月1日実施）であり，医療保険制度運営の安定化を意図した「健康保健法等の一部を改正する法律」（2000）等であった。国民医療費の増加が顕著になったのは，国民皆保険制度（1961）の実施以降であるが，この国民皆保険皆年金の実現により，すべての国民はいずれかの医療保険に加入することとなり，医療の受診・受療の機会が均等に保障されることになった。また，皆年金によりすべての国民がいずれかの年金制度に加入することになった。国民がいずれかの医療保険に加入することは国民にとって朗報であると同時に潜在化していた疾病が顕在化することにより，国民医療費増加の契機ともなったのである。そして，政府は国民総死亡者数の多くが成人病によるものであるため成人病対策（がん対策，循環器疾患対策）を実施した。また，社会的現象として，老人福祉施設の受け入れ体制の不備から生じた多数の要介護者の病院受け入れに伴う「社会的入院」問題の発生がある。このことが結果として老人医療無料化（1972）とあいまって，以後の老人医療費の高騰化に拍車をかける一因となった。さらに同時期には日本経済の高度成長の影の部分である公害問題が発生した。これによって国民の健康破壊が進行したのである。その顕著なものは大気汚染であり，水質汚染である。なかでも三重県の四日市の大気汚染による四日市喘息，新潟県の阿賀野川流域の新潟水俣病，富山県神通川流域の水質汚濁によるイタイイタイ病，そして，地域住民に悲惨で甚大な被害をもたらし，多くのマスコミの報道によりその深刻な状況が明らかとなったのは熊本県の水俣病である。やがて，1980年代に入り，少子・高齢化が進展するなかで，後期高齢者（75歳以上）医療費の高騰化がより一層顕著になった。

　図表3－1は国民医療費の動向であるが，1985（昭和60）年には16兆円であったが，2000年度には30兆円を超え，2015年には42.3兆円に達している。そのうち後期高齢者の医療費は高齢化による後期高齢者の増加もあって，1985年度4.1兆円であったのが，2015年度には15.2兆円と金額にして11兆円強，率にして3倍強の伸びとなっている。また，国民医療費の対国民所得比は1985年度6.1％であったのが，2014年度は11.2％と約2倍の伸びを示している。こうした医療費の伸びは近年人口の高齢化率（全人口に占める65歳以上人口の割合）の上昇（昭和45年7％，平成7年14％，平成29年27.7％）は勿論のこと医療技術の高度化，あるいは診療報酬の改定等によるが，とくに今後，団塊の世代がすべて後期高齢者となる2025年度には，国民医療費に占める後期高齢者医療費がますます増加することが予測される。

国民皆保険皆年金

　すべての国民に医療保険制度が適用されたのは，1961（昭和36）年4月であった。その背景には医療保険の多数の未加入者の存在があった。また，国民年金に関しても1961（昭和36）年4月より国民皆年金体制が確立され，それまで除外されていた自営業者，農林魚業者，零細事業者も年金制度に含まれることになった。

老人医療無料化

　老人医療費無料化のことをさし，70歳以上の高齢者の医療費について，医療保険制度による自己負担分を公費で負担し，医療費の無料化を行った制度である。1973（昭和48）年の「老人福祉法」の改正により国庫補助事業になった。

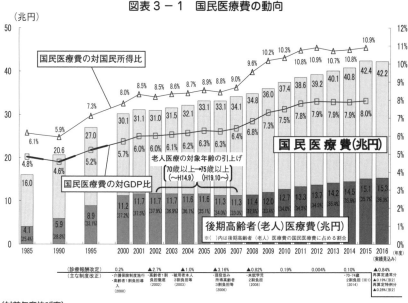

図表 3 − 1　国民医療費の動向

〈対前年度伸び率〉　　(%)

	1985 (S60)	1990 (H2)	1995 (H7)	2000 (H12)	2001 (H13)	2002 (H14)	2003 (H15)	2004 (H16)	2005 (H17)	2006 (H18)	2007 (H19)	2008 (H20)	2009 (H21)	2010 (H22)	2011 (H23)	2012 (H24)	2013 (H25)	2014 (H26)	2015 (H27)	2016 (H28)
国民医療費	6.1	4.5	4.5	▲1.8	3.2	▲0.5	1.9	1.8	3.2	▲0.0	3.0	2.0	3.4	3.9	3.1	1.6	2.2	1.9	3.8	▲0.4
後期高齢者 (老人)医療費	12.7	6.6	9.3	▲5.1	4.1	0.6	▲0.7	▲0.7	0.6	▲3.3	0.1	1.2	5.2	5.9	4.5	3.0	3.6	2.1	4.4	*1.2*
国民所得	7.2	8.1	2.7	2.4	▲3.0	▲0.4	1.4	1.3	1.2	1.3	▲0.0	▲7.2	▲2.9	2.4	▲1.0	0.4	3.9	1.2	2.7	—
GDP	7.2	8.6	2.9	1.3	▲1.8	▲0.8	0.7	0.5	0.9	0.7	0.3	▲4.1	▲3.4	1.4	▲1.1	0.2	2.6	2.1	2.8	

(注) 1. 国民所得及び GDP は内閣府発表の国民経済計算による。
　　 2. 2016 年度の国民医療費（及び後期高齢者医療費。以下同じ。）は実績見込みである。2016 年度分は、2015 年度の国民医療費に 2016 年度の概算医療費の伸び率（上表の斜字体）を乗じることによって推計している。
　　 ※1　70-74 歳の者の一部負担金割合の予算凍結措置解除（1 割→2 割）。2014 年 4 月以降新たに 70 歳に達した者から 2 割とし、同年 3 月までに 70 歳に達した者は 1 割に据え置く。
　　 ※2　「再算定通常分」とは市場拡大再算定による薬価の見直し、「再算定特例分」とは年間販売額が極めて大きい品目に対する市場拡大再算定の特例の実施を指す。

出所)『厚生労働白書 資料編（平成 30 年版）』p.32

　そこで、国民医療費の高騰化の主要因である老人医療費の削減が急務となったのである。そのため、同時期は国民の「健康」と「生活の質」の向上の視点からさまざまな施策がうちだされた。その中核は老人福祉対策であり、在宅に立脚した介護サービスの実施体制の実現を目指すこととなった。このきっかけとなったのが厚生大臣（現厚生労働大臣）の私的諮問機関である高齢社会福祉ビジョン懇談会がまとめた報告書「21 世紀福祉ビジョン～少子・高齢社会に向けて～」（1994）である。このなかで社会保障の全体像で年金、医療、福祉等の給付構造を従来の「5：4：1」の割合を「5：3：2」にすることを提言した。改革の考え方は、① 公民の適切な組み合わせによる適正給付・適正負担、② 公正・公平・効率性の確保、③ 雇用、住宅、教育等関連施策の充実・連携強化、④ 自助、共助、公助の重層的な地域福祉システムの構築等となっており、以後の社会保障制度のあり方に大きな影響を与えた。この報告書をうけて、新ゴールドプラン（1994）およびエンゼルプラン（1994）の策定が実施された。

　そして、社会保障・社会福祉構造「改革」のもとで保健・医療・福祉の連携

を前提とした老人医療費の削減を目指す介護保険法 (1997) が制定されたのである。また，一方では，医療保険制度の諸改革―医療法の改正，医療保険制度の改正等―が次々と実施された。なお，この時期 (1979-1995) の国民医療費の伸びは鈍化したとはいえ相変わらず上昇している。特に老人医療費の伸びは著しい。ただし，2001 年度〜 2008 年度まで後期高齢者 (老人) 医療費の伸びが平行線をたどった。これは介護保険制度の実施後，老人医療費の一部が介護保険に移行したためと考えられる。今後，国民医療費削減策の柱は，国民負担増による受診の抑制策となるが，これによって，ある程度国民医療費を抑制することが可能である。しかし，これからはより一層，早期発見，早期治療 (「2 次予防」) の他，健康増進，発病予防の視点 (「1 次予防」) を組み入れることが求められる。そして政府が社会資源 (社会基盤) として継続可能な医療保障制度の再構築を目指すと同時に国民間における健康に対する意識の向上が重要となる。

2　国民医療費に関する政策動向

　国民医療費の抑制化は，医療費適正化の問題でもある。すなわち，医療費適正化を促進することが国民医療費の削減に繋がるのである。政府 (厚生労働省) はこれまでの国民医療費の削減に向けてさまざまな施策を講じてきた。ここで，政府のこれまでの国民医療費に関する政策動向を見ることにする。厚生労働省は医療費適正化計画として，第 1 期医療費適正化計画 (2008 〜 2012 年度)，第 2 期医療費適正化計画 (2013 〜 2017 年度)，第 3 期医療費適正化計画 (2018 〜 2023 年) を立て医療費抑制を遂行してきた。

　この計画は 5 年を 1 期として国の医療費適正化基本方針を定めた。第 1 期の医療費適正化計画は 2008 (平成 20) 年 4 月に施行されたが，その概要は，① 全国医療費適正計画 (期間 5 年) では，ア．国が達成すべき目標，イ．目標達成のために国が取り組むべき施策，ウ．保険者，医療機関その他の関係者の連携・協力，エ．計画期間の医療費の見直し等を掲げている。② 都道府県医療適正化計画 (期間 5 年) では，ア．都道府県における目標，イ．目標達成のために都道府県が取り組むべき施策，ウ．保険者，医療機関その他の関係者の連携・協力，エ．計画期間の医療費の見直し等を掲げている。第 2 期の医療費適正化計画は，① 国民の健康の保持の推進では特定健診の実施率を 70%，特定保健指導の実施率を 45% (共に平成 24 年度)，メタボ該当者及び予備群を平成 20 年度から 10% 以上減少 (平成 24 年度) を掲げている。また，② 医療の効率的な提供の推進では，平均在院日数の全国平均 (32.2 日) 等を掲げ医療費削減効果を掲げている。そして，第 3 期では，第 1 期，第 2 期の医療費適正化をより促進する為，「医療費適正化基本方針の改正・医療費適正化計画」を立てた。当初，同計画では第 1 期，第 2 期では 5 年を 1 期として実施された。しかし，

第3期（2018～2023年度）からは6年を1期とした。第3期の「医療費適正化計画」では，① 入院医療費は，都道府県の医療計画（地域医療構想）に基づく病床機能の分化・連携の推進の成果を反映させる，② 外来医療費は，糖尿病の重症化予防，特定検診・保健指導の推進，後発医薬品の使用促進，医薬品の適正使用による，医療費適正化の効果を織り込んで推計すること等を掲げている。この計画により，2023年度では在宅医療の促進により医療費は増額が予測されるが，入院医療費の増は見込まれていない。また，入院外・歯科医療費は同年度で適正効果として減額0.6兆円が見込まれている（図表3－2参照）。

この医療費適正化の総合的推進策として，① 国並びに都道府県の医療費適正化計画の策定，② 保険給付の内容・範囲の見直し等として，ア．高齢者の患者自己負担の見直し（70歳以上の高齢者（現役並み））の患者自己負担の2割から3割負担へ，イ．高額療養費における自己負担額の引きあげ（ただし，低所得者は据え置き），ウ．高額医療・高額介護合算制度の創設（医療保険と介護保険の両方を使用している世帯の軽減），エ．保険外併用療養費制度の創設（保険診療と私費による自由診療を組み合わせることを原則禁止している混合診療を緩和する目的で保険の対象とならない選定診療（差額ベッド等）と評価診療（高度先進医療等）を保険診療とすることが2006年の「健康保険法」改正により認められた），オ．傷

図表3－2 第3期の医療費適正化計画について

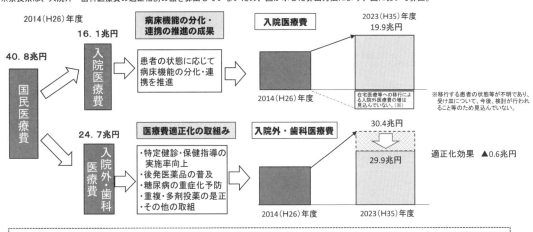

出所）厚生労働省保険局「第3期全国医療費適正化計画について（報告）」（令和元年6月）
https://www.mhlw.go.jp/content/12401000/000517333.pdf（2020年2月20日閲覧）

標準報酬月額

　健康保険，厚生年金保険の保険料及び年金額の算定の基礎とするために，標準的な報酬月額を等級と金額の区別で定めたもの。現在，健康保険の標準報酬月額の等級は 1 級〜50 級，厚生年金保険の標準報酬月額の等級は，1 級〜31 級となっている。

病手当金の標準報酬月額の 6 割から 3 分の 2 まで引きあげる，カ．乳幼児に対する窓口負担の軽減措置（3 割から 2 割へ）が 3 歳未満から義務教育就学前まで拡大された等である[1]。

3　医療費の国際比較

　図表 3 − 3 は，G7 諸国における総医療費（対 GDP 比）と高齢化率（2010 年）の状況を示したものである。この図表から，2010 年度においては，① 日本の総医療費 9.5%（対 GDP 比）は OECD 加盟国（34 カ国）の平均であること，② 日本の総医療費は OECD 加盟国のなかで第 16 位であること，③ OECD 諸国のなかで総医療費はアメリカが突出していること，④ 日本は高齢化率において OECD 諸国のなかでも最も高いこと等がわかる。こうした，世界の医療費の比較はそれぞれの国によって，医療制度が異なるため単純に比較することは困難であるが，ただ，各国における対 GDP の比較は容易である。日本の医療費は年々増加しているが，G7 諸国のなかでその額は平均となっていた。しかしながら 2016 年 OECD「Health Statistics 2016」のデーターによるとわが国の対 GDP 比は 11.2% と加盟国 35 カ国中第 3 位となっている。これは「Health Statistics 2015」の対 GDP 比 10.2%，第 8 位から大きく前進したことになる。ところが，これは 1 年間で特別に医療費額が上昇したのではなく，LTC（Long Term Care：長期療養あるいは介護）が計上されたからである（日本総研「Research Focus」税・社会保障改革シリーズ no.26，2016 年 7 月 19 日付）。世界第 3 位の GDP からすれば，一人当たりの医療費は必ずしも多いとはいえない。

　しかし，今後ますます人口高齢化の進展に伴う高齢者（とくに後期高齢者）の

図表 3 − 3　G7 諸国における総医療費（対 GDP 比）と高齢化率の状況（2010）

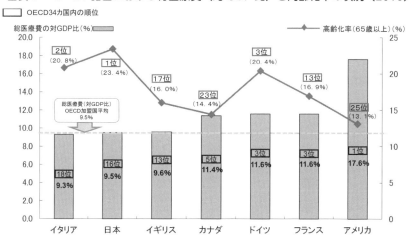

（注 1）OECD の「総医療費」には，国民医療費に加え，介護費用の一部（介護保険適用分），民間の医療保険からの給付，妊娠分娩費，予防に係る費用等が含まれていることに留意が必要。
（注 2）日本の総医療費の対 GDP 比は 2009 年（平成 21 年）のデータ。
出所）OECD HEALTH DATA 2012

増加により，老人医療費の上昇が予測されるので，予防医療の推進と適切で効果的な医療の実施が重要となる。そのため現在，国民医療費抑制に向けての医療費適正化政策が取られている。

ここで問題なのは国民の医療費負担問題である。わが国の社会保障制度は「生活保護法」以外，社会保険システムによって成り立っている。故に各医療保険財源は原則として，保険者（事業主）と被保険者（本人）の負担が原則であるが，プラス国庫負担と地方負担によって医療保険が運用されている。問題なのは医療費の負担割合である。

図表3－4は，平成29年度国民医療費の構造（「制度区分別国民医療費」，「財源別国民医療費」，「診療種類別国民医療費」，「年齢階級別国民医療費」）である。まず，制度区分別国民医療費の総額は43兆710億円となっている。そのうち最も医療費の割合が高いのは後期医療給付費で14兆7,805億円（全体の34.3%）となっている。団塊の世代が2025年には一斉に後期高齢者（75歳以上）となるためますます総額が増加することが予測される。

次に，財源別国民医療費を見ると最も高いのが保険料（事業主＋被保険者）で21兆2,650億円（全体の49.4%），次に公費（国庫＋地方）が16兆5,181億円（全

> **被保険者**
> 社会保険制度において，一般に保険料納付義務を負い保険給付を受ける権利を有する者のこと，あるいは公的保険や私的保険加入者が疾病，事故等にあった場合，補償やサービスを受ける者。

図表3－4　国民医療費の構造（平成29年度）

［国民医療費総額　43兆710億円、人口一人当たり国民医療費　339,900円］

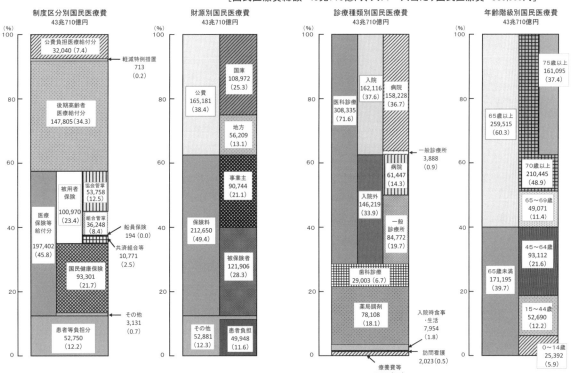

（注）1．括弧なし数値は推計額（単位：億円），括弧内の数値は構成割合（単位：%）である。
　　　2．制度区分別国民医療費は平成29年度内の診療についての支払確定額を積み上げたものである（ただし，患者等負担分は推計値である）。
出所）厚生労働省ホームページ「平成29年度国民医療費の概況」
　　　https://www.mhlw.go.jp/toukei/saikin/hw/k-iryohi/17/dl/sankou.pdf（2020年2月20日閲覧）

体の38.4%）となっている。また，患者負担は4兆9,948億円（全体の11.6%）となっている。この数字より本人負担（被保険者＋患者負担）が17兆1,854億円（全体の39.9%）になる。

つづいて診療種類別国民医療費の内訳をみると医科診療が30兆8,335億円（全体の71.6%）を占めている。歯科診療は2兆9,003億円（全体の6.7%），薬局調剤は7兆8,108億円（全体の18.1%）となっている。また，入院は16兆2,116億円（全体の37.6%），入院外は14兆6,219億円（33.9%）となっているが，今後在宅医療推進のもとで入院費が減少することが予測される。

最後に，年齢階級別国民医療費をみると65歳以上の医療費が25兆9,515億円で全体の国民医療費の60%を占めている。全人口の約3割の人口で6割以上の医療費を占めている。65歳以上の医療費は今後ますます増加が予測される。

将来推計人口によると，全人口に占める65歳以上の割合は2052年には35.3%に達するとされている（国立社会保障・人口問題研究所 2029年の将来人口推計）。わが国の医療費増大の主要因は高齢者医療費であるが，今後医療費を抑制するためにはいかに高齢者医療を削減するかである。その具体的対策案として，①患者負担（窓口負担）の増額による受診の抑制，②保険料の負担増，③診療報酬の「改定」による医療機関の収入抑制等が考えられるが，こうした画一的対策は高齢者の早期受診機会を奪うことになり，結果として疾病の重症化を招来することになる。世界的に見てわが国の一人当たりの医療費は決して高額ではない。しかし，国家財政の逼迫するなかで，国民に対して国際的に見劣りしないプライマリ・ヘルスケア（primary health care）を基本視点とした保健医療サービスを提供することが望ましい。そのことが，結果として，国民医療費の削減に繋がるのである。

4　医療保険制度

（1）医療保険制度の沿革

わが国で最初の健康保険法が制定されたのは，1922（大正11）年に創設された「健康保険法」である。しかし，関東大震災のため1927（昭和2）年まで全面的施行されず，しかも，その対象が賃金労働者のみに限定された不充分な内容であり，適用が業務上の疾病（災害）の補償に限定された。そして，1929（昭和4）年に始まった世界恐慌はわが国にも影響，特に農村に多大な影響（農村恐慌）を与え，農村経済が疲弊し，多くの農家が貧困化し，苦難の道をたどった。当時の農村の役割であった健康な都市労働者の供出源と強靭な肉体を持つ兵隊の育成の必要性から，1938（昭和13）年に国保組合を主体とする「国民健康保険法」が制定された。一方，戦後のわが国の国家再建期においてアメリカのワンデル勧告（「社会保障制度の勧告」）の影響下で社会保障制度審議会による「社

プライマリ・ヘルスケア

WHO（世界保健機構）の「2000年までにすべての人に健康を」というスローガンに基づいた事業。個人や家庭の健康を保持するため，地域にあって最初に機能し，継続的に対応していく「主治医」的な役割を担う医療システムのことをいう。疾病に対して迅速かつ適切で有効な対応を行い，障害や慢性疾患については継続的な療養やリハビリテーションを施す。すなわち「初期医療」あるいは「第一次医療」のことをいう。

ワンデル勧告

GHQ（連合国軍総司令部）の招聘にて，日本の社会保障制度の調査を目的とした調査団の報告書（「アメリカ社会保障制度調査団報告書」）のことである。
第1部では，わが国の社会保障制度，生活保護制度，公衆衛生等の分析，第2部では方向性を提示した。

会保障制度の勧告」(1950) によって社会保険，公的扶助，公衆衛生，社会福祉による総合的な社会保障制度の確立を意図する勧告がなされた。この勧告は日本の社会保障制度構築史上特筆すべきものである。この勧告の影響もあって，1947（昭和 44）年に健康保険法が改正され業務上傷病に対する給付が廃止された。そして，同年に「労働者災害補償保険法」が制定され業務上の疾病の補償給付が同保険に移行し，健康保険において本来の業務外の傷病のみ適用されるようになった。

また，国民健康保険は 1953（昭和 23）年に改正され強制加入制度と市町村公営を原則とすることが定められた。高度経済成長期を経て 1961（昭和 36）年にすべての国民に医療保険が適用されるという国民皆保険体制（同時に国民皆年金も達成された）が実現した。こうした医療保険制度創設の背景には医療保険の多数の未加入者の存在があった。

国民皆保険推進の直接のきっかけとなったのは，社会保障制度審議会（現社会保障審議会）による「医療保障制度に関する勧告」(1956) である。これを受けて厚生省（現厚生労働省）は，翌年の 4 月 5 日「国民皆保険計画」を決定した。その後，各市町村，都道府県と関係団体の努力並びに政府の推進策によって計画が遂行され，ついに国民皆保険体制が実現したのである。また，国民年金に関しても 1959（昭和）年に国民年金法が制定され，無拠出の福祉年金は同年の 11 月から，拠出制国民年金は 1961（昭和 36）年 4 月より実施され国民皆年金体制が確立されたのである。

その後，人口の高齢化の進展に伴って，改正「国民健康保険法」(1968) による 7 割給付完全実施，改正「老人福祉法」(1973) による老人医療の無料化，高額療養費制度の創設 (1973)，国民の老後における健康維持と適切な医療の確保と老人の福祉の増進を目的とした「老人保健法」(1982) が制定された。医療以外の健康事業として① 健康手帳の交付② 健康教育③ 健康相談④ 健康診査⑤ 機能訓練⑥ 訪問指導を規定した。なお，「健康保険法等の一部を改正する法律」(2006) の成立に伴い「老人保健法」が改正され「高齢者の医療の確保に関する法律」(2008) となった。そのなかで，高齢者の医療について「国民の共同連帯の理念に基づき，前期高齢者に係る保険者間の費用負担の調整，後期高齢者に対する適切な医療の給付等を行うために必要な制度を設けもつて国民保健の向上及び高齢者の福祉の増進を図ることを目的とする」と規定している。同法律のもとで 2008 年 4 月から後期高齢者を対象とした後期高齢者医療制度が始まった。そして，2015（平成 27）年には国民健康保険法等の改正により，国民健康保険をはじめとする医療保険制度の財政基盤の安定化，負担の公平化，後期高齢者支援金の全面総報酬制の導入，医療費の適正化の推進，患者申出療養の創設等の措置等が行われた。

図表3－5　医療保険

制　度　名		保　険　者 （平成29年3月末）	加入者数 （平成29年3月末） ［本　人 家　族］ 千人	保　険	
				医　療	
				一部負担	入院時食事 療養費
健康保険	一般被用者　協会けんぽ	全国健康保険協会	38,071 ［22,428 15,643］	義務教育就学後から70歳未満 3割 義務教育就学前 2割 70歳以上75歳未満 2割（※） （現役並み所得者　3割） （※）平成26年3月末までに既に70歳に達している者　1割	（食事療養標準負担額） ・住民税課税世帯 　1食につき 　　　460円 ・住民税非課税世帯 　90日目まで 　1食につき 　　　210円 　91日目から 　1食につき 　　　160円 ・特に所得の低い住民税非課税世帯 　1食につき 　　　100円
	一般被用者　組合	健康保険組合 1,399	29,463 ［16,284 13,179］		
	健康保険法第3条第2項被保険者	全国健康保険協会	19 ［13 6］		
船　員　保　険		全国健康保険協会	122 ［58 64］		
各種共済	国家公務員	20共済組合	8,697 ［4,514 4,184］		
	地方公務員等	64共済組合			
	私学教職員	1　事業団			
国民健康保険	農業者自営業者等	市町村 1,716	32,940 市町村 30,126		
		国保組合 163			
	被用者保険の退職者	市町村 1,716	国保組合 2,814		
後期高齢者医療制度		［運営主体］ 後期高齢者医療広域連合 47	16,778	1割 （現役並み所得者3割）	同上

（注）1．後期高齢者医療制度の被保険者は，75歳以上の者及び65歳以上75歳未満の者で一定の障害にある旨の広域連合の認定を受けた者。
　　　2．現役並み所得者は，住民税課税所得145万円（月収28万円以上）以上または世帯に属する70～74歳の被保険者の基礎控除後の総所得金額等の合計額が210万円以上の者。ただし，収入が高齢者複数世帯で520万円未満若しくは高齢者単身世帯で383万円未満の者，及び旧ただし書所得の合計額が210万円以下の者は除く。特に所得の低い住民税非課税世帯とは，年金収入80万円以下の者等。
　　　3．国保組合の定率国庫補助については，健保の適用除外承認を受けて，平成9年9月1日以降

制度の概要（平成 30 年 6 月現在）

給 付				財 源	
給 付			現金給付	保険料率	国庫負担・補助
高額療養費制度、高額医療・介護合算制度	入院時生活療養費				
（高額療養費制度） ・自己負担限度額 （70歳未満の者） （年収約1,160万円〜）　252,600円＋(医療費-842,000円)×1% （年収約770〜約1,160万円）167,400円＋(医療費-558,000円)×1% （年収約370〜約770万円）　80,100円＋(医療費-267,000円)×1% （〜年収約370万円）　57,600円 （住民税非課税）　35,400円 （70歳以上75歳未満の者） （現役並み所得者）80,100円＋(医療費-267,000円)×1%、 　　　　　　　外来（個人ごと）57,600円 （一般）　57,600円、 　　　　　外来（個人ごと）14,000円（年144,000円） （住民税非課税世帯）24,600円、外来（個人ごと）8,000円 （住民税非課税世帯のうち特に所得の低い者） 　　　　　15,000円、外来（個人ごと）8,000円 ・世帯合算基準額 　70歳未満の者については、同一月における21,000円以上の負担が複数の場合は、これを合算して支給 ・多数該当の負担軽減 　12月間に3回以上該当の場合の4回目からの自己負担限度額 （70歳未満の者） （年収約1,160万円〜）　140,100円 （年収770〜約1,160万円）　93,000円 （年収約370〜約770万円）　44,400円 （〜年収約370万円）　44,400円 （住民税非課税）　24,600円 （70歳以上の現役並み所得者・一般所得者）　44,400円 ・長期高額疾病患者の負担軽減 　血友病、人工透析を行う慢性腎不全の患者等の自己負担限度額10,000円 （ただし、年収770万円超の区分で人工透析を行う70歳未満の患者の自己負担限度額 20,000円） （高額医療・高額介護合算制度） 　1年間（毎年8月〜翌年7月）の医療保険と介護保険における自己負担の合算額が著しく高額になる場合に、負担を軽減する仕組み。自己負担限度額は、所得と年齢に応じきめ細かく設定。	（生活療養標準負担額） ・医療区分（Ⅰ）（Ⅱ）（Ⅲ） 1食につき 460円 ＋1日につき 370円 ・住民税非課税世帯 1食につき 210円 ＋1日につき 370円 ・特に所得の低い住民税非課税世帯 1食につき 130円 ＋1日につき 370円 ※療養病床に入院する65歳以上の方が対象 ※難病等の入院医療の必要性の高い患者の負担は求めない		・傷病手当金 ・出産育児一時金　等	10.00% （全国平均）	給付費等の16.4%
			同上 （附加給付あり）	各健康保険組合によって異なる	定額 （予算補助）
			・傷病手当金 ・出産育児一時金　等	1級日額 390円 11級 3,230円	給付費等の16.4%
			同上	9.60% （疾病保険料率）	定額
			同上 （附加給付あり）	— — —	なし
			・出産育児一時金 ・葬祭費	世帯毎に応益割（定額）と応能割（負担能力に応じて）を賦課 保険者によって賦課算定方式は多少異なる	給付費等の41% 給付費等の35.9〜47.3% なし
自己負担限度額　　　　外来（個人ごと） （現役並み所得者）80,100円＋(医療費-267,000円)×1%　57,600円 （多数該当の場合）：　44,400円 （一般）　57,600円 　　　　　　　　　　　14,000円 　　　　　　　　　　（年144,000円） 多数該当の場合：　44,400円 （住民税非課税世帯）24,600円　　　8,000円 （住民税非課税世帯のうち特に所得の低い者） 　　　　　　　15,000円　　　8,000円	同上 ただし、 ・老齢福祉年金受給者 1食につき100円		葬祭費　等	各広域連合によって定めた被保険者均等割額と所得割率によって算定されている	・保険料 約10% ・支援金 約40% ・公費 約50% （公費の内訳） 国：都道府県：市町村4：1：1

　　　新規に加入する者及びその家族については協会けんぽ並とする。
　4. 加入者数は四捨五入により，合計と内訳の和とが一致しない場合がある。
　5. 船員保険の保険料率は，被保険者保険料負担軽減措置（0.50%）による控除後の率。
出所）『厚生労働白書 資料編（平成 30 年版）』https://www.mhlw.go.jp/wp/hakusyo/kousei/18-2/dl/02.pdf（2020 年 2 月 20 日閲覧）

(2) 医療保険制度

　現在，わが国の医療保険は，① 国民健康保険，② 全国健康保険協会（正式名称：全国健康保険協会管掌健康保険，略称「協会けんぽ」），組合健保（正式名称：組合管掌健康保険），各種共済組合，③ 後期高齢者医療制度に大別することができる。最初に① 国民健康保険であるが，保険者は都道府県および市町村（特別区を含む）と国民健康保険組合がある。被保険者数（加入者数）のうち年々増加する定年退職者等で健康保険（被用者保険）から国民健康保険に加入する数は増加傾向にある。なお，同保険の加入者は従来，自営業者，農業従事者，年金生活者等低所得階層者が多数を占めていたが，近年は若年層（非正規雇用者）の加入も多く見られる。その背景には経済のグローバル化のもとで短期間の雇用契約を結ぶ非正規雇用者（低賃金労働，短期雇用）の増加がある。

　すなわち，パートタイマー，アルバイト，契約社員，派遣社員，期間工等の非正規雇用者は，職域保険に加入する機会が少なく，健康を維持するため，国民健康保険に加入せざるを得なかった。非正規雇用者のなかには無保険から，労働者自身の健康を維持することが困難となる者もいる（ただし，2017年4月から500人以下の企業のうち，ア．労使合意に基づき申し出をする法人・個人の事業所，イ．地方公共団体に属する事業所の短時間労働者も厚生年金・健康保険の適用対象になり無保険者の救済が始まった）。なお，加入者一人当たりの医療費は被保険者層の年齢が高く，罹患率も高いため各保険のなかで最も高くなっている。

　一般的に国民健康保険の財源収入は保険料50%，公費50%となっているが，年々医療費が高騰化しているため，各市町村の国民健康保険財政が逼迫し，財政補填として市町村一般会計からの法定外繰り入れが行われている。次に②であるが，これは雇用形態によって内容が異なる。まず，全国健康保険協会であるが，同保険は2008年10月に，これまでの政府管掌健康保険の移管先として，全国健康保険協会が創設された。この背景として一連の医療保険制度改革や政府管掌保険の主管であった社会保険庁の不祥事による廃止・解体があった。被保険者は主として中小企業従事者が多く，被保険者総数は38,071千人で加入者が最も多くなっている。なお，加入者一人当たりの医療費は国民健康保険についで，多くなっている。また，財政的に安定した状況の協会けんぽは少数である。これに対して健康保険組合の被保険者は一般に大企業の労働者が多く，職場における労働環境も良く，罹患率も低い。加入者数は29,463千人となっている。なお，一人当たりの医療費は各保険のなかで最も低くなっている。

　そして各種共済組合であるが，これには国家公務員・地方公務員・私立学校教職員等が加入する国家公務員共済組合，地方公務員等共済組合，私立学校教職員組合等があるが，被保険者総数は8,774千人となっており，保険者のなかで最も被保険者数が少ない。また，一人当たりの医療費は，健康保険組合同様

少なくなっている。また保険者が全国健康保険協会と同組織に属する船員保険がある。

　最後に③後期高齢者医療制度であるが，この制度が開始されたのは2008（平成20）年4月からで，75歳以上の高齢者を対象とした医療制度である。対象者は年々増加傾向にある。なお，一人当たりの医療費も最も高く突出している。また，自己負担は原則1割負担であるが，現役並み所得者は3割負担となっている（図表3－5参照）。

(3) 医療保険制度の概要

1) 健康保険

　健康保険の被保険者は一般の被保険者と日雇特例被保険者に区分されている。

［目　的］

　健康保険法は「わが国における急速な高齢化の進展及び疾病構造の変化に伴い，国民の健康の増進の重要性が著しく増大していることにかんがみ，国民の健康の増進の総合的な推進に関し基本的な事項を定めるとともに，国民の栄養の改善その他の国民の健康の増進を図るための措置を講じ，もって国民保健の向上を図ること」を目的としている。

○健康保険（一般の被保険者を対象とする）

［保険者］

　保険者には，①全国健康保険協会（略称「協会けんぽ」）と②健康保険組合（略称「組合」）がある。

① 全国健康保険協会

　企業が自前で健康保険組合を組織できない，中小・零細企業の従業員並びに家族が協会けんぽに加入し，被保険者となる。なお，届出先（窓口）は厚生労働大臣（地方厚生局）である。保険者は全国健康保険協会となっている。

② 健康保険組合

・単一健康保険組合（単一の事業所で従業員を700人以上使用するもの）と

・総合健康保険組合（同種，同業の複数の事業所が集まって3,000人以上の従業員で組織するもの）。なお，窓口は各健康保険組合である．保険者は健康保険組合となっている。

［被保険者］

・被保険者（任意継続被保険者除く）

ア．常時5人以上の従業員を使用する適用事業の事業所に使用される者。

　（適用事業：製造業，土木建築業，鉱業，物品販売業等の事業をいう。）

イ．常時従業員を使用する国，地方公共団体又は法人の事業所に使用される者。

ウ．特定適用事業所に勤務する短時間労働者。

・任意継続被保険者

　退職等により資格を喪失した場合，継続して2カ月以上被保険者であった者は，資格喪失後20日以内に申請すれば，2年間に限り被保険者となることができる。

・適用除外

ア．船員保険の被保険者

イ．臨時に使用される者（継続して2カ月を超えて使用されるべき場合は除かれる）

ウ．日々雇入れられる者（継続して1カ月を超えて使用されるべき場合は除かれる）

エ．所在地の一定しない事業所に使用される者（例　巡回興業等）

オ．季節的業務に使用される者。

カ．臨時的事業の事業所に使用される者（継続して6カ月を超えて使用されるべき場合は除かれる）

キ．国民健康保険組合の事業所に使用される者

ク．後期高齢者医療の被保険者等

ケ．厚生労働大臣，健康保険組合又は共済組合の承認を受けた者

コ．特定適用事業所に勤務する短時間労働者に該当しない者（特定適用事業所とは，厚生年金保険の被保険者数501人の企業に属する事業所のことをいう）

・被扶養者

　被保険者の扶養者も保険給付の対象となるが，その範囲は以下の通りである。

ア．被保険者の直系尊属，配偶者（届出をしていないが事実上婚姻関係と同様の事情にある者を含む。），子，孫及び兄弟姉妹であって，主としてその被保険者によって生計を維持しているもの

イ．被保険者の3親等内の親族で，その被保険者と同一の世帯に属し，かつ，主としてその被保険者によって生計を維持しているもの

ウ．被保険者の配偶者で届出をしていないが事実上婚姻関係と同様の事情にあるものの父母及び子であって，その被保険者と同一の世帯に属し，主としてその者より生計を維持しているもの

エ．上記（ウ）の配偶者の死亡後に於いてその父母及び子であって，引続きその被保険者と同一の世帯に属し主として，その被保険者により生計を維持しているもの

注）「同一の世帯に属し」とは，同じ家に住み，かつ，家計を同じくすることである。

[標準報酬月額]

　健康保険の標準報酬月額は50等級に区分されており，これを保険給付及び保険料算定基準の基礎としている。なお，標準報酬月額は，毎年7月1日に前3カ月（4～6月）の平均報酬月額を調査のうえ決定し，原則としてその年の9月1日から1年間適用される。

[標準賞与額]

　賞与については，標準賞与額（実際の賞与の1,000円未満切り捨て）として保険

の料の対象となる。なお，標準賞与額の年間の上限は 573 万円である。

[**保険料**]

・全国健康保険協会

　保険料は都道府県別保険料率により算定される（全国平均 10.0％）。また介護保険第 2 号被保険者は介護保険の保険料が加算される（保険料率 1.76％）。（いずれも平成 31 年度）。保険料は被保険者と事業主が折半する。国庫補助もある。

・健康保険組合

　保険料率は 1000 分の 30 ～ 1000 分の 130 の範囲で組合が定める。なお，健康保険組合は国庫補助がなく独立採算制となっている。

　被保険者とその家族（被扶養者）が仕事以外で病気やけがに罹患した場合あるいは出産等をした場合に医療そのものを給付する方法と治療に要した費用を給付する方法がある。前者は「現物給付」後者は「現金給付」という。

　保険給付として，

① 療養の給付（診察，薬剤又は治療材料の支給，処置・手術その他の治療，居宅における療養上の管理及びその療養に伴う世話その他の看護，病院又は診療所への入院及びその療養に伴う世話その他の看護）

② 入院時食事療養費の給付（被保険者が入院時に支給される定められた現物支給による入院時食事療養費のこと）

③ 入院時生活療養費の給付（療養病床に入院する 65 歳以上の被保険者が生活療養（食事療養，温度，照明などの療養環境）を受けた場合，現物支給される）

④ 保険外併用療養費の給付（厚生労働大臣の認める先進医療や特定の保険外サービスについて患者の同意に基づいて保険診療と保険外診療の併用を認める制度。2006 年改正健康保険法で規定された）

⑤ 療養費の給付（緊急やむをえず，被保険者が保険医療機関で治療を受けた場合，被保険者が一旦医療機関で全額を支払い後日請求により保険者より保険給付分の払い戻し（償還払い）を受ける。これを療養費の支給という）

⑥ 訪問看護療養費の給付（難病患者や重度障害者が居宅において看護師，保健師，理学療法士等の訪問を受け療養上の世話や診療の補助を受けた時に支給される）

⑦ 移送費の給付（被保険者が療養の給付を受ける際病院や薬局に移送された場合その費用が支給される）

⑧ 傷病手当金の給付（被保険者が病気等により労働に従事できなかった場合，生活保障のため傷病手当金が支給される）

⑨ 埋葬料の給付（被保険者が死亡したとき被保険者の埋葬をした者に対して 5 万円が支給される）

⑩ 出産育児一時金の給付（被保険者あるいは被扶養者が出産した時に一時金として 42 万円が支給される）

⑪ 出産手当金の給付（被保険者が出産の日以前 42 日から出産の日後 56 日までの間

に労働しなかった期間，1日につき，直近12カ月の標準報酬月額を平均した額の30分の1に相当する額の3分の2に相当する金額が支給される）

⑫　高額療養費の給付（被保険者が保険診療において自己負担が一定の額を超えた場合につき支給される現金給付である）

⑬　高額介護合算療養費の給付（療養の給付に係る一部負担金等の額及び介護保険の利用者負担の合計金額が著しく高額である場合に支給される（平成20年4月施行））等がある。

なお，介護休業給付は雇用保険によって支給される。

○日雇特例被保険者

［成立の経緯］

1958（昭和28）年に日雇労働者健康保険は日雇労働者の医療・健康を守る医療保険として成立した。しかし，その後単独の制度として運営していくことが困難となり，健康保険に統合すると共に給付と負担の両面において就労の状況に応じて一般の被保険者と均衡を図ることとした。

［日雇労働者の定義］

ア．日々雇い入れられる者

イ．2カ月以内の期間を定めて雇い入れられる者（2カ月を超えて使用されるに至った場合を除く）

ウ．季節的業務に使用される者（継続して4カ月以上使用される者は除かれる）

エ．臨時的事業に使用される者（継続して6カ月以上使用される者は除かれる）

なお，日雇特例被保険者になった際，5日以内に厚生労働大臣に対して被保険者手帳交付の申請をする。

［保険者］

全国健康保険協会

［被保険者］

日雇労働者が適用事業所に使用されたとき日雇特例被保険者となる。なお，被扶養者の範囲は一般被保険者と同様である。

［保険給付］

保険給付は基本的に健康保険と同様であるが，一般の被保険者と異なるのは，特別療養費の制度があること並びに各給付について一定の保険料納付要件があることである。

特別療養費とは，初めて日雇特例被保険者手帳を受けた者は，医療機関等にかかる場合3か月目以降でないと給付されないので，期間に満たない間の医療を保障するために特別療養費（現物支給）を支給する制度である。また，日雇特例健康保険の受給資格として2か月間で26日以上の保険料を納めていること，または直前6か月間に通算して78日分以上の保険料を納めていることが受給資格の条件となっている。

2) 国民健康保険

[目 的]

国民健康保険制度は，原則として被用者保険等の適用者以外の国民のすべてを被保険者とし，被保険者の疾病，負傷，出産，死亡等に対して必要な保険給付を行い，社会保障並びに国民保健の向上に寄与することを目的とする。

[保険者]

① 都道府県，市町村（特別区を含む）及び国民健康保険組合である。

② 国民健康保険組合（300人以上）は，同業の事業または業務に従事する者により組織される法人で市町村の行う国民健康保険事業に支障のない限りにおいて知事の認可をうけて設立される。なお，業種は医師，歯科医師，薬剤師，弁護士，理容・美容業等である。

[被保険者]

市町村または特別区の区域内に住所を有する者は，市町村が行う国民健康保険に加入（強制加入）する。ただし，下記の者は除かれる。

ア．健康保険と船員保険の被保険者とその被扶養者

イ．国家公務員共済組合等各種共済の加入者とその被扶養者

ウ．後期高齢者医療制度の被保険者

オ．国民健康保険組合の被保険者

エ．生活保護法による保護を受けている世帯に属する者

カ．その他の特別の事由がある者で厚生労働省令に定める者

ケ．日本国籍を有しない者で外国人登録法を受けていない者等

[保険料]

国民健康保険の保険料（税）は，一般的に所得割額，資産割額，被保険者均等割額，世帯別平等割額を組み合わせることによって決定される。

[保険給付]

健康保険では，病気，けが，障害等により治療を要する期間（休業中）に支給される傷病手当金は，国民健康保険では任意給付として条例あるいは規約にて定めているが，現在，実施している市町村はない。

[その他]

国民健康保険法が2015（平成27）年に改定された。その目的は，国民健康保険制度の安定化にある。その一環として2018（平成30）年度から都道府県が国保の運営に対して中心的な役割を担うようになった。

3) 船員保険

船員保険は，1940（昭和15）年に創設された。この船員保険は船員という特定の労働者を対象としたもので，業務上並びに業務外の事故をその対象としている。従来は，疾病給付部門（医療保険），失業給付部門（雇用保険），業務上の災害に対する年金給付部門（災害補償保険）をあわせて行っていたが，2010（平

成22）年1月より，失業給付部門と業務上災害に対する年金部門についてはそれぞれ雇用保険，労働者災害補償保険に統合された。

［保険者］

全国健康保険協会

［被保険者］

船員として船舶所有者に使用される者。

なお，独自給付として，①下船後の療養給付，②行方不明手当金が，また，職務上上乗せ給付として，①休業手当金，②障害年金，③障害手当金，④障害差額一時金，⑤障害年金差額一時金，⑥遺族年金，⑦遺族一時金，⑧遺族年金差額一時金等の給付がある。

4）各種共済組合

共済組合はもともと官業現業員共済組合として発足したもので，共済組合とは，共済（共同して助け合うこと）を目的とした団体である。この共済組合制度

図表3−6　高額医療費制度の上限額

<70歳以上の方の上限額（平成30年8月診療分から）>

適用区分		外来(個人ごと)	ひと月の上限額（世帯ごと）
現役並み	年収約1,160万円〜 標報83万円以上／課税所得690万円以上	252,600円＋(医療費−842,000)×1％	
	年収約770万円〜約1,160万円 標報53万円以上／課税所得380万円以上	167,400円＋(医療費−558,000)×1％	
	年収約370万円〜約770万円 標報28万円以上／課税所得145万円以上	80,100円＋(医療費−267,000)×1％	
一般	年収156万〜約370万円 標報26万円以下 課税所得145万円未満等	18,000円 年14万4千円	57,600円
非課税等 住民税	Ⅱ 住民税非課税世帯	8,000円	24,600円
	Ⅰ 住民税非課税世帯 （年金収入80万円以下など）		15,000円

注　1つの医療機関等での自己負担（院外処方代を含みます。）では上限額を超えないときでも，同じ月の別の医療機関等での自己負担を合算することができます。この合算額が上限額を超えれば，高額療養費の支給対象となります。

<69歳以下の方の上限額>

適用区分		ひと月の上限額（世帯ごと）
ア	年収約1,160万円〜 健保：標報83万円以上 国保：旧ただし書き所得901万円超	252,600円＋(医療費−842,000)×1％
イ	年収770〜約1,160万円 健保：標報53万〜79万円 国保：旧ただし書き所得600万〜901万円	167,400円＋(医療費−558,000)×1％
ウ	年収約370〜約770万円 健保：標報28万〜50万円 国保：旧ただし書き所得210万〜600万円	80,100円＋(医療費−267,000)×1％
エ	〜年収約370万円 健保：標報26万円以下 国保：旧ただし書き所得210万円以下	57,600円
オ	住民税非課税者	35,400円

注　1つの医療機関等での自己負担（院外処方代を含みます。）では上限額を超えないときでも，同じ月の別の医療機関等での自己負担（69歳以下の場合は2万1千円以上であることが必要です。）を合算することができます。この合算額が上限額を超えれば，高額療養費の支給対象となります。

出所）厚生労働省保険局「高額療養費制度を利用する皆さまへ（平成30年8月診療分から）」
　　　https://www.mhlw.go.jp/content/000333279.pdf

は，健康保険より古く，明治末期（1905）の官業製鉄所であった「八幡製鉄所」に設けられたのが最初である。現在，その種類は，① 国家公務員共済組合，② 地方公務員共済組合，② 日本私立学校振興・共済事業団（私立学校職員共済）等がある。なお，農林漁業団体共済組合（昭和34年設立）は厚生年金に統合された（平成14年）。給付には長期部門（年金給付）と短期部門（保険給付）とがある。

基本的に保険給付は健康保険の給付と同様となっている。ただ，各共済健康保険には付加給付があり，なかでも多いのが一部負担金の還元である。

(4) 高額療養費制度，無料低額診療事業
①高額療養費制度

高額療養費制度（図表3－6）は医療費の家計負担の軽減化を目的とするもので各医療保険の被保険者（その扶養者を含む）が同一の医療機関や薬局の窓口で支払う医療費が1カ月（1日から末日まで）で上限額を超えた場合，超えた金額が年間の所得に応じて支給される制度である（ただし，医療費以外の入院時食事療養費の一部負担額，室料負担，文書料等は対象から除外される）。なお，高額療養費制度は必ず被保険者本人あるいは家族が「高額療養費支給申請書」を保険者（たとえば健康保険組合，国民健康保険等）に申請しなければならない。

②無料低額診療事業

この事業は，社会福祉法第2条第3項の9に規定する「生活困窮者のために，無料又は低額な料金で，診療を行う事業」に基づくもので，第2種社会福祉事業として位置づけられている。

対象者は低所得者，要保護者，ホームレス，DV被害者，人身取引被害者等の生活困窮者となっている。無料低額診療所事業の基準は，生活保護法による保護を受けている者及び無料又は診療費の10％以上の減免を受けた者の延人数が取扱患者の総延人数の10％以上であることとなっている。受診手続きは本人（又は家族）が関係機関（社会福祉協議会，福祉事務所等）に相談をする。その結果，診療機関が関係機関と協議のうえ減免額並びに減免が必要と認めた場合，無料（あるいは低額）診察券（関係機関で保管）を発行，それを持参して本人（又は家族）は，無料低額診療事業実施診療施設で受診する。

(5) 医療費の一部負担（自己負担），国民健康保険保険料の減免措置
① 医療費の一部負担（自己負担）

医療保険ではかかった医療費の一部を患者である被保険者が負担する。たとえば医療保険からの給付が9割とか7割に対して，残りの1割あるいは3割が自己負担となる（図表3－5「一部負担」の欄を参照）。

保険診療による医療費，たとえば初診料，再診料，入院料等の一部を被保険者が負担すると共に，入院時食事療養費や入院時生活療養費についても，定め

られた額を被保険者が負担する。また先進医療，室料差額，文書料など保険診療に含まれない費用は全額患者が自己負担することになる。ただ，医療費の一部負担に関しては各自治体が独自の給付助成方法を用いている。たとえば兵庫県明石市では「こども医療費の助成」として健康保険が適用される対象者0歳から中学3年生まで外来・入院医療費負担なし（所得制限なし）を実施している。

② 国民健康保険保険料の減免措置

　保険料の減免措置は，ア．災害・盗難：天災その他特別の事情が有る場合，イ．所得の減少：失業等により所得が減少してしまった場合，ウ．旧扶養者：健康保険などの保険料を納めていた人が後期高齢者医療制度の被保険者になったことにより，これまで被扶養者であった65歳以上の人が国保被保険者になった場合等に適用される。なお，保険料の減免を受ける場合，国民健康保険証，印鑑，該当理由の必要書類等を持参のうえ各市町村の国民健康保険係に申請する必要がある。

5　後期高齢者医療制度

　老人保健制度に代わる後期高齢者医療制度は，「高齢者の医療の確保に関する法律」（2006）の創設に伴って，2008（平成20）年4月1日から施行された。高齢化の進展に伴ってますます高齢者医療費が増大することが予測されるため，後期高齢者（75歳以上）に対する適正な医療給付並びに前期高齢者（65〜74歳）に係る保険者間の費用負担の調整等を目的とし，保険料，後期高齢者支援金（若年者の保険料），公費等を財源とした後期高齢者医療制度が誕生した。これに伴って「老人保健法」（2006）が廃止された。

図表3－7　後期高齢者医療制度の運営の仕組み（平成31年度）

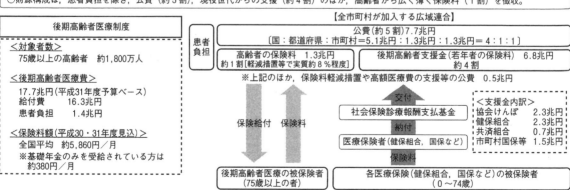

注1）　現役並み所得を有する高齢者の医療給付金には公費負担がなく，その分は現役世代の支援金による負担となっていることから，公費負担割合は47％となっている。
注2）　市町村国保と協会けんぽの後期高齢者支援金には，別途各々50％，16.4％（加入者割部分に限る）の公費負担がある。
出所）　厚生労働統計協会『国民衛生の動向（2019/2020）』p.234

　こうして後期高齢者の医療費が老人保健制度から後期高齢者医療制度に移行したのである。また，被用者保険の退職者が老人保健法（対象65歳以上）の適用を受けるまで各国民健康保険に移行する退職者医療制度（1984）も後期高齢者医療制度の施行に伴い段階的に廃止されることとなった。現在の後期高齢者医療制度の仕組みは図表3－7の通りである。

[運営主体]

　後期高齢者医療広域連合

[被保険者]

ア．広域連合の区域内に住所を有する75歳以上の者

イ．広域連合の区域内に住所を有する65歳以上75歳未満の者であって，一定
　　の障害の状態にあると広域連合が認めた者

図表3－8　公費負担医療（抜粋）

公費優先（全額国費）の公費負担医療

法律等名称	給付名	概要
戦傷病者特別援護法	療養の給付	軍人・軍属等の公務上の傷病の医療（療養の給付と同様）
	更生医療	公務上傷病による視覚・聴覚・言語機能・中枢神経機能の障害や肢体不自由の更生に必要な医療（療養の給付と同様）
原子爆弾被爆者に対する援護に関する法律（被爆者援護法）	認定疾病医療	認定をうけた被爆者の原爆症についての医療
感染症の予防及び感染症の患者に対する医療に関する法律（感染症法）	新感染症の患者の入院	新感染症（病状の程度が重篤で当該疾病のまん延により国民の生命及び健康に重大な影響を与えるおそれがあると認められるもの）患者の入院医療
心神喪失等の状態で重大な他害行為を行った者の医療及び観察等に関する法律（心神喪失者等医療観察法）	医療の給付	心神喪失又は心神耗弱の状態で重大な他害行為を行い不起訴もしくは無罪になった人に対し，裁判官と精神保健審判員の審判によって決定した医療（入院，通院）

保険優先の公費負担医療

法律等名称	給付名		概要
障害者の日常生活及び社会生活を総合的に支援するための法律（障害者総合支援法）	自立支援医療	育成医療	（児童福祉法に定める）障害児の健全な育成を図るための，生活の能力を得るために必要な医療
		更生医療	（身体障害者福祉法に定める）身体障害者の障害を軽減・除去するための医療
		精神通院医療	（精神保健福祉法に定める）精神障害者に継続的に必要となる通院医療
精神保健及び精神障害者福祉に関する法律（精神保健福祉法）	措置入院		精神障害により自傷他害のおそれがある場合の都道府県知事による入院措置
母子保健法	養育医療		養育のため病院又は診療所に入院することを必要とする未熟児に対する医療
難病の患者に対する医療等に関する法律（難病法）	特定医療費		指定難病と診断され，重症度分類等に照らして症状の程度が一定程度以上の者の医療
児童福祉法	療養の給付		18歳未満の結核医療（結核に起因する疾病や治療に支障をきたす併発病を含む）
	小児慢性特定疾病医療費		小児慢性特定疾病と診断され厚生労働大臣が定める疾病の程度である18歳未満（一定の条件を満たせば20歳未満）の児童等の医療
生活保護法	医療扶助		生活保護受給者の医療

出所）社会保険研究所『公費医療・難病医療ガイド』2019　を基に筆者作成

［適用除外］

ア．生活保護法による保護を受けている世帯

イ．前記のほか，適用除外とすべき特別の理由がある者

［資格の取得並びに喪失］

ア．広域連合の区域内に住所を有する者が75歳に達した日，75歳以上の者が広域連合の区域内に住所を有するに至った日から被保険者となる

イ．広域連合の区域内に住所を有しなくなった日から被保険者でなくなる

［保険料］

ア．被保険者か個人単位で年度ごと（4月1日）に賦課される。保険料の額は，被保険者全員が等しく負担する均等割額と被保険者の所得に応じて課せられる所得割額を合算した額である。なお，最高限度額は，年間62万円である（2019年12月現在）。

イ．所得割並びに均等額は各広域連合が，各医療給付に応じて2年ごとに決定する

［財　源］

後期高齢者医療制度の財源は，① 公費（約5割）で国：都道府県：市町村＝4：1：1，② 後期高齢者の保険料（1割），保険料＝均等割＋所得割，③ 後期高齢者支援金＝各保険者の保険料（約4割）なっている。

6 公費負担医療制度

(1) 公費負担医療

公費負担医療は，国及び地方公共団体が一般財源をもとに社会福祉並びに公衆衛生の向上を図るものである。現在，公費負担医療には，大別して，公費優先の全額公費負担医療（補償的医療）と医療保険給付優先の公費負担医療（保険診療の自己負担相当額を公費負担）がある（図表3－8，3－9参照）。

(2) 自立支援医療

これまで障害者に対する公費負担医療制度は「身体障害者福祉法」に基づく更生医療，「精神保健福祉法」に基づく精神通院医療，「児童福祉法」に基づく更生医療の各法に基づく3つであった。2006（平成18）年4月から障害者の自立と共生社会の実現を目的とし，障害者施策の3障害（身体・知的・精神）の一元化，サービス体系の再編，就労支援の強化等を目指した障害者自立支援法において自立支援給付の自立支援医療として定められた。そして，2012（平成25）年に障害者自立支援法が「障害者の日常生活及び社会生活を総合的に支援するための法律」（略称：障害者総合支援法）へと名称を変更され2013（平成25）年より施行されている。そのサービスの体系は，① 介護給付：居宅介護，重

図表3－9　自立支援医療における利用者負担の基本的な枠組み

① 利用者負担が過大なものとならないよう，所得に応じて1月当たりの負担額を設定（これに満たない場合は1割）
② 費用が高額な治療を長期にわたり継続しなければならない（重度かつ継続）者，育成医療の中間所得層については，更に軽減措置を実施

所得区分		更生医療・精神通院医療	育成医療	重度かつ継続		
一定所得以上		対象外	対象外	20,000円	市町村民税　235,000円以上	
中間所得	中間所得2	医療保険の高額療養費 ※精神通院のほとんどは重度かつ継続	10,000円	10,000円	市町村民税課税以上235,000円未満	市町村民税33,000円以上235,000円未満
	中間所得1		5,000円	5,000円		市町村民税課税以上33,000円未満
低所得2		5,000円	5,000円	5,000円	市町村民税課非課税（本人収入が800,001円以上）	
低所得1		2,500円	2,500円	2,500円	市町村民税課非課税（本人収入が800,000円以下）	
生活保護		0円	0円	0円	生活保護世帯	

「重度かつ継続」の範囲
○ 疾病，症状等から対象となる者
　[更生・育成] 腎臓機能・小腸機能・免疫機能・心臓機能障害（心臓移植後の抗免疫療法に限る）・肝臓の機能障害（肝臓移植後の抗免疫療法に限る）の者
　[精神通院] ① 統合失調症，躁うつ病・うつ病，てんかん，認知症等の脳機能障害，薬物関連障害（依存症等）の者
　　　　　　　② 精神医療に一定以上の経験を有する医師が判断した者
○ 疾病等にかかわらず，高額な費用負担が継続することから対象となる者
　[更生・育成・精神通院] 医療保険の多数該当の者

出所：厚生労働統計協会『国民の福祉と介護の動向（2019/2020）』p.126

度訪問介護，同行援護，行動援護，療養介護，生活介護，短期入所，重度障害者等包括支援，施設入所支援，② 訓練等給付：自立訓練（機能訓練・生活訓練），就労移行支援，就労継続支援（A型・B型），就労定着支援，自立生活援助，共同生活援助，③ 自立支援医療：更生医療，育成医療，精神通院医療，④ 補装具等となっている。

　なお，障害者総合支援法では市町村に地域支援事業として，地域の特性や利用者の要望・状況にあわせた効率的・効果的な事業として各種の事業である相談支援・意思疎通支援・日常生活用具，移動支援，地域活動支援センター，福祉ホーム等の事業を位置づけている。

　なお，費用負担は国（100分の50）・都道府県（100分の25）・市町村（100分の25）となっている。

[目　的]

　自立支援医療（更生医療，育成医療，精神通院医療）は，心身の障害の除去と軽減とを図るための医療として「障害者総合支援法」に基づいて医療費の自己負担額を軽減するため公費負担医療制度を行うことを目的としている。

[対象者]

① 更生医療：身体障害者手帳を有し，その障害を除去・軽減するため手術等の治療により効果が期待できる18歳以上の者
② 育成医療：身体に障害を有する児童に対して手術等によって，その障害を除去・軽減するための手術等の治療により効果が期待できる18歳未満の者
③ 精神通院医療：通院医療を継続的に必要とする統合失調症等の精神疾患を

有する者

なお，自立支援医療における利用者負担の基本的な枠組みは図表 3 - 10 の通りである。

○ **更生医療の概要**

更生医療は，身体障害のある 18 歳以上の者に対して，手術等の治療によってその障害を除去・軽減することが可能である場合，必要な医療費を支給するものである。なお，対象者は身体障害者福祉法に基づき身体障害者手帳の交付を受けた者となっている。

[**実施主体**]

市町村

[**対象となる障害**]

① 視覚障害（白内障，網膜剥離，角膜混濁，虹彩手術等）

② 聴覚障害（鼓膜穿孔，外耳性難聴等）

③ 言語障害（発音構語障害等）

④ 肢体不自由（関節拘縮，関節硬直，人工関節置換術等）

⑤ 内部障害（心臓，腎臓，肝臓，小腸，免疫等）

○ **育成医療の概要**

育成医療は，身体に障害のある児童または，そのまま放置すると将来障害を残すと認められる疾患がある児童に対して，その障害を除去，軽減する手術等の効果があると認められた場合，自立支援のために必要な医療費を支給するものである。

[**実施主体**]

市町村

[**対象となる障害**]

① 視覚障害（白内障，先天性緑内障等）

② 聴覚障害（先天性耳奇形等）

③ 言語障害（口蓋裂等）

④ 肢体不自由（先天性股関節脱臼，脊椎側彎症，くる病等）

⑤ 内部障害（心臓，腎臓，肝臓，小腸，免疫等）

○ **精神通院医療の概要**

精神通院医療，統合失調症，精神作用物質による急性中毒，その他の精神疾患（てんかんを含む）を有する者に対して，継続的に通院による精神医療が望ましい場合，その通院医療に係る医療費の支給を行うものである。

[**実施主体**]

都道府県・指定都市

[**対象となる精神疾患**]

① 病状性を含む器質性精神障害

② 精神作用物質使用による精神及び行動の障害

③ 統合失調症，統合失調症型障害及び妄想性障害

④ 気分障害

⑤ てんかん

⑥ 神経症障害，ストレス関連障害及び身体表現性障害

⑦ 生理的障害及び身体的要因に関連した行動症候群

⑧ 成人の人格及び行動の障害

⑨ 精神遅滞

⑩ 心理的発達の障害

⑪ 小児期及び青年期に通常発症する行動及び情緒の障害

　以上，自立支援医療制度の概要を見てきたが，この制度は心身の障害を除去・軽減するための医療で医療費の自己負担額を公費で負担する制度である。その基本原則は，① 利用者負担が過大なものにならないよう，所得に応じて1月当たりの負担額を設定（これに満たない場合は1割），② 費用が高額な治療を長期にわたり継続しなければならない（重度かつ継続）者，育成医療の中間所得層についてはさらに軽減措置を実施する，となっている。自立支援医療制度の特徴はできるだけ患者に負担をかけないように配慮（費用負担額の設定）されたものとなっている。すなわち，保険負担が優先で，公費が補うという支払形態をとっている。

注）
1）厚生労働統計局『保険と年金の動向（2018/2019）』pp.209-210

参考文献
成清美治・加納光子代表編集『現代社会福祉用語の基礎知識（第13版）』学文社，2019年

『社会保障の手引き（2019年版）』中央法規出版，2018年

安藤秀雄・栗林令子『公費負担医療の実際知識』医学通信社，2019年

『国民の福祉と介護の動向（2018／2019)』厚生労働統計協会

秋元美世・大島巌・芝野松次郎・藤村正之・森本佳樹・山縣文治編集『現代社会福祉辞典』有斐閣，2003年

小山路男『現代医療保障論』社会保険新報社，1969年

児島美都子・成清美治・牧洋子編著『保健医療サービス』学文社，2009年

児島美都子・成清美治編著『現代医療福祉概論（第2版）』学文社，2007年

プロムナード

　わが国は少子・高齢化社会のもとで社会保障の3本柱である医療・年金・介護の各々の領域において財政が逼迫しています。こうした厳しい状況に対して国はこれまで「医療構造改革」(2006)により，医療供給体制の改革，医療保険制度の改革を実施してきました。そして社会保障・税一体改革の推進を目的とする「社会保障制度改革推進法」(2012)が成立し，年金，医療，介護，少子化対策の4分野の改革の基本方針が規定されました。その後，医療と介護の提供体制の一体化を目的とした「医療介護総合確保推進法」(2014)の成立，そして翌年には「医療保険制度改革法」(2015)が成立しました。これまで一連の医療に関する改革が実施されてきましたが，各保険とくに高齢者，退職者，非正規雇用者の多くが加入する市町村国民健康保険並びに後期高齢者医療制度の財政状況は年々厳しくなる一方です。この問題を打開するためには供給側（医療提供者）と需要側（利用者側）両者の効率的，適切な医療サービスの行使と国の医療費に対する負担増等が必要になってくると思われます。

学びを深めるために

広井良典著『日本の社会保障』岩波新書，1999年

　同書は日本の社会保障制度について論じた必読書です。

　そのなかで日本の医療政策の特徴と問題点について指摘しています。具体的には，①「私」中心の供給システム，②プライマリ・ケア／開業医と公衆衛生への重点配分，③保健所等公衆衛生の整備，④国保という地域保険のシステムの構築，⑤診療報酬システムによる医療費のコントロール，⑥「途上国型医療構造」から「成熟経済型医療構造」へです。

第 4 章

保健医療対策の概要

1　保健所の役割

　保健所は，疾病の予防，健康増進，環境衛生など，公衆衛生活動の中心機関である。1994年に制定された『地域保健法』の施行後，地域保健の広域的・専門的・技術的拠点として保健所に関する規定が整備された。保健所は，地域保健法（第5条）において，都道府県，政令指定都市，中核市，その他の政令で定める市又は特別区が設置すると定められている。保健所の管轄地域は，保健医療にかかる施策と社会福祉にかかる施策との有機的な連携を図るため，医療法に規定する二次医療圏および介護保険法に規定する区域を考慮して設定されている。2019年4月現在の設置主体別の数を見ると，都道府県359，政令指定都市26，中核市58，その他政令市6，特別区（東京都23区）23と合計472カ所の保健所本所と120カ所の支所が設置されている。

　保健所の具体的な活動は，対人保健分野のサービスと対物保健分野のサービスに分けることができる。まず，対人保健分野のサービスでは，感染症等対策，エイズ・難病対策，精神保健対策，母子保健対策などの広域的，また専門的技術を必要とする保健医療サービスが実施される。次に，対物保健分野のサービスでは，食品衛生，生活衛生，医療監視などの許可，立入検査などを実施するほか，市町村が行う保健サービスに対して，必要な技術的援助・助言，調整も行うことになっている。

　保健所の職員は，医師，歯科医師，薬剤師，獣医師，保健師，診療放射線技師，栄養士などその業務を行うために必要な職員を置くこととされている。特に，保健所長は，医師であって，かつ，3年以上公衆衛生の実務に従事した経験があるものであるか，国立保健医療科学院の養成訓練過程を修了したものであるか，厚生労働大臣が認定した者である必要がある。ただし，医師の確保が困難な場合に限り，一定基準を満たした医師でない技術職員を保健所長に充てることも可能であるが，原則2年まで，やむを得ない場合はさらに2年まで延長することができる。

　保健所の役割については，地域保健法第6条において，次に掲げる事項についての企画，調整，指導及びこれらに必要な事業を行うこととされている。

① 地域保健に関する思想の普及および向上に関する事項

② 人口動態統計その他地域保健にかかる統計に関する事項

③ 栄養の改善及び食品衛生に関する事項

④ 住宅，水道，下水道，廃棄物の処理，清掃その他環境の衛生に関する事項

⑤ 医事および薬事に関する事項

⑥ 保健師に関する事項

⑦ 公共医療事業の向上および増進に関する事項

⑧ 母性および乳幼児ならびに老人の保健に関する事項

保健師

　厚生労働大臣の免許を受けて，保健師の名称を用いて，保健指導に従事することを業務とする者（名称独占）。地域住民が主体的に課題を解決できるよう地域特性に応じた地区活動と地域住民に対する健康教育・保健指導を通じて疾病の予防や健康増進など公衆衛生活動を行う地域看護の専門家。

⑨ 歯科保健に関する事項

⑩ 精神保健に関する事項

⑪ 治療方法が確立していない疾病その他の特殊な疾病により長期に療養を必要とする者の保健に関する事項

⑫ エイズ，結核，性病，伝染病その他の疾病の予防に関する事項

⑬ 衛生上の試験および検査に関する事項

⑭ その他地域住民の健康の保持および増進に関する事項

2 医療計画と地域医療構想

(1) 医療計画とは

　医療計画は，医療法第30条の4に基づき，都道府県が地域の実情に応じて医療提供体制の確保を図るために策定する行政計画である。おおむね5年に1度改定されており，多くの都道府県では，2018年から2022年度を計画期間とする，第7次医療計画が現行の計画となっている。医療計画は，1985年の医療法改正により法制化され，1986年施行された計画であるが，従来は，増え続けていた病床数の増加を抑制するため，病院の開設や増床に制限をかける，というものであった。しかし，高齢化の急速な進行や医療技術の進歩，国民の意識の変化など医療を取り巻く環境が大きく変わるなかで，誰もが安心して医療を受けることができる環境の整備が求められている。そのため，都道府県が地域の実情に即した医療計画を策定し，地域の医療機能の適切な分化・連携を進め，地域全体で切れ目なく必要な医療が提供される体制を構築することにより，医療に対する国民の安心，信頼を確保していくことが医療計画の目的である。

　医療計画には，以下の事項を定めることとされている。

① 5疾病（がん，脳卒中，心筋梗塞等の心血管疾患，糖尿病，精神疾患）・5事業（救急医療，災害時における医療，へき地医療，周産期医療，小児医療）に関する目標，医療連携体制，情報提供の推進に関する事項

② 在宅医療の確保に関する事項

③ 地域医療構想に関する事項

④ 病床の機能に関する情報提供の推進に関する事項

⑤ 地域医療支援病院などの整備目標に関する事項

⑥ 医療の安全の確保に関する事項

⑦ 地域医療支援病院などの整備目標に関する事項

⑧ 医療圏の設定（二次医療圏，三次医療圏を定める）に関する事項

⑨ 基準病床数に関する事項

(2) 医療計画の内容

1）5疾病または5事業ごとの医療連携体制

　疾病構造の変化や地域医療の確保といった課題に対応するため，5疾病5事業について，それぞれの疾病や事業の特性，地域の実情に応じた医療連携体制を構築し，医療計画に記載することにより，住民にわかりやすく公表することが定められた。また，地域の患者への医療に関する情報提供，医療機能の分化・連携の推進による急性期から慢性期まで切れ目のない医療の提供，早期に在宅生活に復帰できるようにする在宅医療の充実などを目的としている。

2）基準病床数

　基準病床数は，地域に病床をどの程度整備すべきかという整備目標としての性格を持つとともに，それ以上の病床の増加は抑制するという規制的性格の両面を合わせ持っている。

　病床には一般病床，療養病床，精神病床，結核病床，感染症病床の5つの種類があり，人員配置や施設の基準がそれぞれ定められている。基準病床数は，全国統一の算定式により，一般病床・療養病床については二次医療圏単位で設定され，精神病床，結核病床，感染症病床については三次医療圏（都道府県）単位で設定される。

　既存病床数が基準病床数を上回る病床過剰地域において，都道府県知事が病院を開設しないよう勧告したにもかかわらず基準病床数を超えて病院を開設する者に対しては，地方社会保険医療協議会の審議を経て，保健医療機関として指定をしないことができる。こうした仕組みを通じて，病床の地域的偏在を是正し，全国的に一定水準以上の医療を確保することが基準病床数制度の目的とされている。

3）医療圏

　医療の整備を図るために都道府県が設定する地域的単位を医療圏といい，医療のレベルに応じて一次，二次，三次医療圏に分けられる（図表4－1）。医療計画では小さなエリアから順に一次から三次まで，3種類の医療圏が設定されており，二次医療圏と三次医療圏は「医療法」による医療計画で規定されている。また，二次医療圏で救急医療を完結させるよう，病院数や医療従事者数を

図表4－1　医療圏の種類

医療圏	医療圏の機能	圏域の範囲
一次医療圏	住民が医師等に最初に接し，診療や保健指導を受ける区域。日常生活に密着した保健医療サービスを提供する。	多くの場合，市町村単位
二次医療圏	高度な医療を除く入院までの一般的な医療を提供する区域	多くの場合，複数の市町村を束ねた範囲（2016年11月現在344の広域市町村）
三次医療圏	専門的かつ特殊な保健医療を提供する地域単位。最も広域的な対応が必要。	都道府県単位　例外：北海道（6圏域），長野県（県全域または4圏域）

出所）厚生労働省ホームページを参考に筆者作成（2019年9月10日アクセス）

確保することが求められる。

(3) 地域医療構想の推進

1) 地域医療構想の位置づけ

　「医療法」に基づく医療計画によって病床の機能分化・連携が進められてきたが，いわゆる「団塊の世代」が後期高齢者となり，医療・介護の需要が増大する2025年を前に，より一層地域における医療・介護の連携を進めることが必要となっている。そのため，2014年6月に「地域における医療及び介護の総合的な確保を推進するための関係法律の整備等に関する法律」（以下，医療介護総合確保推進法）が成立した。「医療介護総合確保推進法」によって医療法が改正され，各都道府県は，2025年の高齢社会に対応できる地域にふさわしい，質が高く効率的な医療提供体制を構築するため，医療計画の一部として，「地域医療構想」を策定することとなり，2016年度末までにすべての都道府県で策定を終えたところである。また，2018年度からの第7次医療計画に組み込まれている。

2) 地域医療構想の内容

　地域医療構想では，構想区域ごと，かつ，高度急性期・急性期・回復期・慢性期の4機能ごとに，2025年の医療需要及び病床の必要量を推計して定める（図表4－2）。ちなみに，構想区域とは，一体の区域として地域における病床の機能分化及び連携を推進することが適当であると認められる区域のことであり，具体的には，現行の二次医療圏を原則としている。また，人口構造の変化，医療需要の動向，医療従事者及び医療機関の配置状況の見通し等を考慮して設

図表4－2　地域医療構想

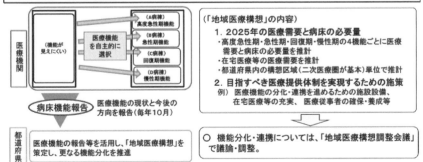

出所）厚生労働省ホームページ。mhlw.go.jp.（2019年9月10日アクセス）

定する。都道府県は，厚生労働省令等において定められた方法により 2025 年の病床機能ごとの医療需要及び病床の必要量，ならびに，在宅医療等の医療需要を，構想区域ごとに推計する。また，将来のあるべき医療提供体制を実現するための具体的な施策についても定めることとしている。

3) 地域医療構想策定後の実現に向けた取り組み

　現在，都道府県は，構想区域等ごとに，医療関係者，医療保険者その他の関係者との地域医療構想調整会議を設け，その会議においては，地域医療構想の具体化に向けた議論が進められているところであるが，「経済財政運営と改革の基本方針 2017」において，地域医療構想の達成に向けて「個別の病院名や転換する病床数等の具体的対応方針の速やかな策定に向けて，2 年間程度で集中的な検討を促進する」とされている。これらを踏まえ，厚生労働省から，都道府県においては，毎年度この具体的対応方針を取りまとめることとする旨の通知が出されている。また，2018 年 5 月の経済財政運営諮問会議で厚生労働大臣から提出された「2040 年を展望した社会保障の政策課題と地域医療構想の達成に向けた取組」では，2018 年度末までにすべての公立・公的医療機関等における具体的対応方針の合意形成を行うとともに，2019 年度には，その検証を行い，推進策をさらに充実することとされている。

③ 5 疾病

（1）が　ん

　日本において，がんは 1981 年以降死亡原因の第 1 位となっており，国民の健康における重要課題として対策が進められてきた。がん対策をより一層推進するため，がん対策の基本的施策を定めた「がん対策基本法」が 2006 年に成立した。この基本的施策を推進するため，個別の具体的な目標を定めた「がん対策推進基本計画」が策定され，少なくとも 6 年ごとに見直しが行われるが，2016 年の改正では，がん患者の就労支援やがんに関する教育の推進が基本的施策に盛り込まれた。

　また，国民が日常の生活の圏域のなかで高い水準のがん医療を受けることができる体制を確保するために，2001 年から二次医療圏に 1 カ所程度を目安として地域がん診療拠点病院の整備を進めてきた。さらに，全国どこでも質の高いがん医療を提供できるよう，がん医療の均てん化（誰もが等しく利益を受けることができるようにすること）を目指し，2014 年にがん診療連携拠点病院等の整備に関する指針を改正し，指定要件の強化を行ってきた。そこで新たに地域がん診療病院，特定領域がん診療連携拠点病院を設け，がん診療の連携・協力体制等の整備を図っている。

　さらに，2018 年には，拠点病院におけるがん医療のさらなる充実や医療安

全の推進等に主眼を置いた改正を実施し，地域がん診療拠点病院については高度型，一般型，特例型（2020 年以降）に類型を見直すこととなった。2019 年 4 月 1 日現在，がん診療連携拠点病院は 392 施設，地域がん診療病院は 36 施設が指定されている。

　第 7 次医療計画では，これまでがん医療の均てん化を目指し体制整備を行っていたが，がん医療が高度化，複雑化してきていることを踏まえ，均てん化が必要な分野，集約化が必要な分野を検討し，今後のがん医療体制を整備することとした。また，がんの予防や社会復帰，治療と職業生活の両立に向けた支援に取り組むこととした。

(2) 脳卒中

　脳卒中は，脳の血管が詰まる「脳梗塞」と，脳の血管にできた瘤（脳動脈瘤）が破裂して起こる「くも膜下出血」，脳内の細い血管が破れて出血する「脳内出血」に分けられる。脳卒中は，1951 年から 1980 年までの 30 年間，日本人の死亡原因の第一位を占めていたが，1965 年代後半から死亡率が低下し始め，1981 年からは第二位，1985 年からは第三位となっていた。

　総患者数は，111 万 5,000 人（2017 年度）となっている。また，脳卒中は，死亡を免れても後遺症として障害が生じたり，療養時の長期の臥床などがきっかけとなり，介護が必要となった原因の 16.6% を占め（2016 年基準），認知症に次いで大きな原因となっている。

　第 7 次医療計画においては，脳血管疾患による死亡を防ぎ，また，要介護状態に至る患者を減少させるため，発症後，病院前救護を含め，早急に適切な急性期診療を実施する体制の構築を進めることにした。また，急性期から慢性期を通じて，リハビリテーション（Rehabilitation）や，再発・合併症予防を含めた，一貫した医療を提供する体制を構築することとした。

(3) 急性心筋梗塞

　急性心筋梗塞は，心血管疾患の代表的な疾患で，冠動脈の閉塞等によって心筋への血流が阻害され，心筋が壊死し心臓機能の低下が起きる疾患である。消防庁の「2016 年版救急・救助の現況」によると，全国で 1 年間に救急車で搬送される急病の約 8.6%，約 30 万 2,000 人が心疾患等であり，2014 年患者調査では，虚血性心疾患（狭心症及び心筋梗塞）の継続的な医療を受けている患者数は約 78 万人と推計されている。さらに，厚生労働省「2015 年人口動態統計」によると，年間約 20 万人が心疾患を原因として死亡し，死亡者全体の 15.2% を占め，死亡順位の第 2 位である。このうち，急性心筋梗塞による死亡者数は心疾患死亡数全体の約 19%，約 3 万 7,000 人である。

　急性心筋梗塞の危険因子は，高血圧，喫煙，糖尿病などであり，発症の予防

にはこれらの原因となる生活習慣の改善や適切な治療とそれらについての啓発を行うことが重要である。第7次医療計画においては、「急性心筋梗塞」を「心筋梗塞等の心血管疾患」と見直し、心不全等の合併症等を含めた医療提供体制も含めて構築することとした。急性心筋梗塞による突然死を防ぐため、発症後、病院前救護を含め、早急に適切な治療を開始する体制の構築を進めるとともに、急性期の治療に引き続き、回復期及び慢性期の適切な治療を含めた医療提供体制を構築することとした。

(4) 糖尿病

　糖尿病は、生活習慣と無関係に主として小児期から発症する1型糖尿病と、日本の糖尿病の大部分を占める2型糖尿病に分けられる。このうち2型糖尿病の発症には運動や食事などの生活習慣が関連しており、生活習慣の改善により糖尿病の発症を予防する対策が重要である。

　糖尿病が全死亡に占める割合は、1.0%（2019年4月現在）と、死因の上位となってはいないが、糖尿病は日本の主要な死亡原因である脳卒中や虚血性心疾患などの危険因子である。また、糖尿病は症状が出現した場合には、すでに病状が進行した状態となっていることもあり、糖尿病に関連した合併症が重大な問題となっている。2017年に行われた日本透析医学会の調査報告によると、1年間で新規に透析導入された患者数は4万959人であり、透析導入の原因疾患として糖尿病性腎症は第1位（43.5%）であった。さらに、2017年に糖尿病を主原因として1,117人が視覚障害と新規に認定されており、視覚障害の原因としても糖尿病は重要といえる。

　第7次医療計画では、まず、発症予防・重症化予防に重点をおいた対策を推進するためには、受診中断患者数の減少や早期からの適切な指導・治療が重要であるため、医療機関と薬局、保険者が連携する取り組みを進めることとした。また、医療機関のみではなく、日常生活に近い場でも栄養・運動等の指導を受ける事が可能となるよう、医療従事者が地域での健康づくり・疾病予防に参加できる機会を創出することとした。

(5) 精神疾患

　日本の精神科医療の特徴は、入院患者が多いことと精神病床数が欧米と比べて多いことであり、入院受療率では他の疾患をしのいで第1位となっている。厚生労働省の「患者調査」（2014年）によると、精神障害者数は390万人を超え、このうち31万人は精神科病院などにおいて入院治療を受けている。しかし、このなかには、地域の保健福祉基盤が整えば社会のなかで生活できる者が多く含まれている。精神障害者の入院では、統合失調症が5割を超え最多であるが、気分（感情）障害とアルツハイマー病が増加している。また、精神病床の入院

患者は 65 歳以上の高齢者が約半数を占めており，高齢化が進んでいる。近年の精神障害者社会復帰施策により，入院から外来への移行が進められており，入院患者数は増加傾向から横ばいないし減少に転じ，外来患者数が増加している。

2004 年の「精神保健医療福祉の改革ビジョン」において，「入院治療中心から地域生活中心へ」という精神保健医療福祉政策の方向性が示された。また，2006 年には「障害者自立支援法」（現「障害者総合支援法」）が施行され，精神障害者へのサービスを市町村が一元的に行う枠組みが規定されるなど，地域生活への移行を支援する体制の整備が進められている。

第 7 次医療計画では，精神障害者が，地域の一員として安心して自分らしい暮らしをすることができるよう，精神障害者にも対応した地域包括ケアシステムの構築を目標とし，2020 年度末・2025 年の精神病床における入院需要（患者数）及び，地域移行に伴う基盤整備量（利用者数）の目標を明確にした上で，障害福祉計画等と整合性を図りながら基盤整備を推し進めることとした。また，統合失調症，うつ病・躁うつ病，認知症，児童・思春期精神疾患，依存症などの多様な精神疾患等に対応できる医療連携体制の構築に向けて，多様な精神疾患等ごとに医療機関の役割分担・連携を推進するとともに，患者本位の医療を実現していけるよう，各医療機関の医療機能を明確化することとした。

4 5事業

(1) 救急医療

日本の救急医療体制は，重症度と緊急度に応じた，初期，二次，三次といった階層状の構造となっており，大病院への救急患者の集中を回避している。初期救急医療機関は，外来診療によって救急患者の対応を行い，必要に応じて二次，三次の医療機関を紹介する。在宅当番医制（2018 年 4 月 1 日現在 625 地区）と休日夜間救急センター（2018 年 4 月 1 日現在 575 カ所）が対応している。

二次救急医療機関は，入院治療を必要とする重症の救急患者の医療を行う。病院群輪番制度によって地域で 24 時間体制を確保する取り組みも推進されている（2018 年 4 月 1 日現在 421 地区）。

三次救急医療機関は，二次救急医療機関で対応できない重症および複数の診療科領域にわたるすべての重篤な救急患者を 24 時間体制で受け入れるものであり，救命救急センターが担当する（2019 年 4 月 1 日現在 290 カ所）。

また，搬送時間の短縮や傷病者の救命，後遺症の軽減および広域救急患者搬送体制の向上のために，2001 年度からドクターヘリが導入されており，2007 年には，救急医療用ヘリコプターを用いた救急医療の確保に関する特別措置法が成立した。2019 年 3 月末現在 43 道府県に 53 機がある。

> **ドクターヘリ**
> 救急医療に必要な機器および医薬品を整備したヘリコプターであって，救急医療の専門医および看護師が同乗し救急現場等に向かい，現場等から医療機関に搬送するまでの間，患者に救急医療を行うことのできる専用のヘリコプター。

　第7次医療計画においては，円滑な受入体制の整備やいわゆる出口問題へ対応するため，救急医療機関とかかりつけ医や介護施設等の関係機関との連携・協議する体制を構築することとした。また，地域住民に対し日頃からかかりつけ医を持つことや救急車の適正利用等について理解を深めるための取り組みを進めることとした。救命救急センターの充実段階評価を見直し，地域連携の観点を取り入れて，救急医療機関について，数年間，受け入れ実績がない場合には，都道府県による指定の見直しを検討することとした。さらに初期救急医療機関の整備とともに休日夜間対応できる薬局，精神科救急と一般救急との連携等を進めることとした。

(2) 災害医療

　災害とは，単に風水害の状態を指すのではなく，大規模な人的被害によって地域の医療能力（薬品，医療資材，医師や看護師などの人的資源）を圧倒的に上回る傷病者が発生している状態を指す。そのような危機的な状態において，防ぎえた死を最低限に抑えるために行う医療が災害医療である。

　災害時には，傷病者の治療など，緊急に多くの医療が必要となるため，各都道府県ごとに，災害時にライフラインを確保しつつ重症患者等を受け入れ，治療を行い，現地へ医療チームを派遣する災害拠点病院の設置が進められている。災害拠点病院は，阪神・淡路大震災（1995年）の経験から，厚生労働省により，被災地の医療の確保や支援を行うための拠点としての基準が整備され，2019年4月1日現在742カ所である。

　また，これまでの大規模災害の経験を踏まえ，多数の重篤な救急患者に対応するため，被災後早期に被災地外の医療チーム等が被災地に入り，医療機関に患者を移送して治療を行うなどの体制が必要であることから，災害拠点病院を中心に災害派遣医療チームDMAT（Disaster Medical Assistance）を整備している。DMATはトリアージ（triage），応急治療，搬送や医療機関の支援などを担う。

　さらに，東日本大震災の経験から，被災都道府県においては，DMAT等の保健医療活動チームを派遣調整するなどのコーディネート機能が必要であることから，災害医療コーディネーターが養成されつつある。厚生労働省は，2014年度より都道府県災害医療コーディネート研修を開催し，2018年度には災害医療コーディネーター活動要領が示された。災害時，医療機関が自施設の患者の安全を確保し，地域の傷病者にできる限り迅速に適切な医療を提供するためには，医療機関の連携と役割分担が重要である。ちなみに，第7次医療計画においても，被災地域の医療ニーズ等の情報収集や医療チーム（DAMT，DPAT，JMAT等）との連絡調整等を行う災害医療コーディネート体制の整備を進め，さらに大規模災害時に備え，災害時における近隣都道府県との連携を強化することとした。また，被災後，早期に診療機能を回復できるよう，事業継続計画

トリアージ

　トリアージ（triage）は，「選別」「区分」などを意味するフランス語である。
　医療体制・設備が限られている災害の現場において，「重症度」「緊急度」によって，傷病者を区別し，治療や搬送先の順位を決めるプロセスのことである。

事業継続計画（BCP）

　Business Continuity Planningの略である。災害など緊急事態が発生したときに，病院などが損害を最小限に抑え，事業の継続や復旧を図るための計画のこと。

(BCP) の策定について推進することとした。

(3) へき地医療

　へき地医療とは，交通条件および自然的・経済的・社会的条件に恵まれない山間地や離島などで，医療の確保が困難である地域のことである。このようなへき地で，容易に医療が行えない地域に必要な医療を提供するのがへき地医療である。

　へき地における医療の確保については，1956年度の第1次に始まり，2011年度の第11次にわたるへき地保健医療計画により実施されてきた。第1次から第9次までの計画は，国が都道府県にへき地保健医療計画の方向性を示して策定されたが，2006年度からの第10次計画からは，国が策定した指針を基に，地域の実情に応じて都道府県ごとに独自の計画を策定できるようになった。また，2018年度以降のへき地医療対策は，第7次医療計画に一本化されることとなった。現在のへき地医療における主な取り組み事項は以下のとおりである。

① へき地医療支援機構を都道府県単位で設置し，へき地診療所等からの代診医の派遣要請等，広域的なへき地医療支援事業の企画・調整を行う。

② へき地医療拠点病院において，都道府県単位での指導・調整の下にへき地診療所への医師派遣，へき地診療所のない無医地区等を対象とした巡回診療等を行う。

③ 無医地区において診療所を整備し，地域住民の医療確保を図る（へき地診療所）。

④ 無医地区等にへき地保健指導所を整備し，保健医療の機会に恵まれない住民に対する保健指導を行う。

⑤ へき地巡回診療車により，無医地区等の医療の確保を図るため巡回診療を実施する。

⑥ へき地患者輸送車（艇）およびメディカルジェット（患者輸送航空機）により，へき地住民の医療機関へのアクセスを強化する。

　これらを含め，今後は都道府県ごとに地域の実情に応じた持続可能性のあるへき地保健医療体制の構築を目指すこととしている。

　第7次医療計画では，へき地における医療従事者の確保やチーム医療の充実については，「へき地保健医療計画」を「医療計画」に一本化した上で，医療計画における医療従事者の確保等の取り組みと連動して進めることとした。また，へき地における巡回診療等の実績に基づいて，へき地医療拠点病院の要件を見直すこととした。

> **無医地区**
> 　半径4km以内に50人以上が居住しているが，容易に医療機関を利用できない地区。交通網の整備による病院アクセスの向上と地区の人口減少を主な理由に，無医地区の数は減少している（1966年2,920地区から2014年637地区になった）。

(4) 小児医療

　小児医療の確保は，安心して子どもを産み，健やかに育てる基礎として重要な課題である。圏域ごとに少なくとも1カ所の小児専門医療を取り扱う病院を

確保することを目標とし，既存の医療機関相互の連携や各種事業の効果的な組み合わせ等によって，地域における小児医療の連携の構築を行っている。

　厚生労働省は，夜間・休日における子どもの病気やケガに関する保護者の不安に対応するため，2004 度より，小児科医や看護師等が電話で助言を行う「子ども医療でんわ相談事業（＃ 8000 事業）」（2018 年度に呼称を変更）を開始し，2010 年度より全都道府県で実施している。相談件数は年々増加しており，2017 年度は全国で 94 万件の相談が寄せられた。

　また，小児救急医療の確保対策として，在宅当番医制や小児初期救急センター等による初期救急医療と，広域的な対応を行うための小児救急医療拠点病院（2018 年 4 月現在 14 県で 40 カ所）等による二次救急医療の確保を進めている。同時に，重症の子どもの病気やケガに対応するため，2006 年度から小児の集中治療室の整備を開始し，すべての重篤な小児患者を受け入れる体制として，地域の中核病院，大学病院や小児専門病院に加えて，2010 年度より，小児救命救急センター（2018 年 11 月 1 日現在 17 カ所ある）の整備を行っている。

　さらに，災害時に都道府県が小児・周産期医療に係る保健医療活動の総合調整を適切かつ円滑に行えるよう支援する「災害時小児周産期リエゾン（Liaison）」の養成を目的とした研修を 2016 年度より実施しており，2018 年度には，災害時小児周産期リエゾンの運用，活動内容等の基本的な事項について定めた「災害時小児周産期リエゾン活動要領」を作成した。

　第 7 次医療計画では，医療機関の機能やアクセス等を考慮した圏域ごとの小児医療提供体制を検討し，特に，小児中核病院，小児地域医療センターのどちらも存在しない圏域では，「小児地域支援病院」を設定し，拠点となる医療機関と連携しつつ，地域に必要な入院診療を含む小児診療体制を確保することとした。さらに，小児かかりつけ医を持つとともに，適切な受療行動がとれるよう家族等へ啓発すること，引き続き小児医療に関する電話相談事業（＃ 8000 事業）の普及等を進めることとした。

(5) 周産期医療

　妊娠 22 週から生後満 7 日未満の期間を周産期といい，その前後における医療が周産期医療である。周産期は，母体や胎児，新生児の生命にかかわるリスクが高いため，産科，小児科の協力による総合的な医療体制が求められる。

　周産期医療対策施設として，三次医療圏単位の総合周産期母子医療センターとそれを支える地域周産期母子医療センターがある。まず，総合周産期母子医療センターは，相当規模の母体・胎児集中治療室（MFICU）および新生児特定集中治療室（NICU）を備え，常時の母体および新生児搬送受入体制を有し，リスクの高い妊娠に対する医療および高度な新生児医療を実施する医療施設であり，2019 年 4 月 1 日，現在 109 施設がある。次に，地域周産期母子医療セン

リエゾン
(liaison)

　組織間の連絡・連携・つなぎ・橋渡し等の意味を持つフランス語。日本では地震・水害など大規模自然災害の発生時に，被災地に入り，災害情報収集，災害対策の支援等を行うため災害対策現地情報連絡員を派遣するが，その人をリエゾンと呼ぶ。

ターは，周産期に係る比較的高度な医療行為を行うことができる医療施設で，2019年4月1日現在300施設がある。

2010年より総合周産期母子医療センターの機能として，施設内外の関係診療科と連携して産科以外の合併症を有する母体にも対応することが加えられた。この背景には近年，重症妊婦が複数の病院に受入れを拒否されてしまう事例の増加があったためである。

第7次医療計画においては，「周産期医療体制整備計画」を「医療計画」に一本化し，基幹病院へのアクセス等の実情を考慮した圏域を設定する等の体制整備を進めるとともに，無産科二次医療圏の解消に向けた対策を医療計画に位置付けることとした。また，災害時には妊産婦・新生児等へ対応できる体制の構築を進めるため，「災害時小児周産期リエゾン」の養成を進めることとした。

5 薬剤耐性（AMR）対策

(1) 薬剤耐性（AMR）とは

薬剤耐性とは，生物が自分に対して何らかの作用を持った薬剤に対して抵抗性を持ち，これらの薬剤が効かない，あるいは効きにくくなる現象である。「薬剤耐性」は英語でAntimicrobial Resistanceといい，AMRと略される。多くの場合，医学・病理学，生物学の分野では，最近やウイルスに対して薬剤が効かない，または効きにくくなることを指し，農学の分野では殺虫剤に対する病害虫の耐性や，除草剤に対する植物の耐性を指す。

(2) 薬剤耐性（AMR）対策アクションプランの背景

1980年代以降，人に対する抗微生物薬の不適切な使用を背景として，病院内を中心に新たな薬剤耐性菌が増加する一方，新たな抗微生物薬の開発は減少していた。さらに，動物における薬剤耐性菌は動物分野の治療効果を減弱させるほか，畜産物等を介して人に感染する可能性もあったのである。これらを背景に2011年，世界保健機構（WHO）は，世界保健デーで薬剤耐性を取り上げ，ワンヘルス・アプローチ（One Health Approach）に基づく世界的な取り組みを推進する必要性を国際社会に訴えた。また，2015年5月の世界保健機関（WHO）総会では，薬剤耐性（AMR）に関する国際行動計画が採択され，加盟各国は2年以内に自国の行動計画を策定するよう要請された。

さらに，同年6月のドイツで開催された先進7か国首脳会議（G7）エルマウ・サミットでは，WHOの国際行動計画の策定を歓迎するとともに，人と動物等の保健衛生の一体的な推進（ワンヘルス・アプローチ）の強化と新薬などの研究開発に取り組むことを確認した。

こうした状況を踏まえ，日本では2015年11月に「薬剤耐性（AMR）タスク

One Health Approach

ワンヘルスは「ひとつの健康」という意味で，人も動物も環境も同じように健康であることが大切であり，人の健康を守るためには動物や環境にも目を配って取り組むべきであるという考え方。

フォース」を厚生労働省に設置し，同年12月，「国際的に脅威となる感染症対策関係閣僚会議」の枠組みの下に，「薬剤耐性に関する検討調整会議」を設置した。そこで，関係省庁が議論及び調整を行い，2016年4月5日，日本で初めての薬剤耐性（AMR）対策アクションプランが決定された。

(3) 薬剤耐性（AMR）対策アクションプランの内容

　WHOの「薬剤耐性に関するグローバル・アクション・プラン」の5つの柱を参考に，関係省庁・関係機関等は2016年から2020年までの5年間に，ワンヘルス・アプローチの視野に立ち，協働し集中的に取り組むべき対策をまとめた。日本は，国際社会に対してAMR対策の主導力を発揮すべく，6項目として国際協力を加え，合計6つの分野に関する目標を設定した。

　成果指標として，人の抗微生物剤の使用量を減らすこと，主な微生物の薬剤耐性率を下げることに関する数値目標が設定されている。また，この行動計画では，薬剤耐性に起因する感染症による疾病負荷のない世界の実現を目指し，薬剤耐性の発生をできる限り抑えるとともに薬剤耐性微生物による感染症のまん延を防止するための効果的な対策を推進することとした。

表4－3　薬剤耐性（AMR）対策の6分野と目標

分　野	目　標
① 普及啓発・教育	国民の薬剤耐性に関する知識や理解を深め，専門職等への教育・研修を推進する
② 動向調査・監視	薬剤耐性及び抗微生物剤の使用量を継続的に監視し，薬剤耐性の変化や拡大の予兆を適格に把握する
③ 感染予防・管理	適切な感染予防・管理の実践により，薬剤耐性微生物の拡大を阻止する
④ 抗微生物剤の適正使用	医療，畜水産等の分野における抗微生物剤の適正な使用を推進する
⑤ 研究開発・創薬	薬剤耐性の研究や，薬剤耐性微生物に対する予防・診断・治療手段を確保するための研究開発を推進する
⑥ 国際協力	国際的視野で多分野と協働し，薬剤耐性対策を推進する

出所）厚生労働省ホームページ。mhlw.go.jp.（2019年9月10日アクセス）

6　健康日本21と健康増進法

(1) 国民健康づくり対策の流れ

　日本では，1978年の第一次国民健康づくり対策が開始され，その内容としては，健康診査の充実，市町村保健センターなどの設置と保健師などのマンパワー確保による健康づくり基盤整備を行った。引き続いて，1988年の第2次国民健康づくり対策（アクティブ80ヘルスプラン）が実施され，生活習慣の改善による疾病予防・健康増進の考え方が発展した。さらに2000年から第3次国民健康づくり対策として「21世紀における国民健康づくり運動（健康日本21）」が策定された。健康日本21は，健康を増進し疾病の発病を予防する一次予防

に重点をおき，すべての国民が健やかで心豊かに生活できる活力ある社会とするため，壮年期死亡の減少，健康寿命の延伸および生活の質（QOL）の向上を実現することを目的とした。また，その取り組むべき具体的な目標として，「栄養・食生活」「身体活動・運動」「休養・こころの健康づくり」などの 9 分野について掲げた。

2003 年には，「健康日本 21」を中核とする国民の健康づくりをさらに積極的に推進する法的基盤を整備するために「健康増進法」が施行された。その後 2007 年に「健康日本 21 中間評価報告書」，2011 年には「健康日本 21 最終評価」が公表され，目標全体の約 6 割に一定の改善がみられたとしている。2013 年度からは，「健康日本 21（第二次）」が 2022 年度までの予定で推進されている。

(2) 21 世紀における第二次国民健康づくり運動（健康日本 21（第二次））

2000 年度から開始された「健康日本 21」の計画期間（2000 年度～2012 年度）の終了時に最終評価を行った。そこで問題提起された課題等を踏まえ，近年の社会経済変化とともに，急激な少子高齢化が進むなかで 10 年後の日本の目指す姿を「すべての国民が共に支え合い，健康で幸せに暮らせる社会」とした。その「目指す姿」の実現に向けて 2013 年 4 月より「21 世紀における第二次国民健康づくり運動（健康日本 21（第二次））」を開始した。

健康日本 21（第二次）においては，個人の生活習慣の改善および個人を取り巻く社会環境の改善を通じて，生活習慣病の発症予防・重症化予防を図るとともに，社会生活機能低下の低減による生活の質の向上を図り，また，健康のための資源へのアクセスの改善と公平性の確保を図るとともに，社会参加の機会の増加による社会環境の質の向上を図り，結果として健康寿命の延伸・健康格差の縮小を実現するという考え方の下，以下の 5 つの基本的な方向を定めた。

① 健康寿命の延伸と健康格差の縮小
② 生活習慣病の発症予防・重症化予防の徹底
③ 社会生活を営むために必要な機能の維持及び向上
④ 健康を支え，守るための社会環境の整備
⑤ 栄養・食生活，身体活動・運動，休養，飲酒，喫煙及び歯・口腔の健康に関する生活習慣及び社会環境の改善

2013 年から 2022 年度までを運動期間とし，基本的な 5 つの方向性に基づいた具体的な目標 53 項目をおおむね 10 年間を目途として設定した。また，個人や企業の「健康意識」と「動機付け」の醸成・向上を図り，社会全体としての国民運動に発展させるため，健康づくりに取り組む企業・団体・自治体を支援する「スマート・ライフ・プロジェクト（Smart life Project）」を推進し，その参画団体数を目標項目のひとつとして定めている。

> **Smart life Project（SLP）**
>
> 「健康寿命をのばしましょう」をスローガンに，国民全体が人生の最後まで元気に健康で楽しく毎日が送れることを目標とした厚生労働省の国民運動で，プロジェクトは企業・団体・自治体と協力・連携しながら推進している。

（3）健康増進法

　健康増進法は，「健康日本21」の法的基盤であり，健康づくりや疾病予防に関する各種施策を進めるために，2002年に制定され，2003年に施行された。健康増進法は，生活習慣病を防ぐための栄養改善，運動や飲酒，喫煙などの生活習慣の改善を通じた健康増進の概念を取り入れている。その内容としては，国民の健康増進の総合的な推進を図るための基本的な方針を定めること（第7条），健康診査の実施等に関する指針を定めること（第9条），国民健康・栄養調査の実施に関すること（第10条），生活習慣病の発生状況の把握に関すること（第16条），受動喫煙の防止に関すること（第25条）などとなっている。

参考文献

厚生労働省編『厚生労働白書（平成30年版）』2019年
厚生労働統計協会編『国民衛生の動向』2019年
医療情報科学研究所編『公衆衛生がみえる』メディックメディア，2019年
日本医療情報学会医療情報技師育成部会編『医療情報第6版　医学医療編』篠原出版新社，2019年

プロムナード

救急救命士とは，どんな職業？

　救急救命士は，医師の指示の下で，救急隊員が行える応急処置に加え，重症傷病者の搬送途上において救急救命処置を行うことのできる医療職であり，「救急救命士法」に基づき厚生労働大臣が免許を与えます。日本は欧米に比べ，心肺停止状態からの社会復帰率が低かったため，病院に到着する前の医療処置（病院前救護）を実施できるよう，1991年に制度化されました。総務省消防庁によると2018年3月現在の救急救命士免許登録者数は5万6,415人であり，救急救命士の資格を有する消防職員は3万7,143人です。
　救急救命士の活動に当たっては，救急医療機関の医師などによって，救急救命士が行う処置についての手順の作成や救急救命士の教育，事後的な評価，直接的な処置開始の指示を行う体制（メディカルコントロール体制）が重要となっており，医師側と消防側の協力の下で，都道府県単位と地域単位で取り組みの充実が図られています。救急救命士の処置範囲は，メディカルコントロール体制の下で，①包括的指示による除細動，②気管挿管，③薬剤投与，④自己注射が可能なアドレナリン／エピネフリン製剤の投与，⑤心肺機能停止前の重度傷病者に対する静脈路確保および輸液，⑥ブドウ糖溶液の投与の処置を行うことができます。

📝 学びを深めるために

『国民衛生の動向』2019年
　厚生労働統計協会が編集・発行した，医師偏在対策や健康寿命延伸プラン等の状況など日本の保健医療に関する新しい動きについて最新のデータを基に深く学ぶことができる一冊です。

第 5 章

医療提供施設の概要

1　医療法と改正の流れ

　わが国の医療施設は明治以降，民間施設である開業医を中心に発展してきたが，現在の医療供給体制は 1948（昭和 23）年に制定された「医療法」に基づいている。この法律の前身は戦時体制のもとで制定された「国民医療法」(1942) であるが，国家統制による医療供給を図ることを目的とした同法は戦後の新しい医療体制と社会情勢の変化に対応できなくなり，医療制度審議会は「医療機関の整備改善方策」(1948) を厚生大臣（現厚生労働大臣）に答申した。また，同時期に医療制度調査会も「医師法」案，「歯科医師法」案，「医療法」案等を答申した。これによって 1948 年 7 月に「医療法」が制定された。なお，医療法の構成は，① 総則，② 病院，診療所及び助産所，③ 医療計画，④ 公的医療機関，⑤ 医療法人，⑥ 医業，歯科医業または助産婦の業務等の広告，⑦ 雑則，⑧ 罰則等となっている。

　医療法は「医療を受ける者による医療に関する適切な選択を支援するために必要な事項，医療の安全を確保するために必要な事項，病院，診療所及び助産所の開設及び管理に関し必要な事項並びにこれらの施設の整備並びに医療提供施設相互間の機能の分担及び業務の連携を推進するために必要な事項を定めること等により，医療を受ける者の利益の保護及び良質かつ適切な医療を効率的に提供する体制の確保を図り，もつて国民の健康の保持に寄与すること」(第 1条) を目的としている。また，医療法第 1 条の 2 においては，「福祉サービスその他の関連するサービスとの有機的な連携を図りつつ提供されなければならない。」とあり，医療と福祉の連携の必要性を明記している。また，第 1 条の 3 で「国及び地方公共団体は，国民に対し良質かつ適切な医療を効率的に提供する体制が確保されるよう努めなければならない。」と国と地方公共団体の責務と義務を明らかにしている。

　このように，医療法は福祉サービスとの連携を図りながらわが国の医療供給体制の確保を図るため，病院，診療所，助産所等の整備を推進するのに必要な事項を定めている。

　この医療法は時代の変化の要請に応じて，多くの改革を重ねてきた。

　その流れとポイントを見ると次の通りとなる。第 1 次改正 (1985)：医療圏の設定，地域医療計画策定の義務化，医療法人の運営の適正化と指導体制の整備等，第 2 次改正 (1992)：特定機能病院・療養型病床群の制度化，広告規制の緩和，院内掲示の義務付け，医療の目指すべき方向の明示等，第 3 次改正 (1997)：医療提供に当たっての患者への説明と理解，療養型病床制度の診療所への拡大，地域医療支援病院の創設等，第 4 次改正 (2000)：病院の病床を療養病床と一般病床に区分，病院等の必置施設についての規制緩和，人員配置基準違反に対する改善措置等，第 5 次改正 (2006)：医療計画制度の見直し等を通じた医療機能

図表 5 − 1　医療法及び医師法の一部を改正する法律の概要

改正の趣旨
地域間の医師偏在の解消等を通じ、地域における医療提供体制を確保するため、都道府県の医療計画における医師の確保に関する事項の策定、臨床研修病院の指定権限及び研修医定員の決定権限の都道府県への移譲等の措置を講ずる。

改正の概要
1．医師少数区域等で勤務した医師を評価する制度の創設【医療法】 　　医師少数区域等における一定期間の勤務経験を通じた地域医療への知見を有する医師を厚生労働大臣が評価・認定する制度の創設や、当該認定を受けた医師を一定の病院の管理者として評価する仕組みの創設 **2．都道府県における医師確保対策の実施体制の強化【医療法】** 　　都道府県においてPDCAサイクルに基づく実効的な医師確保対策を進めるための「医師確保計画」の策定、都道府県と大学、医師会等が必ず連携すること等を目的とした「地域医療対策協議会」の機能強化、効果的な医師の配置調整等のための地域医療支援事務の見直し　等 **3．医師養成過程を通じた医師確保対策の充実【医師法、医療法】** 　　医師確保計画との整合性の確保の観点から医師養成過程を次のとおり見直し、各過程における医師確保対策を充実 　・医学部：都道府県知事から大学に対する地域枠・地元出身入学者枠の設定・拡充の要請権限の創設 　・臨床研修：臨床研修病院の指定、研修医の募集定員の設定権限の国から都道府県への移譲 　・専門研修：国から日本専門医機構等に対し、必要な研修機会を確保するよう要請する権限の創設 　　　　　　　都道府県の意見を聴いた上で、国から日本専門医機構等に対し、地域医療の観点から必要な措置の実施を意見する仕組みの創設　等 **4．地域の外来医療機能の偏在・不足等への対応【医療法】** 　　外来医療機能の偏在・不足等の情報を可視化するため、二次医療圏を基本とする区域ごとに外来医療関係者による協議の場を設け、夜間救急体制の連携構築など地域における外来医療機関間の機能分化・連携の方針と併せて協議・公表する仕組みの創設 **5．その他【医療法等】** 　・地域医療構想の達成を図るための、医療機関の開設や増床に係る都道府県知事の権限の追加 　・健康保険法等について所要の規定の整備　等

施行期日
2019年4月1日。(ただし、2のうち地域医療対策協議会及び地域医療支援事務に係る事項、3のうち専門研修に係る事項並びに5の事項は公布日、1の事項及び3のうち臨床研修に係る事項は2020年4月1日から施行。)

出所）厚生労働省（https://www.mhlw.go.jp/content/10803000/000475778.pdf　2020 年 1 月 16 日）

の分化・連携の推進，地域や診療科による医師不足問題への対応，医療安全の確保等，第6次改正（2014）：病床機能報告制度と地域医療構想の策定，認定医療法人制度創設，医療事故調査制度創設等，第7次改正（2015）：地域医療推進法人制度創設，医療法人制度の見直し等，第8次改正（2017）：医療に関する広告規制の強化，特定機能病院の安全管理の強化，医療法人の運用に関する施策等，そして2018（平成30）年6月に第9次医療法改正として，「医療法及び医師法の一部を改正する法律」が成立した。その骨子は，① 医師少数区域等で勤務した医師を評価する制度の創設（医療法），② 都道府県における医師確保対策の実施体制の強化（医療法），③ 医師養成過程を通じた医師確保対策の充実（医師法，医療法），④ 地域の外来医療機能の偏在・不足等への対応（医療法）等となっている（図表5−1参照）。

　同法律の制定により，都道府県における医師確保・不足対策の実施体制の強化並びに地域における外来医療機能の偏在・不足への対策が講じられることになった。

　このように医療法は一貫して，わが国の医療供給体制の質的確保並びに量的確保の整備を図ること目的としてきたのである。

　医療法において定められた医療提供施設とは，「病院」，「診療所」，「介護老人保健施設」，「介護医療院」，「助産所」（産院），調剤薬局等をいう（図表5−3参照）。なお，「地域包括ケアシステムの強化のための介護保険法等の一部を改正する法律」（2017）の成立によって，介護医療院（医療提供施設）が医療提供施設として位置づけられた。

　第2節，第3節，第4節では，主に，「医療法」（昭和23年7月30日法律第205号）に準じて説明する。

　図表5－2は，医療施設の種別施設数推移を示したものである。医療施設の推移を見ると2018（平成30）年の全国の医療施設総数（病院，一般診療所，歯科診療所）は179,090施設で，前年と比較すると598施設増加している。そのうち，病院は8,392施設で前年に比べ40施設の減少，一般診療所は102,105施設で634施設の増加が見られる。また，歯科診療所は68,613施設で前年度で比較して4施設増加している。

(1) 病院（「医療法」第1条の5第1項）

［定義］

　病院とは，医師又は歯科医師が，公衆又は特定多数人のため医業又は歯科医業を行う場所であって，患者20人以上の収容施設を有するものをいう。

(2) 診療所（「医療法」第1条の5第2項）

［定義］

　診療所とは医師又は歯科医師が，公衆又は特定多数人のため医業又は歯科医業を行う場所であって，患者の収容施設を有しないもの又は患者19人以下の収容施設を有するものをいう。

図表5－2　施設の種類別にみた施設数

各年10月1日現在

	施設数		対前年		構成割合(%)	
	平成30年 (2018)	平成29年 (2017)	増減数	増減率 (%)	平成30年 (2018)	平成29年 (2017)
総　　　数	179 090	178 492	598	0.3	…	…
病　　　院	8 372	8 412	△　40	△　0.5	100.0	100.0
精神科病院	1 058	1 059	△　1	△　0.1	12.6	12.6
一般病院	7 314	7 353	△　39	△　0.5	87.4	87.4
（再掲） 　療養病床を有する病院	3 736	3 781	△　45	△　1.2	44.6	44.9
一般診療所	102 105	101 471	634	0.6	100.0	100.0
有　　床	6 934	7 202	△　268	△　3.7	6.8	7.1
（再掲） 　　療養病床を有する 　　一般診療所	847	902	△　55	△　6.1	0.8	0.9
無　　床	95 171	94 269	902	1.0	93.2	92.9
歯科診療所	68 613	68 609	4	0.0	100.0	100.0
有　　床	21	24	△　3	△　12.5	0.0	0.0
無　　床	68 592	68 585	7	0.0	100.0	100.0

出所）厚生労働省「医療施設（静態・動態）調査・病院報告の概況（2018）」

(3) 助産所 (「医療法」第2条第1項及び第2項)

[定義]

　助産所とは助産師が公衆又は特定多数人のためその業務 (病院又は診療所においてなすものを除く) をなす場所をいう。

(4) 介護老人保健施設 (「医療法」第1条の6第1項)

[定義]

　介護保険法上の介護保険施設であるが, 医療法上で医療提供施設として位置づけられている。

(5) 介護医療院 (「医療法」第1条の6第2項)

[定義]

　介護保険法上の介護保険施設であるが, 医療法上で医療提供施設として位置づけられている。

(6) 調剤薬局 (「医療法」第1条の2第2項)

[定義]

　薬剤師が医師又は歯科医師が交付した処方箋に基づき医薬品を調剤する薬局。

3　病院の種類

　病院は一般病院, 特定機能病院, 地域医療支援病院, 臨床研究中核病院, 精神病院, 結核病院に分類される。以下各病院の概要を説明していく。

(1) 一般病院 (「医療法」第1条の5第1項)

　一般病院とは, 一定の機能を有する病院で精神病床, 結核病床, 感染症病床, 療養病床以外の病床を有する病院で20人以上を収容する施設をいう。

(2) 特定機能病院 (「医療法」第4条の2第1項〜8項)

　特定機能病院とは, ① 高度の医療の提供, 開発及び評価, 並びに研修を実施する能力を有すること, ② 他の病院から紹介された患者に対し, 医療を提供すること (紹介率50%以上, 逆紹介率40%以上), ③ 400床以上の病床を有すること, ④ 集中治療室, 無菌病室, 医薬品情報管理室があること, ⑤ 原則定められた16の診療科を標榜していること等となっている。このように, 特定機能病院は高度かつ先端的な医療を提供する医療施設となっている。

(3) 地域医療支援病院 (「医療法」第 4 条の 1 第 1 項〜 6 項)

　1997 (平成 9) 年 12 月に第 3 次医療法の改正が行われた。そのなかで医療施設機能の体系化として，患者に身近な医療を提供するという観点から，地域におけるかかりつけ医，かかりつけ歯科医などを支援し，紹介患者への医療提供，施設・設備の共同利用・開放化，救急医療の実施などを行う目的で地域医療支援病院が制度化された。なお，承認要件として，① 開設主体は原則として国，都道府県，市町村，社会医療法人，医療法人等，② 紹介患者中心の医療を提供していること，③ 救急医療を提供する能力を有すること，④ 建物，設備，機器等を地域の医師等が利用できる体制を整備していること，⑤ 地域医療従事者に対する研修を行うこと，⑥ 原則として 200 床以上の病床，及び地域医療支援病院としてふさわしい設備を有すること等となっている。

(4) 臨床研究中核病院 (「医療法」第 4 条の 3 第 1 項〜 5 項)

　臨床研究中核病院は，2015 (平成 27) 年 4 月から医療法上で制度化された。臨床研究の実施の中核的な役割を担う能力等を備えた病院である。

　その役割は，① 特定臨床研究に関する計画を立案し，実施すること，② 他の特定病院又は診療所と共同して特定臨床研究を実施する場合にあっては，特定臨床研究の実施の主導的な役割を果たすこと，③ 他の病院又は診療所に対し，特定臨床研究の実施に関する相談に応じ，必要な情報の提供，助言その他の援助をすること，④ 特定臨床研究 (厚生労働省にて定める基準に従って行う臨床研究) に関する研修をすること等となっている。なお，承認要件として，① 特定臨床研究の新規実施件数 (過去 3 年間)，② 特定臨床研究に関する論文数 (過去 3 年間)，③ 他の医療機関が行う特定臨床研究に対する援助の件数，④ 質の高い臨床研究に関する研修，⑤ 定められた 10 以上の診療科を標榜していること，⑥ 400 床以上の病床を有すること等となっている。

(5) 精神科病院 (「精神保健及び精神障害者福祉に関する法律」第 19 条の 7 項, 第 19 条第 8 項)

　精神科病院は，精神病床のみを有する病院で対象は精神疾患 (精神障害，依存症，睡眠障害，不安障害，認知障害等) を有する者を入院させる医療提供施設である。

(6) 結核病院 (「感染症法」第 6 条第 16 項)

　結核病院は結核病床のみを有する病院で対象は結核患者である。近年は結核に罹患する患者数が減少し，それに伴って入院患者数も減少し，結核病床を有する医療機関の病棟維持が困難となっている。しかしながら，結核は全く撲滅されたわけではなく今後も結核病院として国・各都道府県・市町村は入院体制

図表 5 － 3　医療提供施設の類型

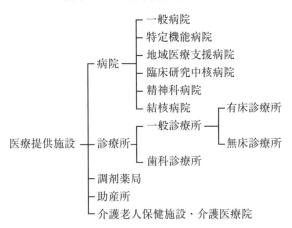

出所）児島美都子・成清美治・牧洋子編著『保健医療サービス（改訂版）』学文社，2015 年，p.22，一部修正加筆

の維持を確保する必要がある。

　なお，図表 5 － 3 は医療提供施設の類型を示したものである。

4　病床の種類

(1) 精神病床（「医療法」第 7 条第 2 項第 1 号）

　精神疾患を有する者を入院させるための病床をいう。

(2) 感染症病床（「医療法」第 7 条第 2 項第 2 号）

　「感染症の予防及び感染症の患者に対する医療に関する法律」（平成 10 年法律第 114 号）に規定する一類感染症，二類感染症（結核は除く）および指定感染症の患者と見なされる者を入院させる病床をいう。

(3) 結核病床（「医療法」第 7 条第 2 項第 3 号）

　結核患者を入院させる病床をいう。

(4) 療養病床（「医療法」第 7 条第 2 項第 4 号）

　病院又は診療所の病床（精神病床，感染症病床および結核病床は除く）又は一般病床のうち主として長期にわたり療養を必要とする患者を入院させる病床をいう。

(5) 一般病床（「医療法」第 7 条第 2 項第 5 号）

　精神病床，感染症病床，結核病床並びに療養病床以外の病床をいう。

(6) 介護療養型医療施設 (「指定介護療養型施設の人員，設備及び運営に関する基準」第 1 条第 2 項)

　指定介護療養型医療施設とは，長期にわたる療養を必要とする要介護者に対し，施設サービス計画に基づき療養上の管理，看護，医学的管理のもと介護その他の世話，機能訓練その他必要な医療を行うところである。医療保険制度改革に伴い 2011 年度末での廃止が決定していたが，介護老人保健施設等への移行，転換が進まない状況の中，2017 年の介護保険法改正において 2024 年 3 月末まで延期された。なお，介護療養型医療施設の新たな転換先として介護医療院がある。

(7) 介護医療院 (「介護保険法第 8 条第 29 項」)

　介護医療院とは，要介護者であって，主として長期にわたり療養が必要である者に対し，施設サービス計画に基づいて療養上の管理，看護，医学的管理の

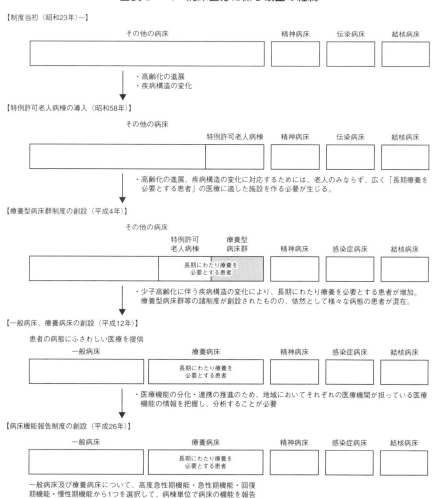

図表 5 - 4　病床区分に係る改正の経緯

出所) 厚生労働省『厚生労働白書 (平成 30 年版)』2019 年，p.41

下における介護及び機能訓練その他必要な医療並びに日常生活上の世話を行う
ことを目的とした施設である。2017年の介護保険法改正において創設され，
介護療養型医療施設の新たな転換先とされる。

図表5－5　病院の病床ごとの主な基準一覧

平成18年（'06）7月施行

		一般病床	療養病床[注1,2]	精神病床		感染症病床	結核病床
定 義		精神病床，結核病床，感染症病床，療養病床以外の病床	主として長期にわたり療養を必要とする患者を入院させるための病床	精神疾患を有する者を入院させるための病床		感染症法に規定する一類感染症，二類感染症及び新感染症の患者を入院させるための病床	結核の患者を入院させるための病床
				内科，外科，産婦人科，眼科及び耳鼻咽喉科を有する100床以上の病院，並びに大学附属病院（特定機能病院を除く）	左以外の病院		
人員配置基準		医師　　　16：1 看護職員　　3：1 薬剤師　　70：1	医師　　　48：1 看護職員　　4：1 看護補助者　4：1 薬剤師　150：1 理学療法士および作業療法士：病院の実情に応じた適当数	医師　　　16：1 看護職員　　3：1 薬剤師　　70：1	医師　　　48：1 薬剤師　150：1 （ただし当分の間，看護職員　5：1，看護補助者を合わせて4：1とする）	医師　　　16：1 看護職員　　3：1 薬剤師　　70：1	医師　　　16：1 看護職員　　4：1 薬剤師　　70：1
構造設備基準	必置施設	・各科専門の診察室 ・手術室 ・処置室 ・臨床検査施設 ・エックス線装置 ・調剤所 ・給食施設 ・分べん室および新生児の入浴施設 ・消毒施設 ・洗濯施設 ・消火用の機械または器具	一般病床において必要な施設のほか， ・機能訓練室 ・談話室 ・食堂 ・浴室	一般病床において必要な施設のほか， ・精神疾患の特性を踏まえた適切な医療の提供と患者の保護のために必要な施設		一般病床において必要な施設のほか， ・他の部分へ流入しないような機械換気設備 ・感染予防のためのしゃ断，その他，必要な施設 ・一般病床の消毒施設のほかに必要な消毒施設	一般病床において必要な施設のほか， ・他の部分へ流入しないような機械換気設備 ・感染予防のためのしゃ断，その他，必要な施設 ・一般病床の消毒施設のほかに必要な消毒施設
	患者1人につき病床面積	6.4m²/床以上〈既設〉[3] 6.3m²/床以上（1人部屋） 4.3m²/床以上（その他）	一般病床（病院）と同じ〈既設〉[3] 6.0m²/床以上	一般病床（病院）と同じ		一般病床（病院）と同じ	一般病床（病院）と同じ
	廊下幅	1.8m以上 （両側居室2.1m） 既設：1.2m以上 （両側居室1.6m）	1.8m以上 （両側居室2.7m） 既設：1.2m以上 （両側居室1.6m）	1.8m以上 （両側居室2.1m） 既設：1.2m以上 （両側居室1.6m）	1.8m以上 （両側居室2.7m） 既設：1.2m以上 （両側居室1.6m）	1.8m以上 （両側居室2.1m）既設：1.2m以上 （両側居室1.6m）	1.8m以上 （両側居室2.1m） 既設：1.2m以上 （両側居室1.6m）

資料　厚生労働省医政局総務課調べ
注　1）　平成30年4月1日において①介護療養型医療施設，②4：1を満たさない医療機関に該当し，その旨を30年6月末までに再び都道府県知事等に届け出たものについては，これまでの経過措置（看護職員について6：1，看護補助者について6：1）と同等の基準を，介護老人保健施設等に転換する旨を都道府県が条例を定めるに当たって従うべき基準として，36年3月末まで適用する。なお，24年6月末までに①介護療養型医療施設，②4：1を満たさない医療機関に該当する旨を都道府県知事等に届け出た医療機関のうち，①介護療養型医療施設に該当し，その旨を30年6月末までに再び都道府県知事等に届け出たものについては，これまでの経過措置（看護職員について6：1，看護補助者について6：1）と同等の基準を，介護老人保健施設等に転換する旨を都道府県が条例を定めるに当たって従うべき基準として，36年3月末まで適用する。
　　2）　平成24年3月末までに介護老人保健施設等に転換する旨を都道府県知事に届け出た療養病床等を有する医療機関のうち，30年6月末までに再び都道府県知事等に届け出た療養病床等を有する医療機関については，これまでの経過措置（下記）と同等の基準を，都道府県が条例を定めるに当たって従うべき基準として，36年3月末まで適用する。
　　　　①廊下幅を，内法による測定で1.2m，両側に居室のある場合を1.6mとする。
　　　　②転換病床における入院患者数に応じた医師の配置を96：1とする。
　　　　③看護師および准看護師の配置を9：1，看護補助者の配置を9：2とする。
　　3）　既設とは，平成13年3月1日時点ですでに開設の許可を受けている場合のことをいう。
出所）厚生労働統計協会『国民衛生の動向（2019/2020）』2019年，p.222

5　地域医療と医師・病院・病棟

（1）医療介護総合確保推進法

　2014（平成26）年6月に「医療介護総合確保推進法」（「地域における医療及び
介護の総合的な確保を推進するための関係法律の整備等に関する法律」）が成立した。

　この法律の目的は，①新たな基金の創設と医療・介護の連携強化（地域介護

介護医療院

2017（平成29）年の介護保険法改正（「地域包括ケアシステムの強化のための介護保険法等の一部を改正する法律」）により創設された施設。「主として長期にわたり療養が必要である」要介護者に対して，「施設サービス計画に基づいて，療養上の管理，看護，医学的管理の下における介護及び機能訓練その他の必要な医療及び日常生活の世話」を行う施設である（介護保険法第8条第29項，医療法第1条の第2項の2）。なお，同医療院の開設は病院あるいは地方公共団体，医療法人，社会福祉法人などの非営利法人等に限られている。

図表5－6　地域における医療及び介護の総合的な確保を推進するための関係法律の整備に関する法律（概要）

趣旨

持続可能な社会保障制度の確立を図るための改革の推進に関する法律に基づく措置として，効率的かつ質の高い医療提供体制を構築するとともに，地域包括ケアシステムを構築することを通じ，地域における医療及び介護の総合的な確保を推進するため，医療法，介護保険法等の関係法律について所要の整備等を行う。

概要

1. **新たな基金の創設と医療・介護の連携強化（地域介護施設整備促進法等関係）**
   ①都道府県の事業計画に記載した医療・介護の事業（病床の機能分化・連携，在宅医療・介護の推進等）のため，消費税増収分を活用した新たな基金を都道府県に設置
   ②医療と介護の連携を強化するため，厚生労働大臣が基本的な方針を策定

2. **地域における効率的かつ効果的な医療提供体制の確保（医療法関係）**
   ①医療機関が都道府県知事に病床の医療機能（高度急性期，急性期，回復期，慢性期）等を報告し，都道府県は，それをもとに地域医療構想（ビジョン）（地域の医療提供体制の将来のあるべき姿）を医療計画において策定
   ②医師確保支援を行う地域医療支援センターの機能を法律に位置付け

3. **地域包括ケアシステムの構築と費用負担の公平化（介護保険法関係）**
   ①在宅医療・介護連携の推進などの地域支援事業の充実とあわせ，全国一律の予防給付（訪問介護・通所介護）を地域支援事業に移行し，多様化　※地域支援事業：介護保険財源で市町村が取り組む事業
   ②特別養護老人ホームについて，在宅での生活が困難な中重度の要介護者を支える機能に重点化
   ③低所得者の保険料軽減を拡充
   ④一定以上の所得のある利用者の自己負担を2割に引上げ（ただし，月額上限あり）
   ⑤低所得の施設利用者の食費・居住費を補填する「補足給付」の要件に資産などを追加

4. **その他**
   ①診療の補助のうちの特定行為を明確化し，それを手順書により行う看護師の研修制度を新設
   ②医療事故に係る調査の仕組みを位置づけ
   ③医療法人社団と医療法人財団の合併，持分なし医療法人への移行促進策を措置
   ④介護人材確保対策の検討（介護福祉士の資格取得方法見直しの施行時期を27年度から28年度に延期）

施行期日（予定）

公布日。ただし，医療法関係は平成26年10月以降，介護保険法関係は平成27年4月以降など，順次施行。

出所）厚生労働省医政局「医療介護総合確保推進法（医療部分）の概要について」2014年

施設整備促進法等関係），②地域における効率的かつ効果的な医療提供体制の確保（医療法関係），③地域包括ケアシステムの構築と費用負担の公平化（介護保険法関係）等となっている。すなわち，地域における医療と介護サービスの連携を目指したものである（図表5－6参照）。

なお，国（厚生労働省）は2025年に向けた医療供給体制の改革として，高齢化の進展に伴う変化の結果，①慢性疾患，複数の疾病を抱える患者が増える，②手術だけでなく，その後のリハビリも必要となる患者が増える，③自宅で暮らしながら医療を受ける患者が増える等に対処するため，「医療介護確保総合推進法」のもとでの改革［地域における質の高い医療の確保，質の高い医療を確保するための基盤の整備］として，①医療機関の医療機能の分化・連携，在宅医療の充実，②医師・看護師等の確保対策，医療機関の勤務環境改善，チーム医療の推進，③医療事故調査の仕組みの創設等の項目をあげている。そして，改革の方向性として，①高度急性期から在宅医療まで，患者の状態に応じた適切な医療を，地域において効果的かつ効率的に提供する体制を整備する，②患者ができるだけ早く社会に復帰し，地域で継続して生活を送れるようにする等としている（「医療介護総合確保推進法」（（医療部分）の概要について）厚生労働省医政局，2014年9月19日）。

次における地域に医療提供施設について述べることにする。また，地域における医療提供体制を支えるしくみについては第9章第3節でも詳しくとりあげる。

図表 5 − 7 　かかりつけ医機能のイメージ（案）

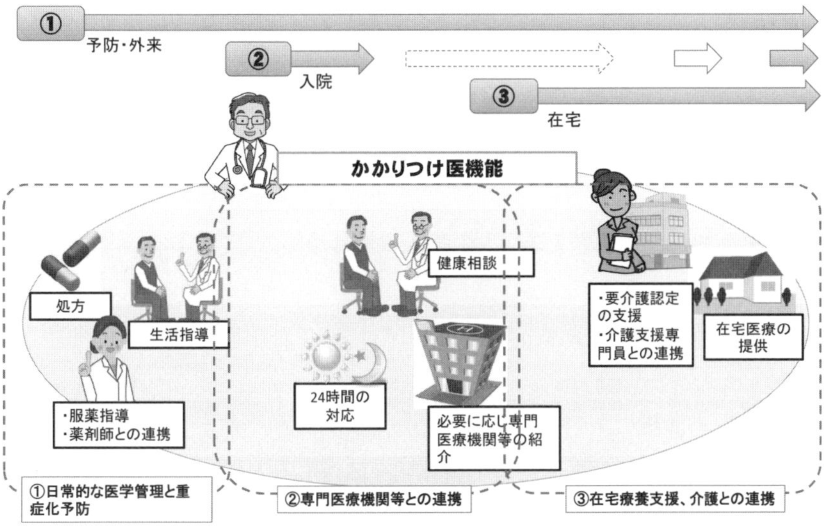

家庭医（デンマーク）
　デンマークでは地域住民の健康予防のため「家庭医」制度が充実しており，全ての国民は，かかりつけ医として家庭医を持っている。家庭医になるためには内科，外科，産婦人科等さまざまな専門科での業務を経験することが条件となっている。また，一人の家庭は1,000人〜1,800人程度の住民を受け持っている。なお，デンマークの医療制度は第1セクターが家庭医，第2セクターが病院となっている。

出所）中央社会保険医療協議会「横断的事項 かかりつけ医機能」2018 年

（2）かかりつけ医

　中央社会保険医療協議会（通称：中医協）の定義によると「かかりつけ医」「なんでも相談できる上，最新の医療情報を熟知して，必要なときに専門医，専門医療機関を紹介でき，身近で頼りになる地域医療，保健，福祉を担う総合的な能力を有する医師」であるとし，その機能は，

① かかりつけ医は，日常行う診療においては，患者の生活背景を把握し，適切な診療及び保健指導を行い，自己の専門性を超えて診察や指導を行えない場合には，地域の医師，医療機関等と協力して解決策を提供する。

② かかりつけ医は，自己の診療時間外も患者にとって最善の医療が継続されるよう，地域の医師，医療機関等と必要な情報を共有し，お互いに協力して休日や夜間も患者に対応できる体制を構築する。

③ かかりつけ医は，日常行う診療のほかに，地域住民との信頼関係を構築し，健康相談，健診・がん検診，母子保健，学校保健，産業保健，地域保健等の地域における医療を取り巻く社会的活動，行政活動に積極的に参加するとともに保健・介護・福祉関係者との連携を行う。また，地域の高齢者が少しでも長く地域で生活できるよう在宅医療を推進する。

④ 患者や家族に対して，医療に関する適切かつわかりやすい情報の提供を行う（「医療提供体制のあり方」日本医師会・四病院団体協議会合同提言，平成25年8月8日）。

　以上，かかりつけ医の定義並びに機能について述べたが，今後，地域医療を推進していくにおいて，「かかりつけ医」の機能と役割は地域住民の予防と健康維持における中核的存在となるであろう。

(3) 在宅療養支援診療所

　厚生労働省は「医療制度改革関連法」(2006) のなかで，全国にある当時約 38 万床ある療養病床を 2012 年度までに 15 万床まで削減する計画を明らかにした。その結果生じる 23 万床の受け皿として，① 自宅，② 老人保健施設，③ 有料老人ホーム等があげられた。そして在宅医療の担い手として，「在宅療養支援診療所」が設けられることになった。この在宅療養支援診療所は，24 時間体制で自宅あるいは有料老人ホーム，老人保健施設等に対して往診や訪問看護等のサービスを提供する。

　なお，在宅療養支援診療所の診療報酬は 24 時間体制の往診，訪問看護となっているため，一般の診療所などに比較して高く設定されている。また，同診療所は在宅診療の中核を担うことになるが，その条件として患者に対して 24 時間往診および訪問看護が可能な体制を確保すること，他の病院，診療所，薬局，訪問看護ステーション等との連携を図ること，患者や家族に対して担当医師や看護師の名前・連絡先を文書で知らせることなどがあげられている。これらの条件を満たせば在宅療養支援診療所として認められる。

(4) 地域医療支援病院

　1997（平成 9）年 12 月に第 3 次医療法が改正された。そのなかで医療施設機能の体系化として，患者に身近な医療を提供するという観点から，地域におけるかかりつけ医，かかりつけ歯科医などを支援し，紹介患者への医療提供，施設・設備の共同利用・開放化，救急医療の実施などを行う目的で地域医療支援病院が制度化された。なお，都道府県知事が個別に承認することになっている。

図表 5 - 8　がん対策基本法

（平成１８年６月成立、平成１９年４月施行、平成２８年１２月改正・施行）

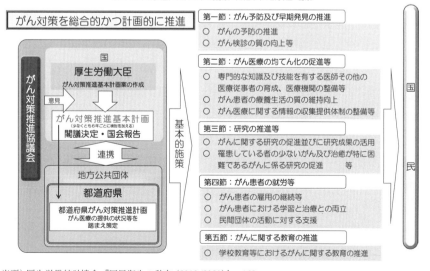

出所）厚生労働統計協会『国民衛生の動向 (2019/2020)』p.169

(5) がん診療連携拠点病院

　2016（平成 28）年 12 月に「がん対策基本法」が一部改正された（図表 5 - 8 参照）。これによってがんに対する対策がより一層推進されることになった。主な改正点は，がん患者が状況に応じて，必要な支援を総合的に受けられるようにすることである。現在，がん患者に対してがん診療連携拠点病院が展開されている。その連携病院は中核である「国立がん研究センター」（2 カ所），「都道府県がん診療連携拠点病院」（51 カ所），「地域がん診療連携拠点病院」（高度型）（14 カ所），「地域がん診療連携拠点病院」（325 カ所），「特定領域がん連携拠点病院」（1 カ所），「地域がん診療病院」（43 カ所）となっている（2019 年 7 月 1 日現在，厚生労働省）。また，小児・AYA 世代（Adolescent and Young Adult：思春期および若年成人）の患者に対しても，全国に小児がん拠点病院（15 カ所），小児がん中央機関（2 カ所）存在する（2019 年 4 月 1 日現在，厚生労働省）

(6) 回復期リハビリテーション病棟

　わが国のリハビリテーションに関連する本格的な施策は「国際障害者年」（1981）の影響のもと，1982（昭和 57）年の，「障害者対策に関する長期計画」の策定である。この長期計画に基づいて障害者対策が推進されることとなった。そして，1993（平成 5）年度から 10 年間にわたる障害者基本計画として，「障害者対策に関する新長期計画」が策定されることとなった。そして，同年 12 月に「心身障害者対策基本法」が「障害者基本法」に改正された。さらに，1995（平成 7）年 12 月には，障害のある人びとが地域で生活を送ることができる社会の建設を目指した「障害者プラン―ノーマライゼーション 7 か年戦略―」が発表された。また，従来の「障害者基本法」の期限を迎えて，2002（平成 14）年 12 月に新たなる障害者基本計画，すなわち「新障害者基本計画」が閣議決定された。この計画の基本概念はリハビリテーションとノーマライゼーションの理念の継承による「共生社会」の実現を目指すものとなっている。また，この計画を推進するために「重点施策実施 5 か年計画」（新障害者プラン）が同年同月に障害者推進本部によって決定された。現在，新障害者プランにおいて，わが国のリハビリテーションとノーマライゼーションの理念が統合化されることによって継承されてきており，今後も継続されることとなっている。高齢化社会の進展と疾病構造の変化に伴って，リハビリテーションの果たす役割が重要となっている。

　こうしたリハビリテーションのもとで地域における脳血管疾患，大腿骨折等の患者に対して ADL の向上による寝たきりの防止と家庭復帰を目的としたリハビリテーションを集中的に行うための病棟として診療報酬に定められている。

障害者基本計画

　障害者の福祉に関する施策および障害の予防に関する施策の総合的かつ計画的な推進を図るための基本的な計画で，障害者基本法で政府に策定が義務づけられている。計画策定にあたっては，中央障害者福祉施策推進協議会の意見を聴くこととなっている。また都道府県および市町村は，国の障害者基本計画を基本とし，当該地域の障害者の状況等を踏まえ，それぞれ都道府県障害者基本計画，市町村障害者基本計画を策定するよう義務づけられている。

障害者基本法

　日本の障害者施策の基本理念と方針を示す法律で，障害者の自立と社会，経済，文化その他あらゆる分野の活動を促進することを目的としている。1970（昭和 45）年に制定された心身障害者対策基本法を，1993（平成 5）年に抜本的に改正，改称したもの。障害者を身体障害者，知的障害者，精神障害者と定義づけ，障害者施策を総合的・計画的に推進するために，国に障害者基本計画策定を義務づけた。2004 年の改正では，都道府県，市町村の障害者基本計画策定を義務づけた。

ADL (activities of daily living)

　日常生活動作。毎日の生活をするために必要な基本的動作のうち，食事，衣服の着脱，整容，排せつ，入浴，移動の身体動作をいう。ADL評価とは高齢者や障害者（児）などを対象に，項目ごとの身体動作を自分の力でどの程度できるか，その能力を測ることであり，介護の必要度の把握やリハビリテーションの効果測定のための指標となる。近年，人生の主体者として生きる患者や要介護者などをどのように援助するかという観点から，治療や介護やリハビリテーションの目標として従来のADLの向上に代わり，QOLの向上がいわれている。

生活の質 (quality of life：QOL)

　生活の質，人生の質。QOLは，「自分自身に対する満足感，充実感，安心感，幸福感」など個人の意識面を中心に捉える立場と，「人びとの幸福，満足な生活にするための社会システムの創造」として社会環境から考える立場とがある。

ホスピス

　臨死患者に対して，病気の治療（cure）ではなく，全人的な関わり（care）を行うことを目的とする施設のこと。死期の迫った患者が家族やスタッフに支えられながら，自分らしい死の迎え方ができるよう，身体的，精神的にサポートする。病気の苦痛を緩和するペイン・コントロールやカウンセリング，家族に対する心理教育的関わりなどが行われる。

(7) 緩和ケア病棟

　WHO（世界保健機関）2002年の緩和ケアの定義によると「緩和ケアとは，生命を脅かす病に関連する問題に直面している患者とその家族のQOL（生活の質）を，痛みやその他の身体的・心理社会的，スピリチュアルな問題を早期に見出し的確に評価を行い対応することで，苦痛を予防し和らげることを通して向上させるアプローチである」としている。

　すなわち，緩和ケアを要約すると，患者の痛みやその他の辛い症状を和らげるとともに家族に対して患者の闘病や死後の生活を支えることである。

　こうした緩和ケアの理念に基づいて緩和ケア病棟が開設されている。つまり，緩和ケア病棟の役割は基本的に緩和ケアを専門的に提供する病棟である。名称として，緩和ケア病棟，ホスピス，緩和ケアセンター等が用いられている。

　なお，緩和ケア病棟の設置基準として，①主として悪性腫瘍患者又は後天性免疫不全症候群に罹患している患者を入院させ，緩和ケア病棟を単位として行うこと，②夜間において看護師が複数配置されていること，③当該病院の医師の員数は，医療法に定める標準を満たしていること，④当該病棟内に緩和ケアを担当する常勤の医師が1名以上配置されていること，⑤当該病棟に係る病棟床面積は，患者1人につき内法による測定で30平方メートル以上であり，病室床面積は患者1人につき内法による測定で，8平方メートル以上であること，⑥当該病棟内に，患者家族の控室，患者専用の台所，面談室，一定の広さを有する談話室を備えていること，⑦当該病棟は全室個室であって差し支えないが，特別の療養環境の提供に係る病床の数が5割以下であること，⑧緩和ケアの内容に関する患者向けの案内が作成され，患者・家族に対する説明が行われていること等が定められている（平成30年厚生労働省告示第44号基本診療料の施設基準等の一部を改正する件「緩和ケア病棟入院料の施設基準等」）。

参考文献

　厚生労働統計協会『国民衛生の動向（2019/2020）』2019年
　厚生労働統計協会『国民の福祉と介護の動向（2018/2019）』2018年
　成清美治『私たちの社会福祉』学文社，2012年
　一般財団法人高齢者住宅財団『デンマーク高齢者住宅在団報告書』2013年
　成清美治・加納光子代表編集『現代社会福祉用語の基礎知識（第13版）』2019年

プロムナード

2019年12月19日に政府の「全世代型社会保障検討会議」より，中間報告が出されました。それによると一定の所得を有する75歳以上の高齢者の医療費窓口負担を「2割」とすると提言されました。この基本的考え方は負担能力のある高齢者に社会保障の財源の支えになってもらうためです。今後ますます後期高齢者数が増加することを鑑みた場合，これから現役世代が減少することを考慮すると負担能力のある後期高齢者に対する負担増は致し方ないとして，この窓口負担2割が低所得層の高齢者に及ぶことは生活者の視点からも避けなければならないでしょう。

学びを深めるために

若月俊一『若月俊一の遺言』家の光協会，2007年

著者は長野県佐久市で農村での「地域医療」を医師として長年実践してきました。その基本理念は，「患者さんの権利と責任」で人間として適切な医療を受ける権利を謳っています。保健医療ソーシャルワーカーとして必読の一冊であると考えます。

第 **6** 章

診療報酬制度

1　診療報酬制度とは何か

(1) 診療報酬の仕組み

　わが国では第3章でのべたように，病気やケガをして医療機関にかかる場合にその経済的な負担を軽減し，安心して平等に医療が受けられるようにすべての国民が公的医療保険に加入することとなっている。公的医療保険を利用して保険医療機関や保険薬局にて保険医療サービスを受ける場合，その対価は全国一律で決められている。それが診療報酬である。診療報酬は，医療機関が患者に対して提供した一つひとつの医療技術・サービス，それに必要となる注射針などの医療資材等のコストを含めた点数が決められており，1点は10円として計算される。

　診療報酬は，厚生労働省告示の「診療報酬の算定方法」により，医科診療報酬表，歯科診療報酬表，調剤報酬表が規定されており，診療行為ごとに点数が定められている。この診療報酬表は点数表とも呼ばれている。これに加えて，医薬品の価格を定めた薬価基準，ペースメーカーなど特定の医療材料の価格を定めた材料価格基準がある。厚生労働大臣はこれらの点数表や基準について告示を行うが，告示にあたり中央社会保険医療協議会（中医協）に諮問し，その答申を受けて決定する。なお，診療報酬は医療を取り巻くさまざまな社会的状況に対応するため2年に1度改定が行われる。

(2) 保険診療の仕組み

　保険医療機関が健康保険の被保険者である患者の診療を行った場合，患者か

図表6-1

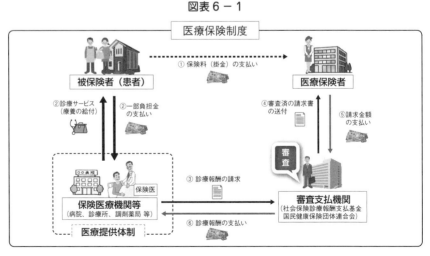

（注）診療報酬は，まず医科，歯科，調剤報酬に分類される。具体的な診療報酬は，原則として実施した医療行為ごとに，それぞれの項目に対応した点数が加えられ，1点の単価を10円として計算される（いわゆる「出来高払い制」）。たとえば，盲腸で入院した場合，初診料，入院日数に応じた入院料，盲腸の手術代，検査料，薬剤料と加算され，保険医療機関は，その合計額から患者の一部負担分を差し引いた額を審査支払機関から受け取ることになる。
出所）『厚生労働白書（平成30年版）』資料編，2019年，p.30

図表 6 − 2　医科診療報酬点数の例

基本診療料		初診料		282 点
		再診料	再診料（200 床未満の病院）	72 点
			外来診療料（200 床以上の病院）	73 点
	入院料	基本料	○病棟等の類型別に 9 種類の入院基本料を規定 　（一般病棟入院基本料，療養病棟入院基本料，精神病棟入院基本料， 　　結核病棟入院基本料，有床診療所入院基本料等） ○同一類型の入院基本料は看護配置基準，平均在院日数等により区分 例）急性期一般病棟入院基本料 1（1 日につき）	1566 点
			○入院期間に応じて初期加算 例）急性期一般病棟入院基本料 1 の場合 ・入院後 14 日以内 ・入院後 14 日以内 15 日〜 30 日以内	450 点／日 192 点／日
		入院基本料等加算	人員の配置，特殊な診療の体制等，医療機関の機能等に応じて加算項目を規定 例）総合入院体制加算 1（1 日につき）	240 点
		特定入院料	○包括払いを原則とする 23 の入院料を規定 例）救命救急入院料 1（1 日につき）（3 日以内の場合）	9869 点
		短期滞在手術等基本料	○日帰りや 1 泊 2 日入院等の短期滞在手術やそのための検査等を包括的に評価 例）短期滞在手術基本料 2（1 泊 2 日の場合）	4918 点
特掲診療料		医学管理等	（例）特定疾患療養管理料（診療所の場合）	225 点
		在宅医療	（例）往診科	720 点
		検　査	（例）尿中一般物質定性半定量検査 　　　（注）検査の際の薬剤料等は別途加算	26 点
		画像診断	（例）写真撮影・診断（単純，胸部） 　　　（注）フィルム，造影剤料等は別途加算	145 点
		投　薬	（例）薬剤料 　　　調剤料（外来）（内服薬・頓服薬） 　　　処方料（細分化されている） 　　　処方せん料 　　　調剤技術基本料（入院中の患者以外の場合（月 1 回））	別途薬価基準による 9 点 42 点 68 点 8 点
		注　射	（例）注射料（皮下，筋肉内注射） 　　　薬剤料	18 点 別途薬価基準による
		リハビリテーション	（例）心大血管疾患リハビリテーション科（20 分）	205 点
		精神科専門療法	（例）標準型精神分析療法	390 点
		処　置	（例）創傷処理（100 平方センチメートル未満） 　　　（注）薬剤料，材料費等は別途加算あり	45 点
		手　術	（例）虫垂切除術（虫垂周囲膿瘍を伴わないもの） 　　　（注）薬剤料，材料費等は別途加算あり	6740 点
		麻　酔	（例）閉鎖循環式全身麻酔（2 時間まで）	6000 点
		放射線治療	（例）体外照射（エックス線表在治療（1 回目））	110 点
入院時食事療養			入院時食事療養（I）（1 食につき） 標準負担額（患者負担金）（1 食につき）	640 円 460 円

出所）医学通信社編『診療点数早見表』医学通信社，2019 年をもとに筆者作成

ら医療費の 1 割から 3 割分の一部負担金を徴収する。残りの医療費については，患者が加入している医療保険から保険医療機関に対して支払われる。図表 6 − 1 で示したように，この医療費については保険者と保険医療機関の間で直接やり取りするのではなく，審査支払機関という第三者機関を通して行うことと

なっている。この審査支払い機関は，国民健康保険では国民健康保険団体連合会，協会けんぽなどの被用者保険では社会保険診療報酬支払基金が設けられている。医療機関は審査機関に対して診療月の翌月10日までに請求書となる診療報酬明細（レセプト）を送って請求する。レセプトは，患者ごと，診療月ごとに，入院・外来・調剤別に分けて作成される。レセプトは審査支払機関において内容を審査したのち，保険者に送られる。請求を受けた保険者は，審査支払機関を経由して医療機関に支払う。

(3) 診療報酬点数

　診療報酬は実施した診療行為ごとにそれぞれの項目に対応した点数を算定することができる。図表6－2で示したように，医科診療報酬は大きく基本診療料と特掲診療料に分けられる。基本診療料は初診や再診，または入院の際に行われる基本的な診療行為の費用を一括して評価しているものである。具体的には初診料や再診料のなかには，視診，触診，問診等の基本的な診察や血圧測定などの簡単な検査が含まれている。入院料では，医学的管理，看護，寝具類等にかかる費用が含まれている。特掲診療料は，基本診療料として一括して支払うことが妥当でない特別の診療行為に対して個々に点数を設定し，評価を行っているものである。たとえば腹痛で外来を初めて受診し，血液検査と内服の処方を受けた場合，基本診療料である初診料に加えて，特掲診療料の検査と投薬が算定されることとなる。

2　診療報酬制度の体系

(1) 入院基本料の算定

　入院料は医科診療報酬点数では医療機関を受診する際の初・再診料と並び，「基本診療料」として位置づけられている。入院料は基本的な入院医療の体制を評価した「入院基本料」と，それぞれの医療機関の機能や職員体制に応じて加算される「入院基本料等加算」，特有の機能を持った病棟や病室，特定の疾患等に対して適用される「特定入院料」，日帰りや1泊2日の短期滞在手術に対して入院料や検査費用，手術費用などを包括して評価する「短期滞在手術等基本料」の4つから構成されている。

　入院基本料は基本的に病棟単位でその機能ごとに一般病棟入院基本料，療養病棟入院基本料，結核病棟入院基本料，精神病棟入院基本料，特定機能病院入院基本料，専門病院入院基本料，障害者施設等入院基本料，有床診療所入院基本料，有床診療所療養病床入院基本料の9つの基本料に分かれている。なお，入院基本料の点数は1日当たりの点数が示されている。2000年の診療報酬改定までは，入院に関する診療報酬としては入院環境料，看護料，入院時医学管

理料を算定していたが，診療報酬改定を機にそれらを総合的に評価することとして，入院基本料が創設された。

1）一般病棟入院基本料

　ここで言う一般病棟とは，療養病棟入院基本料，結核病棟入院基本料又は精神病棟入院基本料を算定する病棟以外の病院の病棟のことをいう。一般病棟入院基本料は，看護師の配置人数，看護職員のうちの看護師比率，平均在院日数などの条件に基づき 10 の区分のなかから該当する点数を算定する。2018 年診療報酬改定までは，看護配置基準に基づき一般病棟入院基本料は 7 対 1 入院基本料，10 対 1 入院基本料といった名称であったが，病棟機能の評価基準の見直しに伴い，7 対 1 と 10 対 1 は「急性期一般入院基本料」として，13 対 1 と 15 対 1 は「地域一般入院基本料」として再編された。急性期一般入院料は図表 6 － 3 に示したように入院料 1 ～ 7 の区分があり，1 が最も高い点数が設定されている。入院料 1 は看護職員の配置が 7 対 1（入院患者 7 名に対して看護職員 1 名の配置）を要件としており，重症度，医療・看護必要度の基準を満たす患者割合についても厳しい条件が付けられている。さらに，平均在院日数は 18 日以内かつ在宅復帰・病床機能連携率が 80％以上という条件が付けられている。在宅復帰・病床機能連携率とは，全退院患者のうち自宅，居宅系介護施設，地域包括ケア病棟，回復期リハビリテーション病棟，療養病棟，有床診療所，介護老人保健施設，介護医療院に退院・転院・入所する患者の割合のことをいう。これらの条件から，入院料 1 を算定する場合はより重度な患者を受け入れ，集中的に医療を提供し短期間での退院・転院を実現することが要求されることがわかるだろう。入院料 2 ～ 7 においても重症度，医療・看護必要度の基準を満たす患者割合を入院料ごとに規定している。つまり，重症度，医療・

図表 6 － 3　急性期一般入院基本料

		急性期一般入院料 1	急性期一般入院料 2	急性期一般入院料 3	急性期一般入院料 4	急性期一般入院料 5	急性期一般入院料 6	急性期一般入院料 7
基本点数		1,591 点	1,561 点	1,491 点	1,387 点	1,377 点	1,357 点	1,332 点
初期加算（14 日以内）		基本点数に 450 点を加算						
初期加算（15 ～ 30 日）		基本点数に 192 点を加算						
ADL 維持向上等体制加算（14 日限度）		基本点数に 80 点を加算						
看護職員		7 対 1 以上			10 対 1 以上			
看護師比率		70％以上						
平均在院日数		18 日以内			21 日以内			
在宅復帰・地域連携率		80％以上			―			
重症度，医療・看護必要度の基準を満たす患者割合	I	30％以上	（27％以上）	（26％以上）	27％以上	21％以上	15％以上	測定のみ
	II	25％以上	24％以上（22％以上）	23％以上（21％以上）	22％以上	17％以上	12％以上	測定のみ

（注）（　）内は許可病床 200 床未満の一般病棟 7 対 1 入院基本料の経過措置。
出所）医学通信社編『診療点数早見表』医学通信社，2019 年をもとに筆者作成

看護必要度が高い患者を多く受け入れている病棟ほど高い報酬を付けることで差別化をはかり，医療機関には入院患者の実態に合った入院料を選択するように促しているといえる。重症度，医療・看護必要度とは，急性期の入院医療における患者の状態に応じた医療及び看護の提供量の必要性を適切に反映するための指標であり，より医療ニーズや手厚い看護の必要性が高い患者の状態や医療処置，看護の提供量等に着目した評価指標となっている。

「地域一般入院基本料」は入院料1～3まであり，看護職員の配置や平均在院日数など急性期一般入院基本料と比べるとその条件は緩くなっており，その分，点数は急性期一般入院基本料に比べ低く設定されている。(図表6－4)

図表6－4　地域一般入院基本料

	地域一般 入院料1	地域一般 入院料2	地域一般 入院料3
点　数	1,126点	1,121点	960点
看護職員	13対1以上		15対1以上
平均在院日数	24日以内		60日以内

出所）医学通信社編『診療点数早見表』医学通信社，2019年をもとに筆者作成

2) 療養病棟入院基本料

療養病棟は長期にわたり療養が必要な患者を入院させる病棟である。医療病棟入院料は患者の医療依存度を評価する3つの「医療区分」と，身体的機能を評価する3つの「ADL区分」の2つの基準を組み合わせた点数評価となっている（図表6－5）。療養病棟入院料1は，医療依存度の高い医療区分2及び3の患者の割合が80％以上，療養病棟入院料2は同じく50％以上であることが条件となる。

このように診療報酬上では，療養病棟の対象患者を主に医療依存度の有無，つまり医療区分2又は3に該当するか否かで判断している。医療機関も医療区分2又は3の該当患者の割合が算定する入院基本料に影響するため，受け入れにあたり該当・非該当を強く意識する。たとえば，痰の吸引が1日8回以上必要であれば医療区分2に該当するが，6回の場合は医療区分1の対象となる。こ

図表6－5　療養病棟入院料の例

	療養病棟入院料1			療養病棟入院料2		
	医療区分3	医療区分2	医療区分1	医療区分3	医療区分2	医療区分1
ADL区分3	入院基本料A 1,810点 (1,795点)	入院基本料D 1,412点 (1,397点)	入院基本料G 967点 (952点)	入院基本料A 1,745点 (1,731点)	入院基本料D 1,347点 (1,333点)	入院基本料G 902点 (888点)
ADL区分2	入院基本料B 1,755点 (1,741点)	入院基本料E 1,384点 (1,370点)	入院基本料H 919点 (904点)	入院基本料B 1,691点 (1,677点)	入院基本料E 1,320点 (1,305点)	入院基本料H 854点 (840点)
ADL区分1	入院基本料C 1,468点 (1,454点)	入院基本料F 1,230点 (1,215点)	入院基本料I 814点 (800点)	入院基本料C 1,403点 (1,389点)	入院基本料F 1,165点 (1,151点)	入院基本料I 750点 (735点)

（注）（　　）は「生活療養」を受ける場合。
出所）医学通信社編『診療点数早見表』医学通信社，2019年，p.84

の場合，療養型病棟への入院は難しい場合が多く，しかしながら常時医療的処置は必要なため高齢者施設にも入所しにくいという状況に置かれることがある。

療養病床のうち，介護保険施設としても指定されていた「介護療養型医療施設」は2018年3月で廃止され，介護医療院へ移行された。2024年3月末までの移行期間が設けられており順次転換がはかられる見込みである。

3) 包括医療制度

診療報酬制度は診療で行った検査や注射，投薬などの量に応じて医療費を計算・請求する出来高払いが基本であるが，近年は増え続ける医療費の適正化を目指し包括支払い方式の導入が進んでいる。

包括払い方式は，療養病棟の場合は入院基本料のなかに投薬料，注射料，検査料，画像診断料等の費用が含まれた設定となっている。また，一般病棟においても，DPC/PDPS対象病院となっている場合は包括払いの対象となる。DPCとは，Diagnosis（診断）Procedure（手技）Combination（組み合わせ）のことで，「診断群分類」を示す言葉である。PDPSはPer-Diem Payment Systemの略で「1日当たり包括支払い制度」を意味する。これらを組み合わせて，「診断群分類に基づく1日当たり定額報酬算定制度」となる。2003年4月より82の特定機能病院を対象に導入された急性期入院医療を対象とする診断群分類に基づく1日当たり包括払い制度である。制度導入後，DPCの対象病院は段階的に拡大され，2018年4月1日時点で1,730病院，約49万床となり，急性期一般入院基本料等に該当する病床の約83％を占める。

DPCは，入院期間中に治療した病気のなかで最も医療資源を投入した一疾患のみに厚生労働省が定めた1日当たりの定額の点数と従来どおりのDPCにより包括されない出来高評価部分（手術，胃カメラ，リハビリ等）を組み合わせて計算する方式となっている。1日当たりの定額の点数は，「診断群分類」と呼ばれる区分ごとに，入院期間に応じて定められている。

(2) 在宅医療と診療報酬

1) 在宅療養支援診療所・在宅療養支援病院

2006年の介護保険法改正では，これからの高齢者介護の方向として施設介護から在宅介護への転換が明確に示され，今後増加が予想される「認知症高齢者」や「中重度の要介護高齢者」が，出来る限り住み慣れた地域での生活が継続できるようなサービス体系が創られた。同年に改定となった診療報酬においても，在宅医療の体制がより強化され，24時間往診及び訪問看護等を提供できる体制を持つ在宅療養支援診療所が創設された。また，2年後の2008年の診療報酬改定では，在宅療養支援病院が創設された。在宅療養支援診療所及び在宅療養支援病院の主な要件は次のとおりである。（図表6−6）

在宅療養支援病院・診療所のうち，複数の医師が在籍し，緊急往診と看取り

> ### 療養病床
> 　病院の病床または診療所の病床のうち一群のものであって，主として長期にわたり療養を必要とする患者を収容することを目的とする病床。1992（平成4）年の医療法の改正により設けられた。一般の病院の基準よりも看護師や介護スタッフの数が多く，1人当たりのベッドスペースが広くとられておりまた談話室や浴室を備えるなど，長期療養患者に対する配慮がなされている。介護保険制度の導入により，介護保険制度適用の「介護療養型医療施設」と医療保険制度適用の「療養病床」に分けられた。なお，介護療養型医療施設は廃止され，介護医療院に移行した。

図表6－6　在宅療養支援診療所及び在宅療養支援病院の主な施設基準

在宅療養支援診療所	在宅療養支援病院
①保険医療機関である診療所であること。 ②当該診療所において，24時間連絡を受ける保険医又は看護職員をあらかじめ指定し，その連絡先を文書で患家に提供していること。 ③当該診療所において，又は別の保険医療機関の保険医との連携により，患家の求めに応じて，24時間往診が可能な体制を確保し，往診担当医の氏名，担当日等を文書により患家に提供していること。 ④当該診療所において，又は別の保険医療機関若しくは訪問看護ステーションとの連携により，患家の求めに応じて，当該診療所の保険医の指示に基づき，二十四時間訪問看護の提供が可能な体制を確保し，訪問看護の担当者の氏名，担当日等を文書により患家に提供していること。 ⑤当該診療所において，又は別の保険医療機関との連携により，緊急時に在宅での療養を行っている患者が入院できる病床を常に確保し，受入医療機関の名称等をあらかじめ地方厚生局長等に届け出ていること。 ⑥連携する保険医療機関又は訪問看護ステーションにおいて緊急時に円滑な対応ができるよう，あらかじめ患家の同意を得て，その療養等に必要な情報を文書で当該保険医療機関又は訪問看護ステーションに提供できる体制をとっていること。 ⑦患者に関する診療記録管理を行うにつき必要な体制が整備されていること。 ⑧当該地域において，他の保健医療サービス及び福祉サービスとの連携調整を担当する者と連携していること。 ⑨定期的に，在宅看取り数等を地方厚生局長等に報告していること。	①保険医療機関である病院であって，許可病床数が200未満のもの又は当該病院を中心とした半径4km以内に診療所が存在しないこと。 ②当該病院において，24時間連絡を受ける担当者をあらかじめ指定し，その連絡先を文書で患家に提供していること。 ③当該病院において，患家の求めに応じて，24時間往診が可能な体制を確保し，往診担当医の氏名，担当日等を文書により患家に提供していること。 ④往診担当医は，当該保険医療機関の当直体制を担う医師とは別の者であること。 ⑤当該病院において，又は訪問看護ステーションとの連携により，患家の求めに応じて，当該病院の保険医の指示に基づき，24時間訪問看護の提供が可能な体制を確保し，訪問看護の担当者の氏名，担当日等を文書により患家に提供していること。 ⑥当該病院において，緊急時に在宅での療養を行っている患者が入院できる病床を常に確保していること。 ⑦訪問看護ステーションと連携する場合にあっては，当該訪問看護ステーションが緊急時に円滑な対応ができるよう，あらかじめ患家の同意を得て，その療養等に必要な情報を文書で当該訪問看護ステーションに提供できる体制をとっていること。 ⑧患者に関する診療記録管理を行うにつき必要な体制が整備されていること。 ⑨当該地域において，他の保健医療サービス及び福祉サービスとの連携調整を担当する者と連携していること。 ⑩定期的に，在宅看取り数等を地方厚生局長等に報告していること。

出所）医学通信社編『診療点数早見表』医学通信社，2019年をもとに筆者作成

の実績を有する医療機関（地域で複数の医療機関が連携して対応することも可能）として，往診料や在宅における医学管理等を行った場合，機能強化型在宅療養支援病院・診療所として診療報酬上でより高い評価がなされる。その主な施設基準は，①在宅医療を担当する常勤の医師が3名以上配置，②過去1年間の緊急の往診の実績を10件以上有する，③過去1年間の在宅における看取りの実績を4件以上有しているといった要件を満たすことが求められる。

2）訪問看護

訪問看護は1991年に老人保健法の改正により老人訪問看護制度が創設されたことから始まる。2000年に介護保険法が施行され，それまで医療保険の対象であった訪問看護は要支援・要介護認定者は介護保険が優先となった。40歳未満の者や介護保険の要支援・要介護の非該当者，介護保険の要支援・要介護の該当者のうち特別訪問看護の指示書を受けたものや厚生労働大臣が定める疾患等（図表6－7）の別表7の病名に該当する対象者は，医療保険を利用して訪問看護を利用することができる。なお，40歳未満の者や要支援・要介護非該当者が医療保険で訪問看護を利用する場合は週3回までの利用に限られるが，厚生労働大臣が定める疾患等（図表6－7）の別表8の病態に該当する対象者は週4回以上の利用も可能となっている。

図表 6 − 7　厚生労働大臣が定める疾患等

別表 7（病名）	別表 8（病態など）
末期の悪性腫瘍 多発性硬化症 重症筋無力症 スモン 筋萎縮性側索硬化症 脊髄小脳変性症 ハンチントン病 進行性筋ジストロフィー症 パーキンソン病関連疾患 多系統萎縮症 プリオン病 亜急性硬化性全脳炎 ライソゾーム病 副腎白質ジストロフィー 脊髄性筋萎縮症 球脊髄性筋萎縮症 慢性炎症性脱髄性多発神経炎 後天性免疫不全症候群 頸髄損傷 人工呼吸器を使用している状態	1　在宅悪性腫瘍等患者指導管理若しくは在宅気管切開患者指導管理を受けている状態にある者又は気管カニューレ若しくは留置カテーテルを使用している状態にある者 2　以下のいずれかを受けている状態にある者 　　在宅自己腹膜灌流指導管理 　　在宅血液透析指導管理 　　在宅酸素療法指導管理 　　在宅中心静脈栄養法指導管理 　　在宅成分栄養経管栄養法指導管理 　　在宅自己導尿指導管理 　　在宅人工呼吸指導管理 　　在宅持続陽圧呼吸療法指導管理 　　在宅自己疼痛管理指導管理 　　在宅肺高血圧症患者指導管理 3　人工肛門又は人工膀胱を設置している状態にある者 4　真皮を超える褥瘡の状態にある者 5　在宅患者訪問点滴注射管理指導料を算定している者

出所）図表 6 − 6 に同じ

（3）診療報酬による社会福祉士の評価

1）退院支援に関わる診療報酬

　退院支援に関わる診療報酬は 2008 年に初めて創設された。退院調整加算という名称で，病状の安定が見込まれた後早期に，患者の病態安定後を見越して退院に関する支援の必要性の評価を行い，患者の同意を得て具体的な退院支援計画を作成し，患者又は家族に必要な支援を行うことで 100 点が算定可能であった。退院調整加算の施設基準は入院患者の退院に係る調整及び支援に関する部門が設置されており，退院調整に関する経験を有する専従の看護師または社会福祉士が 1 名以上配置されていることが要件となっていた。2016 年の診療報酬改定では，退院調整加算が退院支援加算に改められ，退院支援加算 1 〜 3 の 3 つの区分が創設された。2018 年には，退院支援加算が入退院支援加算に改称され，入院前から，入院生活や退院後の生活を見据えて行う支援を評価した「入院時支援加算（200 点）」と 15 歳未満の患者に対して退院支援加算を算定する場合にさらに上乗せで加算する「小児加算（200 点）」が新たに加えられた。

　入退院支援加算を算定するための要件は，①入退院支援部門を設置し，専従・専任の職員を配置したうえで，②退院困難な患者を抽出し，③患者・家族との面談を実施し，③病棟看護師等多職種でカンファレンスを行い，それを基に④退院支援計画書を作成し，患者・家族に説明の上，退院支援を実施することが必要となる。さらに，入退院支援加算 1 を算定する場合には，退院困難な患者の抽出や患者・家族との面談，多職種でのカンファレンスを実施する時期がより入院早期に設定されているのに加え，医療機関の体制として①各病棟に専従の退院支援職員（社会福祉士又は看護師）を配置すること，②20

図表 6 − 8　入退院支援加算 1 と 2 の施設基準と算定要件の比較

算定要件・施設基準	入退院支援加算 1 一般病棟入院基本料等　　600 点 療養病棟入院基本料等　1,200 点	入退院支援加算 2 一般病棟入院基本料等　　190 点 療養病棟入院基本料等　　635 点
入退院支援及び地域連携業務を担う部門の設置	要	要
上記部門への職員配置	専従 1 名（入退院支援に十分な経験のある看護師または社会福祉士）及び専任 1 名（社会福祉士が専従の場合は看護師，看護師が専従の場合は社会福祉士）を配置	
各病棟への入退院支援職員の配置	入退院支援業務等に専従する社会福祉士又は看護師を配置	
医療機関・介護事業所との連携構築	20 以上の医療機関または介護サービス事業所等と転院・退院体制についてあらかじめ協議し，連携を図っている	
医療機関・介護事業所との情報共有	連携医療機関または介護サービス事業所等の職員と入退院支援職員が，年 3 回以上の頻度で面会し，転院・退院体制について情報の共有等を行っている	
介護支援連携指導料算定回数と相談支援専門員との連携回数（小児入院医療管理料を算定する患者に限る）の基準	加算の算定対象病床 100 床当たり， ①一般病棟の場合，介護支援連携指導料が年間 15 回以上 ②療養病棟の場合，介護支援連携指導料が年間 10 回以上 ③小児入院医療管理料を算定する病床の場合，相談支援専門員との連携が年間 5 回以上	
新規入院患者の把握および退院困難患者の抽出	入院後 3 日以内	入院後 7 日以内
入院早期の患者及び家族との面談	入院後 7 日以内 （療養病棟等は 14 日以内）	できるだけ早期
多職種協働カンファレンスの実施	入院後 7 日以内	できるだけ早期

出所）『医科点数表の解釈 平成 30 年 4 月版』社会保険研究所，2018 年をもとに筆者作成

カ所以上の医療機関または介護サービス事業所等と退院支援に関して連携していること，③ 20 カ所の機関と年 3 回以上面会していること，④ 一定数以上の介護支援専門員との連携実績（介護支援連携指導料の算定を行っている）があることが求められている（図表 6 − 8）。

　入退院支援加算 3 は，入院期間中に新生児特定集中治療室管理料又は総合周産期特定集中治療室管理料の「2」新生児集中治療室管理料を算定した退院困難な要因を有する患者及び他の保険医療機関において入退院支援加算 3 を算定した上で転院した患者についての退院支援が対象となる。

2) 退院支援以外の診療報酬による社会福祉士の評価

　診療報酬において社会福祉士が評価の対象となっている項目は，退院支援に関するもの以外では下記のようなものが主にあげられる。

○療養・就労両立支援指導料

　がんと診断された患者について，就労の状況を考慮して療養上の指導を行うとともに，当該患者の同意を得て，産業医に対し，病状，治療計画，就労上の措置に関する意見等当該患者の就労と治療の両立に必要な情報を文書により提供した上で，当該産業医から助言を得て，治療計画の見直しを行った場合に，6 月に 1 回に限り算定できる。

○回復期リハビリテーション病棟入院料 1

　回復期リハビリテーション病棟入院料１を算定する場合には，専任の在宅復帰支援を担当する社会福祉士１名以上の配置があることが要件とされている。

○回復期リハビリテーション病棟体制強化加算

　患者の早期機能回復及び早期退院を促進するために，専従の医師及び専従の社会福祉士の配置を評価したものである。

○リハビリテーション総合計画評価料

　定期的な医師の診察及び運動機能検査又は作業能力検査等の結果に基づき医師，看護師，理学療法士，作業療法士，言語聴覚士，社会福祉士等の多職種が共同してリハビリテーション総合実施計画を作成し，これに基づいて行ったリハビリテーションの効果，実施方法等について共同して評価を行った場合に算定する。

○患者サポート体制充実加算

　医療従事者と患者との対話を促進するため，患者またはその家族等に対する支援体制を評価したものであり，窓口は専任の医師，看護師，薬剤師，社会福祉士またはその他医療有資格者等が配置されていることが要件となっている。

○介護保険リハビリテーション移行支援料

　外来通院患者に対して，看護師，社会福祉士等が介護支援専門員等と連携し，介護保険法に規定する訪問リハビリテーション，通所リハビリテーション等に移行した場合に算定する。

○認知症ケア加算

　身体疾患のために入院した認知症患者に対する病棟における対応力とケアの質の向上を図るため，病棟での取り組みや多職種チームによる介入を評価するものであり，多職種チームの構成員として認知症患者の退院調整の経験のある専任の常勤社会福祉士又は常勤精神保健福祉士の要件がある。

３　診療報酬の改定

　診療報酬は２年に１度の改定が行われている。改定年度によって「重点課題」や「改定の指針」があり，継続や強化される重点課題や指針もあり，これに沿った改定の方向性が決定される。ここでは，近年の診療報酬改定の具体的な内容についてみていく。

2016年診療報酬改定の主な内容

　2016年の診療報酬改定では，地域包括ケアシステムの構築と医療機能の分化・強化，連携の推進が重点課題として掲げられた。その具体的な内容としては次の５点である。

１. 医療機能に応じた入院医療の評価について

　入院基本料について急性期に密度の高い医療を必要とする状態が適切に評価

されるよう一般病棟用の「重症度，医療・看護必要度」の見直しと各入院基本料における該当患者割合の基準の見直しが行われた。有床診療所における在宅復帰機能強化加算が新設された。

2. チーム医療の推進，勤務環境の改善，業務効率化の取り組み等を通じた医療従事者の負担軽減・人材確保について

医師事務作業補助体制の評価や夜間看護体制の充実に関する評価が見直された。

3. 地域包括ケアシステム推進のための取り組みの強化について

認知症に対する主治医機能の評価や小児かかりつけ医の評価が新設さされた。退院支援加算の創設により，退院支援に関する評価の充実がなされた。

4. 質の高い在宅医療・訪問看護の確保について

複数の診療科の医師による訪問診療が可能となるよう，評価を見直した。

5. 医療保険制度改革法も踏まえた外来医療の機能分化について

在宅医療における重症度・居住場所に応じた評価が見直された。

2018年診療報酬改定の主な内容

2018年の診療報酬改定では，介護保険の報酬改定と同時改定になったことにより，地域包括ケアシステムの構築と医療機能の分化・強化，連携の推進が2016年改正に引き続いて重点課題として掲げられた。その具体的な内容としては次の7点である。

1. 地域包括ケアシステム構築のための取り組みの強化

入退院支援加算への名称変更と入院時支援加算が創設された。

退院時共同指導料が医師及び看護職員以外の医療従事者が共同指導する場合も評価対象とすることとなった。

2. かかりつけ医，かかりつけ歯科医，かかりつけ薬剤師・薬局の機能の評価

地域包括診療料の患者の同意に関する手続きや受診医療機関の把握を担う実施者の要件を緩和した。

3. 医療機能や患者の状態に応じた入院医療の評価

急性期一般病棟及び地域一般病棟として一般病棟入院基本料（7対1，10対1，13対1及び15対1）を基本部分と実績部分を組み合わせた評価体系に再編・統合した。

25対1看護職員配置の療養病棟入院基本料2を廃止し，20対1看護職員配置を要件とした療養病棟入院料に一本化した。（2年間の経過措置あり）

4. 外来医療の機能分化，重症化予防の取り組みの推進

紹介状なしの大病院受診時の定額負担の見直しがされた。

5. 質の高い在宅医療・訪問看護の確保

在宅患者訪問診療料が複数の診療科の医師による訪問診療が可能となった。

6. 国民の希望に応じた看取りの推進

　訪問診療に係る医学管理料において，要介護被保険者等である末期のがん患者に対し，患者のケアマネジメントを担当する介護支援専門員との情報共有を要件とすることとなった。

7. リハビリテーションにおける医療と介護の連携の推進

　末梢神経損傷等の患者や回復期リハビリテーション病棟から退棟後3カ月以内の患者等を算定日数上限の除外対象に追加することとなった。

---

4 診療報酬と医療連携，チーム医療

(1) 診療報酬と医療連携

　近年，病院機能の専門分化による医療機関同士の連携や病院とかかりつけ医の連携，病院と在宅介護サービスとの連携など，連携の場面が多岐にわたるようになってきている。つまり，ひとつの医療機関で完結する医療から地域完結型医療へと変化してきているということができる。これは，地域包括ケアシステムの考え方とも合致している。それに伴い，連携に対する診療報酬での評価の対象も広がりを見せている。

1. 病院同士の連携

・地域連携診療計画加算

　2006年の診療報酬改定で「地域連携診療計画管理料」が新設され，急性期病院から回復期・慢性期の病院への転院時に円滑な情報共有を行うことを目的とした「地域連携パス」が初めて診療報酬上で評価された。当初は対象疾患が「大腿骨頸部骨折」のみであったが，その後には脳卒中も追加された。2016年の診療報酬改定では退院支援加算の加算項目として地域連携診療計画加算が位置づけられ，病名の規定もなくなり，がんや心不全など適用の幅が広がった。

2. 病院とかかりつけ医の連携

・退院時共同指導料1・2

　入院中の患者が退院後に安心して療養生活を送ることができるよう，在宅療養を担う保険医療機関の保険医又は当該保険医の指示を受けた看護師，薬剤師，管理栄養士，理学療法士等若しくは社会福祉士と，入院中の保険医療機関の保険医，看護師等，薬剤師，管理栄養士，理学療法士等又は社会福祉士が，退院後の在宅での療養上必要な説明及び指導を共同して行った上で，文書により情報提供した場合に算定できるものである。退院時共同指導料1は患者の在宅療養を担う医療機関，退院時共同指導料2については患者の入院中の医療機関がそれぞれ算定できる。

3. 病院と介護支援専門員の連携

・介護支援連携指導料

　医師又は医師の指示を受けた看護師，社会福祉士等が介護支援専門員又は相

談支援専門員と共同して，患者の心身の状態等を踏まえて導入が望ましい介護サービス又は障害福祉サービス等や退院後に利用可能な介護サービス又は障害福祉サービス等について説明及び指導を行った場合に算定できる。

(2) 診療報酬とチーム医療

　限られた人員のなかで効率的かつ効果的な質の高い医療を提供するためにはチーム医療は必要不可欠である。このような観点から診療報酬上においてもさまざまなチーム医療が評価されている。チーム医療を評価した診療報酬の例としては以下のものがある。

・栄養サポートチーム加算

　栄養障害の状態にある患者や栄養管理をしなければ栄養障害の状態になることが見込まれる患者に対し，患者の生活の質の向上，原疾患の治癒促進及び感染症等の合併症予防等を目的として，栄養管理に係る専門的知識を有した多職種からなるチームが診療することを評価したもの。

・認知症ケア加算

　身体疾患のために入院した認知症患者に対する病棟における対応力とケアの質の向上を図るため，病棟での取り組みや多職種チームによる介入を評価したもの。

5　多様な住居の場における在宅療養

　在宅医療が提供される場は患者の自宅にとどまらず，サービス付き高齢者向け住宅や有料老人ホーム，介護老人福祉施設なども含まれる。在宅で療養を行っている患者であって，疾病，傷病のために通院による療養が困難な者に対して計画的な医学管理の下に定期的に訪問して診療を行った場合に算定できる「在宅患者訪問診療料1」は，通常833点であるが，有料老人ホームなど同一建物において同じ日に複数の患者に対して訪問診療を実施した場合には203点となる仕組みとなっている。これは，同一建物において複数患者を訪問診療する効率性を鑑みた設定となっている。また，在宅患者等に対する総合的な医学管理を包括的に評価した医学総合管理料は2種類に分けられている。自宅等で療養している者には在宅時医学総合管理料，養護老人ホーム，軽費老人ホーム（A型に限る），特別養護老人ホーム，有料老人ホーム，サービス付き高齢者向け住宅，認知症対応型共同生活介護事業所の入居者や短期入所生活介護，介護予防短期入所生活介護のサービスを受けている者には施設入居時等医学総合管理料が算定される。このように，居住の場が多様になってきている状況に合わせて，診療報酬での在宅医療に対する評価の考え方も変化をしてきているということができる。

6 ターミナル・ケア（終末期医療）を支援する診療報酬制度

これまで述べてきたように，在宅医療においては在宅療養支援診療所や在宅時医学総合管理料など住み慣れた自宅や地域での療養を支援できるように診療報酬上での評価がなされている。さらに，住み慣れた場所で最期を迎えることができるよう，ターミナル・ケアへの支援の評価も充実してきている。

1. 在宅ターミナルケア加算

在宅ターミナルケア加算は，在宅診療を受ける患者のターミナルケアの質をより高めることを目的としており，死亡日及び死亡日前14日以内に2回以上の往診か訪問診療を実施した場合に算定することができる。また，算定要件として2018年診療報酬改定では，算定要件として「人生の最終段階における医療・ケアの決定プロセスに関するガイドライン」等の内容を踏まえた話し合いや，関係者との連携が盛り込まれた。

2. 在宅患者訪問看護・指導料の在宅ターミナルケア加算

訪問看護の在宅ターミナルケア加算は，在宅ターミナルケア加算と同様に，死亡日及び死亡日前14日以内に2回以上在宅患者訪問看護・指導料を算定した場合に加算として算定できる。「人生の最終段階における医療・ケアの決定プロセスに関するガイドライン」等の内容を踏まえた話し合いや，関係者との連携が2018年診療報酬改定で盛り込まれた。

参考文献
医学通信社編『診療点数早見表』医学通信社，2019年
厚生労働省『厚生労働白書（平成30年版）』資料編，2019年
『医科点数表の解釈 平成30年4月版』社会保険研究所，2018年

ターミナル・ケア

終末期ケアとも呼ばれる。死が間近に迫った末期患者とその家族・近親者を対象とする。ケアの内容には，①身体的苦痛を緩和する，②死に対する不安や葛藤恐怖などをやわらげて精神的安定を促す，③自己実現と生活の質の向上に向けて援助する，④家族にケアへの参加を促し，患者との別れの受容を援助する，ことなどがある。医師，看護師，ソーシャルワーカー，カウンセラー，宗教家などで構成された対人援助の学際的なチームが編成されなければならない。ホスピスだけでなく，一般病棟や，施設在宅などで死に臨む場合でもこうしたケアの必要性は高い。

緩和ケア

WHO（世界保健機関）は緩和ケアについて，「緩和ケアとは，生命を脅かす疾患による問題に直面している患者とその家族に対して，疾患の早期より痛み，身体的問題，心理社会的問題，スピリチュアルな（霊的・魂の）問題に関してきちんとした評価を行い，それが障害とならないように予防したり対処したりすることで，クオリティオブライフを改善するためのアプローチである。」（2002年，日本ホスピスケア協会翻訳）と定義している。つまり，緩和ケアとは治癒の見込みがない患者に対して，無理な延命等をせず，痛みやそのほかの苦痛となる症状を癒す（緩和）等をして，その人らしく生きていくことを支援する専門的ケアといえる。

プロムナード

　2008 年より診療報酬において社会福祉士（医療ソーシャルワーカー）による退院支援が評価されるようになりました。それまでは医療ソーシャルワーカーの退院支援に関しては診療報酬上では全く評価されておらず，まさに長年の悲願がかなったといえるでしょう。診療報酬で評価されるということは，医療保険上で医療ソーシャルワーカーによる退院支援が重要なもの，価値あるものとして認められたということを意味しています。そして，2016 年に改定された退院支援加算では，退院支援において患者・家族への個別的な支援だけでなく，関係機関や介護支援専門員との連携が一定以上実施されていることが要件として加わりました。医療ソーシャルワーカーとしてのミクロレベルの実践だけでなくメゾレベルの実践も強く意識していかなければならず，期待される役割の幅は拡大しているといえます。

　加えて，2008 年の退院調整加算の創設以降，退院支援に関わる報酬の充実に伴い，医療機関の社会福祉士採用数も着実に増加しており，病院・診療所で働く社会福祉士は，2008 年 10 月時点では 6,820 人でしたが，2014 年 10 月時点では 1 万人を超え，10,582 人となりました。さらに 2016 年改定により点数の大幅増と病棟専任制の導入に伴いその勢いは加速し，2017 年 10 月時点では 14,291 人まで増加しています。こうした社会からの期待に応えられるよう一つひとつの実践を大切にしていくことが求められます。

学びを深めるために

二木立著『地域包括ケアと医療・ソーシャルワーク』勁草書房，2019 年

　　2017 年の介護保険法改正と 17 〜 18 年の医療・社会保障関連の動向を，地域包括ケアと医療改革，ソーシャルワークを中心とする福祉改革に焦点を当てながら分析し，地域包括ケアの今後を展望しています。

山辺朗子著『ジェネラリスト・ソーシャルワークの基盤と展開—総合的包括的な支援の確立に向けて—』ミネルヴァ書房，2011 年

　　ジョンソンらによって体系化されたジェネラリスト・ソーシャルワークの解説書。理論の解説だけにとどまらず，わが国の実践現場での展開例も紹介しながら，日本における社会福祉実践にいかに貢献しうるかを検討した必読書です。

第 7 章

保健医療における専門職の
役割と連携・協働

1　保健医療における専門職

（1）医師，歯科医師，薬剤師，保健師，助産師，看護師，作業療法士，理学療法士，言語聴覚士，管理栄養士の役割

1）医師の役割

　医師は，診察，検査指示と結果の解釈を通じた診断を行い，注射，検査，リハビリ等の指示を行うとともに，薬による内科的治療，手術等による外科的治療，療養生活指導等を行う役割がある。医療は，医師らと患者との信頼関係に基づいて行われることが基本である。医師には，多様な診療科の専門医の他に，患者の多角的な視点から診療にあたる総合診療医がいるがいずれの診療にあたっても，医師（歯科医師）からの十分な説明と，患者の自由な意思に基づく同意によるインフォームド・コンセントが行われることが原則である。

　医師と歯科医師には，「医師（歯科医師）でなければ，医業をなしてはならない（医師法ならびに歯科医師法第17条）」と，独占的な権限が付与されている。同時に，診療治療の求めがあった場合に正当な理由がない限り拒んではならない応招義務を始めとした義務（図表7-1）がある。こうした権限と義務を持つ医師として診療する為には，国家試験合格後に2年間の臨床研修が義務づけられており，多様な診療科での臨床研修が行われる。

　さらに，高い倫理性が求められる医師は自らの倫理指針として，日本医師会が「医師の職業倫理指針（第3版）」2016（平成28）年を採択している。この倫理指針では医師の倫理について，① 患者の自律性（autonomy）の尊重，② 善行（beneficence），③ 公正性（fairness）の3原則を主な基盤としつつ，個別事例においては原則間の対立や葛藤が生じる点を指摘し，具体的事例に対する解説が示されている。その内容（図表7-2）は，医師と患者，医師相互の関係，医師と社会，人を対象とする研究など多岐にわたっており，終末期医療，遺伝子，生殖医療などの医学の発展に伴う生命倫理の観点からも判断に苦慮する事項も

> **インフォームド・コンセント（informed consent）**
>
> 患者またはその家族が，医療行為の性質や結果について十分な情報を得る権利（接近権），医療行為をうけるかどうかを自ら判断する権利（自己決定権），およびそれを可能にするための医師による十分な説明義務（還元義務）を前提とした医療行為に関する両者の同意のこと。医師は患者に病名，症状，必要な検査の目的と内容，予測される治療の結果や危険性，治療をした場合としなかった場合の予後の違いなどについて患者に理解できるように説明し，患者は自らがおかれた状況をよく理解したうえで治療をうけるかどうかを判断する。医療における患者と治療者の平等な関係を保証しようとする概念である。

図表7-1　医師・歯科医師の義務規定（医師法・歯科医師法）

応招義務	医師・歯科医師は，診療治療あるいは診断書交付の求めがあった場合には正当な理由が無い限り拒んではならない。
無診療治療などの禁止	医師・歯科医師は，自ら診察しないで治療をしたり，診断書等を交付したりしてはいけない。
異常死の届出義務	医師は，死体又は妊娠四月以上の死産児を検案して異常が認められるときは24時間以内に警察署に届け出なくてはならない。
処方箋の交付義務	医師・歯科医師は，患者に対し治療上薬剤を要とする必要があると認めた場合は，処方箋を交付しなければならない。
療養指導義務	医師・歯科医師は診療をした時は，本人又はその保護者に対し，療養の方法その他保健の向上に必要な事項の指導をしなければならない。
診療録の記載及び保存の義務	医師・歯科医師は，診療したときは，遅滞なく診療録に記載しなければならない。診療録は5年間保存しなければならない。

図表 7 - 2　日本医師会［医師の職業倫理指針（第 3 版）］目次

1. 医師の基本的責務
   (1) 医学知識・技術の習得と生涯学習
   (2) 研究心，研究への関与
   (3) 医師への信頼の基盤となる品位の保持
2. 医師と患者
   (1) 患者の権利の尊重および擁護
   (2) 病名・病状についての本人および家族への説明
   (3) 患者の同意
   (4) 患者の同意と輸血拒否
   (5) 診療録の記載と保存
   (6) 守秘（秘密保持）義務
   (7) 患者の個人情報，診療情報の保護と開示
   (8) 応招義務
   (9) 緊急事態における自発的診療（援助）
   (10) 無診察治療等の禁止
   (11) 処方せん交付義務
   (12) 対診，およびセカンド・オピニオン
   (13) 広告・宣伝と情報提供
   (14) 科学的根拠のない医療
   (15) 医療に含まれない商品の販売やサービスの提供
   (16) 患者の責務に対する働きかけ
   (17) 医療行為に対する報酬や謝礼
   (18) かかりつけ医の責務
   (19) 外国人患者への対応
3. 終末期医療
   (1) 終末期患者における延命治療の差し控えと中止
   (2) 終末期患者のケア（terminal care；ターミナルケア）
   (3) 安楽死
4. 生殖医療
   (1) 生殖補助医療
   (2) 着床前診断
   (3) 出生前に行われる遺伝学的検査および診断

5. 遺伝子をめぐる課題
   (1) 医師の診療と遺伝子検査，遺伝学的検査
   (2) 遺伝カウンセリング
   (3) 企業が直接消費者に対し提供する遺伝子検査（DTC 遺伝子検査）
   (4) 遺伝子解析結果に基づく差別への配慮と医師の守秘義務
6. 医師相互の関係
   (1) 医師相互間の尊敬と協力
   (2) 主治医の尊重
   (3) 患者の斡旋や勧誘
   (4) 他の医師に対する助言と批判
   (5) 医師間の意見の不一致と争い
   (6) 医師間での診療情報の提供と共有
7. 医師とその他の医療関係者
   (1) 他の医療関係職との連携
   (2) 医療関連業者との関係
   (3) 診療情報の共有
8. 医師と社会
   (1) 医療事故発生時の対応
   (2) 医療機関内での医療事故の報告と原因の究明
   (3) 公的検討機関への医療事故の報告
   (4) 異状死体の届出
   (5) 被虐待患者の公的機関への通報，施設内での患者への虐待および身体拘束
   (6) 社会に対する情報の発信
   (7) メディアへの対応
   (8) 公衆衛生活動への協力
   (9) 保険医療への協力
   (10) 国際活動への参加
9. 人を対象とする研究
   (1) 人を対象とする医学研究の規制の国際的動向
   (2) 新薬の開発と ICH-GCP
   (3) 臨床研究に係る利益相反

出所）「医師の職業倫理指針（第 3 版）」日本医師会，2016 年 1 月

盛り込まれている。近年の医学の進歩は，新たな倫理問題を生んできており，今後の社会の情勢によっては，新たな改訂がなされることも見込まれる。

2）歯科医師の役割

　歯科医師は，診察や診断を行い，むし歯の処置や入れ歯などの製作と装着，歯並びの矯正，インプラントなどの外科的治療に加えて口腔領域の治療も行う。加えて，定期検診・健診などの予防歯科や保健指導，歯科の観点からの健康管理を担う役割がある。この歯科健診や口腔ケアの確認を通じて，悪性腫瘍などの他の疾患が見つかることもある。こうした歯科医師も，歯科診療における独占的な権限を持っており，医師同様に義務を負うと共に，歯科医師として診療するにあたり，国家試験合格後に 1 年間の臨床研修が義務づけられている。

　歯科医師が対応する口腔機能は「咀嚼（かみ砕く）・嚥下（飲み込む）・発音・唾液の分泌」など，「食べる」「話す」という健康な生活を営む上で重要な機能である。1989 年にスタートした「80 歳になっても自分の歯を 20 本以上保とう」という 8020 運動は，「食べる」「話す」等の生活において QOL 向上の観点から捉えることができる。高齢者の口腔衛生が悪化している場合，口腔ケアの基本ともなる日常生活のセルフケアに支障を来しているだけでなく，その背

景には，認知症の進行や経済的課題等の生活課題があることも少なくない。

認知症施策推進関係閣僚会議から示された認知症施策推進大綱（令和元年6月18日）では，高齢者が通い慣れた，かかりつけ歯科医療機関にも，認知症の早期発見・早期対応への期待が示されており，居宅介護支援事業所や地域包括支援センターなどの関係機関福祉専門職との連携も期待される。

3）薬剤師の役割

薬剤師の役割には，調剤，注射剤・抗がん剤の無菌調製，医薬品の管理と供給，医薬品情報の提供と管理，服薬指導などがある。さらに，病院薬剤師には，入院・外来を問わず，薬剤管理指導・服薬指導の観点からチーム医療への参画がなされている。

また，薬局薬剤師は，医師が発行する処方箋に基づいて調剤を行う医薬分業により，医療機関から独立した立場でチェックを行い，複数の医療機関からの処方の重複や過剰投薬・与薬防止が期待されている。さらに，薬局薬剤師には，かかりつけ薬剤師・薬局としての機能が求められ，服薬情報の一元管理・継続的把握や，患者宅への訪問対応や医療機関との連携といった在宅医療の担い手としての期待も高まっている。

4）保健師，助産師，看護師の役割

保健師，助産師，看護師は，保健師助産師看護師法（以下，保助看法）によって規定されている。保助看法は，医行為のうち，医師以外の職種に補助させることを認めることが定められている法律でもあり，理学療法士，作業療法士，言語聴覚士，臨床工学技士，救急救命士等の業務は，保助看法に基づく診療の補助業務の一部解除により，参加ができる規定とされている。

保健師は，名称独占資格であるが，その主な役割は，あらゆる年齢層の人びとの疾病予防およびQOLの維持・向上に貢献することである。保健所や市町村に所属する行政保健師は，個別対応に加え，地域の健康課題を把握し，地域住民の健康増進に向け，地域診断や地域づくり，地区組織への対応を担う役割がある。行政以外の職域では，企業に所属し，メンタルヘルス対策等に取り組む産業保健師や学校の養護教諭としても活躍している。

助産師は，助産（分娩介助）および妊婦，じょく婦（分娩後の女子）若しくは新生児の保健指導を行うことを業務としている。助産師は，妊婦，産婦，じょく婦，胎児又は新生児に異常があると認めたときは，医師の診療を求めねばならない。異常を認めた場合は，助産師自らの処置は禁止されているが，臨時応急の手当は，この限りでない，との例外規定もある。

看護師は，医師の指示のもとで，診察・治療等に関連する業務や患者の療養生活の支援に関する役割を担う。また，職域は，外来・病棟に限らず，地域医療連携業務や訪問看護等の在宅医療の担い手としても位置づいている。この在宅医療の担い手としての期待を背景に，2015年度に「特定行為に係る看護師

チーム医療

医師だけでなく，各専門職や機関が連携をはかり，協力し合って治療に関わっていくこと。わが国では医師の診断や治療方針，指示に基づいて，他のコメディカル・スタッフが援助を行っているところが多い。患者や家族の医療，福祉に対するさまざまなニーズに十分に対応し，より良質なサービスの提供が行われるためには，医師だけでなく多くの専門職の関わりが必要であり，それぞれの専門的な視点から多角的な支援ができるよう，各スタッフが密に連携し，それぞれの職種の専門性を尊重したチーム医療が行われることが望ましい。

の研修制度」が創設され，あらかじめ医師・歯科医師から指示のある特定行為に対する手順書を基に，脱水症状に対する判断と輸液などの特定行為を行う看護師が養成され，実践し始めている。

　助産師と保健師は，看護師資格を有する者が，さらなる教育課程と国家試験を経てなることができる資格である。

5) 理学療法士，作業療法士，言語聴覚士の役割

　理学療法士は，脳卒中，骨折，呼吸器や心疾患に伴う障害，スポーツ障害等が生じた時，起き上がる，立つ，歩くといった日常生活上での必要な基本的動作能力の回復・維持に向け，運動や動作指導，温熱・電気を用いた治療等の役割を担う。法定義において，理学療法とは，「身体に障害のある者に対し，主としてその基本的動作能力の回復を図るため，治療体操その他の運動を行わせ，及び電気刺激，マッサージ，温熱その他の物理的手段を加えることをいう（理学療法士及び介護福祉士法　第二条)」と定められている。この理学療法の対象は広がりをみせ，高齢者の運動機能低下予防や生活習慣病予防等の予防医学や健康増進を対象とした取り組みが行われている。

　作業療法士には，食事，トイレ，書く，家事等の生活を送る上で必要な，すべての日常生活の応用的動作能力の回復，維持をはかる役割がある。さらには，地域活動への参加，就労・就学への準備などの社会復帰支援も行う。

　法定義において，作業療法とは，「身体又は精神に障害のある者に対し，主として，その応用的動作能力又は社会的適応能力の回復を図るため，手芸，工作その他の作業を行わせることをいう（理学療法士及び介護福祉士法　第二条2)」と定められている。この作業療法の対象は，発達支援が必要な子どもや認知症患者・利用者等と広がりをみせ，活躍の場も入院医療だけではなく，在宅医療や就労支援における役割も大きなものとなっている。

　言語聴覚士は，「読む，書く，話す，聞く」といった言語・聴覚，「話す，笑う」といった発声・発語，さらには，「噛む，食べる」といった摂食・嚥下が，病気や事故に伴い支障を来す場合や，生まれつきの障害を抱える方に対し，その機能の維持向上を図るために，言語訓練等の訓練や，それに伴う検査及び助言，指導その他の援助を行うと共に，嚥下訓練，人工内耳の調整等を行う役割を担う。

6) 管理栄養士の役割

　管理栄養士とは，傷病者に対する療養のための栄養指導や，食事や栄養の側面から，医学管理，給食管理，栄養管理を行う。病気によって生ずる栄養障害や，手術や薬などの治療に伴う副作用としての栄養障害への対応のみならず，糖尿病や脂質異常症などの生活習慣病の患者への個別指導や糖尿病教室等の集団指導は，入院・外来患者に対して行われる。院内連携においては，栄養サポートチーム（NST）や，褥瘡チーム，緩和ケアチーム等のチーム医療の一員

図表 7 - 3　各職種の根拠法に基づく定義一覧

職　種	定　義
医　師	医師は，医療と保健指導を司ることによって，公衆衛生の向上と増進に寄与し，国民の健康的な生活を確保する。（医師法第 1 条）
薬剤師	薬剤師は，調剤，医薬品の供給その他薬事衛生をつかさどることによって，公衆衛生の向上及び増進に寄与し，もつて国民の健康な生活を確保するものとする。（薬剤師法第 1 条）
看護師	厚生労働大臣の免許を受けて，傷病者若しくはじょく婦（褥婦（じょくふ）／出産後の女性）に対する療養上の世話，又は診療の補助を行うことを業とする者をいう。（保健師助産師看護師法第 5 条）
理学療法士	厚生労働大臣の免許を受けて，理学療法士の名称を用いて，医師の指示の下に，「理学療法」を行うことを業とする者をいう。（理学療法士及び作業療法士法第 2 条）
作業療法士	厚生労働大臣の免許を受けて，作業療法士の名称を用いて，医師の指示の下に，「作業療法」を行うことを業とする者をいう。（理学療法士及び作業療法士法第 2 条）
言語聴覚士	厚生労働大臣の免許を受けて，言語聴覚士の名称を用いて，音声機能，言語機能又は聴覚に障害のある者についてその機能の維持向上を図るため，言語訓練その他の訓練，これに必要な検査及び助言，指導その他の援助を行うことを業とする者をいう。（言語聴覚士法第 2 条）
管理栄養士	厚生労働大臣の免許を受けて，管理栄養士の名称を用いて，傷病者に対する療養のため必要な栄養の指導，個人の身体の状況，栄養状態等に応じた高度の専門的知識及び技術を要する健康の保持増進のための栄養の指導，特定多数人に対して継続的に食事を供給する施設における利用者の身体の状況，栄養状態，利用の状況等に応じた特別の配慮を必要とする給食管理及びこれらの施設に対する栄養改善上必要な指導等を行うことを業とする者をいう。（栄養士法 1 条 2 項）
介護福祉士	介護福祉士の名称を用いて，専門的知識及び技術をもつて，身体上又は精神上の障害があることにより日常生活を営むのに支障がある者につき心身の状況に応じた介護を行い，並びにその者及びその介護者に対して介護に関する指導を行うこと（以下「介護等」という。）を業とする者をいう。（社会福祉士及び介護福祉士法第 2 条 2 項）
精神保健福祉士	精神保健福祉士の名称を用いて，精神障害者の保健及び福祉に関する専門的知識及び技術をもって，精神科病院その他の医療施設において精神障害の医療を受け，又は精神障害者の社会復帰の促進を図ることを目的とする施設を利用している者の社会復帰に関する相談に応じ，助言，指導，日常生活への適応のために必要な訓練その他の援助を行うこと（以下「相談援助」という）を業とする者をいう。（精神保健福祉士法第 2 条）

としての役割を担う。さらに，個人の身体状況や栄養状態等に応じた健康保持増進に向けた栄養指導を行う役割もある。

(2) 介護福祉士，精神保健福祉士の役割

1) 介護福祉士

　介護福祉士は，身体上又は精神上の障害があることにより日常生活を営むのに支障がある者に対して，食事・入浴・排泄・移動介助や趣味活動等の支援を担う。この一つひとつの介助は，日常生活のなかでの基本的な行為であり，人間の尊厳とも関わる介助であることから，信頼関係を基に，利用者の価値観を把握し，安全かつ安楽なものとなるように心がける必要がある。

　介護福祉士の職域としては，介護老人福祉施設等の入所施設や小規模多機能型居宅介護や訪問介護等の地域での介護事業所などがあげられ，入所・在宅の別を問わず，介護専門職としての中心的担い手となっている。さらに，団塊の世代が後期高齢者を迎える 2025 年問題でも，2040 年以降の人口減少社会においても，利用者の地域での暮らしを支える介護福祉士への役割期待は，大きいものがある。

2) 精神保健福祉士

　精神保健福祉士は，1987 年の社会福祉士及び介護福祉士法施行の 10 年後と

なる 1997 年に精神保健福祉士法が，議員立法として提案・成立して誕生した
ソーシャルワーク専門職としての国家資格である。主な役割は，精神障害者の
在宅生活への移行や，社会復帰に関わる生活支援として住まいや仕事・学校等
の社会生活を送る上での相談援助や就労支援等の役割，メンタルヘルスへの対
応やいじめ・不登校生徒の支援，触法障害者の社会復帰支援である。

　その職域としては，法施行時の主な機関であった精神科病院・診療所，保健
所，精神保健福祉センターに加え，地域での生活支援施設や司法施設である保
護観察所，矯正施設等での実践も行われており，活躍の場が広がっている。さ
らに，制度上でも，精神科医療機関への診療報酬上の位置づけ，精神障害者社
会復帰施設である生活訓練施設や授産施設，地域生活支援センターでの配置が
規定されてきている。

　精神保健福祉士への役割期待のひとつとして，就労支援がある。精神障害者
の就労は，他の障害に比べ職業定着率は低い傾向にある。その一方で，障害者
雇用率改正の影響もあり，平成 30 年障害者雇用統計よると，身体障害者は
346,208.0 人（対前年比 3.8 % 増），知的障害者は 121,166.5 人（同 7.9 % 増），精神障
害者は 67,395.0 人（同 34.7 % 増）と，前年度対比では精神障害者の伸び率が最も
大きく，急速に精神障害者の雇用は広がっている。就労支援としての就労移行
支援，就労継続支援，就労定着支援において，精神障害者自身が，自身の特性
と就労形態や特性とのマッチング，人間関係を良好に保てる環境づくりができ
るようにすることなどの，個々の精神障害者の状況に応じた環境づくりのサポー
トといった精神保健福祉士が果たす役割への期待はますます大きくなっている。

(3) 介護支援専門員，居宅介護従事者の役割
1) 介護支援専門員 (ケアマネジャー)

　介護支援専門員（ケアマネジャー）には，介護に関わる相談や介護保険サービ
ス等の情報提供をふまえて，介護サービス計画（ケアプラン）を作成し，利用者
の同意の上で，市町村，サービス事業者等との連絡調整を行う役割等がある。

　さらに，介護サービス計画（ケアプラン）の実施後には，月に一回利用者宅等
への訪問やサービス担当者との連携によるモニタリングとフォローアップ，再
アセスメントがなされていく。

　介護サービス計画（ケアプラン）は，利用者及びその家族の生活に対する意向，
総合的な援助の方針，生活全般の解決すべき課題，提供されるサービスの目標
及びその達成時期，サービスの種類，内容及び利用料並びにサービスを提供す
る上での留意事項等が記載され，この計画に基づいて，各サービス提供機関が
サービスを提供していく重要な位置づけのものである。

　居宅でも施設生活でも，適切な介護保険サービス等を，利用者が納得して利
用できるようにする為には，信頼関係の構築を行いながら，要介護者と共に，

心身の状況等に応じたアセスメントとプランの検討を行うことが重要となる。

　介護支援専門員（ケアマネジャー）は，原則として，看護師，社会福祉士，介護福祉士などの資格を有し，実務経験5年以上ある人が，都道府県が行う試験を合格の後，実務研修を受講し都道府県に登録する公的資格である。多様な基礎資格がありうるが，実際に就労している介護支援専門員（ケアマネジャー）の基礎資格の半数以上は，介護福祉士が占めている実情がある。

2）居宅介護従業者

　居宅介護従業者とは，介護福祉士の他，社会福祉に関する講義や演習・実習などを含む所定の基準を満たす研修を修了したものを指す。その主な役割は，障害者の日常生活及び社会生活を支援することである，従事者が行う介護内容は，身体介護，家事援助，通院等の居宅介護，重度訪問介護，行動援護などがあるが，その内容ごとに資格要件が定められている。たとえば，行動援護とは，知的障害や精神障害・発達障害で行動上困難があり，日常的に介護が必要な方への援護を指し，日常生活や外出時のサポートを行う役割がある。

2　保健医療領域における連携と協働

（1）院内連携
1）保健医療領域における院内連携

　保健医療領域における院内連携の必要性は，ますます高まっている。

　患者は，病気の発症により，仕事や家族役割などに支障を来すなどの課題を抱えることもある。一方で，過重労働や家族関係の悪化などの仕事や家族役割などの社会的側面の変化や，過剰なストレスなどの心理的側面，さらには経済的課題等により，身体的課題＝疾患が発症することも少なくない。つまり，身体的側面，心理的側面，社会的側面は密接に連動しており，その課題は複雑化してきている。

　一方で，在院日数は短縮化傾向にあり，院内で社会福祉士を含めた多職種での院内連携により，短期間で多面的な支援を行う必要性があるといえる。

　こうした院内連携の構造を理解する上で，保健医療機関の組織形態が，マトリクス組織として，二重の指示系統を持つ点を理解する必要がある。保健医療機関では，一般の会社同様に，上司からの命令といった官僚制の原理に根拠を持つ縦のラインと，多様多種な専門職が，専門性（プロフェッショナリズム）の原理に根拠を持つ多職種チームという横のラインの各々での指示系統を持つ。このため，構造的に，雇用組織への帰属と専門職への帰属を持つという特性がある。この構造は，一定の組織ルール内で対応が可能な課題については，専門性の結びつきで対応されるものの場合には，大きく表面化しないものの，組織のルールや機能にも関わる課題への対応にあたっては，各専門職は，縦ライン

の代表者としてチームに参画しているという側面を強く持つこととなる。

　院内連携は，入院・外来などを問わず行われる。特に，入院や退院は，患者にとっては，人生の転換期となる可能性もある重要な局面となる。一方，病院にとっては，在宅復帰率やアウトカム評価といった診療報酬上の規定と病床稼働率といった生産性の観点から経営に直結する局面でもある。両者の調整に際して，時に葛藤が生じる場面がある。この葛藤状況において，発揮される調整機能も社会福祉士の専門的機能といえる。しかしながら，個々の患者に対する支援には限界もある。この限界に出会った時，ソーシャルワーク専門職である社会福祉士は，病院の機能上の限界（＝社会制度上の制限）を患者や家族に伝えるだけでなく，院内連携や組織システムの課題，地域医療連携や地域社会の課題として捉える視点を持ち，個人・組織・地域関係機関，地域づくりの観点からの取り組みを志向していくことが必要となる。

2）院内連携における多職種チームモデルと機能

　院内連携では，多様な側面を持っている患者や家族に対して，さまざまな立場から関係者が関わることとなる。この時，院内連携が効果的に展開するためには，チームメンバーが，チームモデルに関する共通認識を持つことが必要となる。

　チーム医療における，医師と他の職種の関係は，対等な立場で協力する連携体制が志向されている。しかしながら，チームの課題によって，協働・連携の程度は異なる。さらに，場面や課題によってモデルチェンジしながら，チームを形成することもある。

　また，院内連携を効果的に進めていく為のチームワーク形成にあたっては，チームメンバーの情報レベルの相互把握が必要であり，各々の判断の根拠を示した連携が必要となる。このチームには，目標の達成や問題解決の過程をたどり，活動を推進するタスク機能と，チーム内で，お互いをサポートしあい，チームコンフリクトを調整・マネジメントするとともに，集団としてチームを維持，補修し，強化を意図的に行っていくメンテナンス機能があり，この両機能が，車の両輪のように発揮されることにより，チームコンピテンシーが発揮

図表７－４　多職種チームの３つのモデルの特徴

	マルチディシプリナリー・モデル	インターディシプリナリー・モデル	トランスディシプリナリー・モデル
チームの課題	人命に関わる可能性がある緊急な課題	人命に関わる緊急性が少ないが複雑な課題	必要かつ統一的なケアの提供といった課題
協働・連携の程度	チーム内で与えられた専門職としての役割を果たす	各専門職が協働・連携してチームのなかで果たすべき役割を分担	意図的・計画的に専門分野を超えて横断的に共有
主な活動の場（局面）	救命救急室や手術室等の場（迅速な対応が必要な局面）	リハビリや在宅等，協働・連携を重視する場（多面的検討が必要な局面）	在宅や入所ケア等において，資格等での制限がなく役割交代可能な場
階層性と役割の開放性	有り／無し	無し／一部有り	無し／有り

出所）菊地和則「多職種チームの３つのモデル」『社会福祉学』39（2），1999年，pp.273-290 をもとに，筆者一部修正

されていく。これらの機能の発揮にはスタッフの資質やリーダーシップが重要な要素であるとともに，外部サポートの有無もカギとなる。

(2) 地域医療連携（病診連携，病病連携）

　地域医療連携とは，医療機関と医療機関の間での連携のことである。この地域医療連携の背景には，今日的な医療提供体制がある。今日的な医療提供体制は，ひとつの病院で，急性期から回復期，維持期，在宅医療までを担う，かつての病院完結型医療から，病院（病床）個々の機能を分け，地域全体で医療の提供を行う地域完結型医療への転換が志向されている。この地域完結型医療の実現には，病診連携，病病連携による地域医療連携が不可欠である。

　まず，病診連携とは，診療所と病院が役割分担を進め，診療所が，かかりつけ医の機能を発揮し，初期診療や慢性疾患の継続的な治療を担い，精密検査や入院医療が必要な場合には，病院を受診するという連携である。病診連携は，すべての医療機関で行われることが想定されるが，なかでも，在宅療養支援診療所では，がん患者の緩和ケア等の 24 時間の在宅療養の中核を担う役割期待がなされており，緊急時に入院できる病床を常に確保することも施設要件とされており，病診連携は，必須の機能である。また，この連携機能の中心的担い手として社会福祉士を配置する機関もみられてきている。

　また，病院と病院の間の連携を病病連携という。病病連携は，急性期と回復期機能等の機能の異なる病院間や専門の異なる病院間で行われる。病院が自らの機能を発揮する上でも，患者にとって効果的な医療を適切な時期に提供する上でも，連携業務は，各病院の重要な業務として，地域連携室などの名称の部門を設置し，連携機能を果たすことを業務としている病院も多い。病病連携を効果的にすすめる為の方策のひとつとして，地域連携クリティカルパスがある。地域連携クリティカルパスは，診療計画（施設毎の診療内容と治療経過，最終ゴール等）を，機能の異なる複数の医療機関が，役割分担を含め，あらかじめ診療内容を患者に提示・説明することにより，転院早々から切れ目の無い治療やリハビリを提供することができるため，患者が安心して医療を受けられるようにするものである。

　病診連携，病病連携，その手段としての地域連携クリティカルパスの活用のいずれにおいても，日常的な関係職種間の関係形成が地域医療連携を促進していく上で重要となる。

(3) 地域包括ケアシステムにおける連携

　地域包括ケアシステムにおいては，多様な機関・職種が連携する必要がある。

　今日のわが国では，かつては死に至っていた疾患の治療法が確立されたことにともない慢性疾患が増加しており，病気と共に生きていく時代ともいえる。

　さらに，いずれの世代でも，施設や病院ではなく，自宅等で暮らすこと支える地域包括ケアシステムが志向されている。この地域包括ケアシステムにおける医療の役割は，生命だけではなく，生活，人生をも視野に入れたLIFEを支え，可能な限り住み慣れた地域での暮らしを支える役割がある。患者が抱える問題は，患者だけの問題ではなく，世代間，家庭全体，さらには地域社会の課題であることも少なくない。このため，一人の人を支える為にも，人が抱える問題に対応する地域包括ケアシステムの構築が目指され，多様な課題に対し，多様な人が関わる地域包括ケアシステムにおける連携は，要ともいえる。

　地域包括ケアシステムでは，地域に所在する医療・福祉・保健の専門職や，町内会や近隣住民でのインフォーマルネットワークなど，さまざまな地域の関係者が関わり，連携・協働することとなる。この連携・協働においては，特に専門職間連携の場合，連携職種の背景にある組織構造やルール・文化も理解する必要がある。特に，通常の組織機能では対応できない場合には，対応する専門職は，院内連携でも述べたように専門性と官僚制のなかにいる組織の代表者としての顔を持つことを理解すると良い。

　たとえば，入退院にあたって，病院と介護支援専門員（ケアマネジャー）の間で，どのような患者についての情報共有を行う必要があるかについて，情報提供すべき患者像が一致していない場合がある。この認識の不一致により，本来ならば生活の場の変化に伴う課題への対応にあたっての情報の流れを遮断し，結果的には，患者・利用者の不利益となってしまう可能性もある。

　このため，互いの認識の共有等を重ね，地域関係者での入退院ルールづくりを行っている地域もある。この認識の共有には，関係者相互の背景理解と価値の確認が重要である。関係者が思っていることをひとまずすべて出し合う場作りを行い，背景の共有は，書面中心での連携から互いの顔が見える関係作り，さらには，価値が見える関係へとつなげていくきっかけとなる。こうしたネットワークには，連携担当者だけではなく，課題のレベルに応じて，病院の多職種部門責任者や地域関係機関責任者らを巻き込むことが効果的である。

　関係機関・団体との連携・協働にあたっては，地域の関係者・団体の機能・特徴を把握し，各々の主体性を保証した対等かつ平等な関係づくりが，極めて重要となる。対等かつ平等な関係は，意図的に創り出そうとせねばできないものの，この関係が，網目のようにつながり，情報を共有したり，サービス・資源を提供することができれば，資源間・メンバー間の相互作用を促進できる可能性がある。こうした，汎用性の高い地域ケアシステム構築にあたり，連携・協働は必要要素といえる。

3　社会福祉士と医療ソーシャルワーカー

　医療ソーシャルワーカーとは，保健医療機関におけるソーシャルワーカーのことであり，その基礎資格は社会福祉士である。社会福祉士は名称独占の資格であるが，医療ソーシャルワーカーの職能団体である（公）日本医療社会福祉協会の 2015 年度調査によると，91％ が社会福祉士有資格者であるとしている。この傾向は，診療報酬への社会福祉士の位置付けが拡大していることによるところが大きいが，資格専門職の集まりである保健医療機関において，自らが，依って立つ基盤として国家資格を求めてきた歴史的背景もある。

　一方で，社会福祉士は，多様な分野におけるソーシャルワーク専門職である。

　医療は，地域社会のなかにあり，子ども，障害者，高齢者など，直接的なクライエントだけではなく，多世代家族も関連した複合的な課題を含むことも少なくなく，多分野との連携は，必然である。

　さらに，病によって，地域社会の既存のシステムでは解決できない課題が表面化することも少なくない。このため，医療ソーシャルワーカーとしての社会福祉士には，クライエントのニーズ・生活課題（ミクロレベル）は「地域（メゾレベル）」の課題かもしれないとの気づきと，地域への発信，資源開発や新たな社会づくりへ取り組みも期待される。

　たとえば，近年顕在化してきている課題のひとつに，身元保証問題がある。身寄りがいない，身寄りはあるとしても疎遠であることや，経済的支援が困難等のさまざまな理由から，身元保証が無い患者が転院しようとした時に，転院先から断られるという問題である。これは，地域課題であり社会全体の問題でもある。

　厚生労働省（2018）は，こうした現状を踏まえ，医師の応招義務を根拠として，「入院による加療が必要であるにもかかわらず，入院に際し，身元保証人等がいないことのみを理由に，医師が患者の入院を拒否することは，医師法第 19 条第 1 項に抵触する。」と医政局医事課長名での通知を出している。しかし，通知後も，同様の問題が生じているとの指摘もある。受入に難色を示す医療機関からは，重篤な状態になり，判断能力の低下した際の治療方針の検討や実施に際しての医療同意における責任の所在や，死後対応等への懸念の声もあり，一医療機関だけの問題ではない側面もある。

　しかしながら，身元保証がないということだけで，受けられる医療に差異が生じることは，解消せねばならない問題である。このような問題に出会った時，医療ソーシャルワーカーを含む地域の社会福祉士は，地域社会にこうした事象が起きていることの事実を共有し，正しい知識の確認，解決課題の整理，さらには，地域の関係機関との協議を行い，必要に応じ施策の整備に向けた，働きかけを行っていくことが望まれる。

　院内・地域での連携・協働は，個別患者の情報共有はもちろんのこと，地域課題の共有や取り組みも必要となる。この際，基盤となる価値や権利擁護の視点は，目に見えないものだからこそ，共有していくことが，連携・協働を進める上で重要となる。

プロムナード

　チーム医療を図示するとしたら，どのような図を描きますか？ピラミッド型，円形などが想像されます。最近では，医療職と患者との対等な関係性を示す意味から，円形で描かれることが多くなってきました。
　では，チーム医療を円形で描くとしたら，真ん中に何を書きますか。患者，あるいは患者・家族を描くかもしれません。この図からは職種間の対等性を示すとともに，患者，患者・家族をたくさんの職種でサポートしていくことをイメージできます。その一方で，自分の重要なプライバシーである病気や生活について，たくさんの第三者が関わっていることをイメージするという見方もできます。そこに権威が加わると，抑圧環境のなかにいると認識することもありえます。さらには，円形のチーム医療のメンバーのなかに患者，患者・家族を描き，真ん中に，目的や患者，患者・家族の問題を置き，患者・家族と専門職が一緒の目的や問題解決に向かって取り組んでいくというチーム医療の構造も考えられます。このように，考え方，立場によって，見え方は変わるものです。
　最近では，実践現場での多職種連携 IPW（inter-Professional Work）の重要性を踏まえ，多職種連携教育 IPE（Inter-Professional Education）への取り組みも広がってきています。あなたが参加・イメージする多職種連携を行うチーム医療は，どのような図になりますか？一度，考えてみてはどうでしょうか？

学びを深めるために

細田満和子『「チーム医療」とは何か―医療ケアに生かす社会学からのアプローチ』
日本看護協会出版会，2012 年
　　チーム医療を「専門職志向」「患者志向」「職種構成志向」「協働志向」という
4 つの志向性から類型化し，諸要素を基に，チーム医療における困難性を分析し，
チーム医療への期待と展望が述べられています。
篠田道子『多職種連携を高めるチームマネジメントの知識とスキル』医学書院，
2011 年
　　多職種連携の構造やチームマネジメントや，ファシリテーションやコンフリクト・マネジメント等の技術理解のポイント，病床機能や退院支援・災害等の支援局面毎のチーム機能特性に応じたチームマネジメント例が示されています。
矢原隆行『リフレクティング～会話についての会話という方法』ナカニシヤ出版，
2016 年
　　トム・アンデルセンらが提唱した「リフレクティング」を基に，「はなす」＝外的会話（他者との会話），「きく」＝内的会話（自分との会話・自分の内なる他者との会話）を解説すると共に，職種間連携促進プログラムも例示されている理論書であり手引きです。

第 8 章

保健医療領域における
支援の実際

1　保健医療領域における社会福祉専門職

わが国には，特定機能病院や地域医療支援病院等をはじめとし，さまざまな機能を有する保健医療機関が存在する。当然のことながら，それぞれの保健医療機関が持つ機能性に応じて，対象となる患者の傷病は異なり，それにより，患者や家族のニーズ傾向も異なりをみせる。また，同じような機能を有する保健医療機関であっても，所在地によって，その地域で暮らす人びとの環境には違いがみられ，その結果，地域によって，患者，家族が抱える問題に差異がみられる。その為，医療ソーシャルワーカーは，地域性や所属機関の特性等を理解したうえで，実情に応じた柔軟な対応が求められる。しかしながら，社会福祉専門職として相談支援を行ううえでは，臨機応変な対応の基盤となる，すべての医療ソーシャルワーカーが共通認識するべき業務内容が必要となる。それが，「医療ソーシャルワーカー業務指針」である。

医療ソーシャルワーカーの業務基準の先駆けは，1948（昭和13）年の厚生省編纂「保健所運営指針」内の第14章「保健所に於ける医療社会事業」である。「保健所に於ける医療社会事業」では，「病気になった際個人は，医療の外，環境の問題についても，援助を必要とすることがある。他方環境や感情状態が病気に影響をあたえることは認められてきている」と述べ，病気による生活への影響を認める内容が示されている。また，「医療そのものが非常に複雑なものとなってきた為，患者ないしはその家族が医師の医療に関する指示を理解したり，これに協力することが次第にむずかしくなってきている」ということも考慮し，「医療社会事業とは患者の家庭事情社会的事情等を正当に，考慮に入れる一つの方法である」とし，医療における社会福祉の重要性について述べられている。

また，1958（昭和33）年，厚生省公衆衛生局長通知「保健所における医療社会事業の業務指針について」においても，保健所における業務に関する指針が出された。ただ，いずれの指針においても，「保健所」における医療ソーシャルワーカーに特化した業務内容であり，保健医療領域における医療福祉という全体を網羅するような業務指針とはいえなかった。

その後，特定の施設や機関だけではなく，医療ソーシャルワーカーが専門職として共有する業務指針として，現在の形に整えられたのは，1989（平成元）年，厚生省健康政策局通知の「医療ソーシャルワーカー業務指針」である。

そもそも，1987（昭和62）年に制定された「社会福祉士及び介護福祉士法」における社会福祉士は，福祉領域に限定されており，医療領域を含まない職種とされた。したがって，当時の社会福祉士は，傷病者を対象としていないという点において，医療ソーシャルワーカーとは一線を画す資格とみなされていた。その為，厚生省は，将来的な医療ソーシャルワーカーの資格（医療福祉士（仮

ニーズ

人間が社会生活を営むうえで必要不可欠な基本的要件を欠いた場合，発生するのがニーズである。ニーズは福祉サービスに対する必要，要求，需給，需要，困窮等と訳すことができ，その性質によって分類される。主なものとして，潜在的ニーズと顕在的ニーズ，規範的ニーズと比較的ニーズ，貨幣的ニーズと非貨幣的ニーズがあげられる。また，ニーズを把握することにより，サービスの方法もミクロ的視点にたった個人，家族などの個別的援助と集合的にとらえるマクロ的な視点の政策的対応とがある。

称））の法制化を念頭に置いたうえで，医療ソーシャルワーカーの資質向上を目的とし，業務指針の作成，普及を目指したのである。

　当時，特定の国家資格を有していなかった医療ソーシャルワーカーであったが，医療ソーシャルワーカー業務指針の提示によって，「医療ソーシャルワーカーとは何者か？」という世間の疑問に応えることで，医療ソーシャルワーカーが，保健医療領域において重要な役割を担う専門職として，社会的認知を高める，大きな一歩となった。

　その後，医療ソーシャルワーカーは新しい国家資格を求めることなく，社会福祉士のメンバーとして，社会福祉士の一本化を目指した。2006（平成18）年，社会福祉士養成の指定実習施設として，医療機関が加えられたことをもって，医療ソーシャルワーカーは社会福祉士の一員として認められた。現在では，社会福祉士を目指す多くの学生が，医療機関で実習を行っている。

　なお，1989年に作成された医療ソーシャルワーカー業務指針は，2002（平成14）年に改正され，その内容にて，現在に至っている。改正された業務指針のなかで，医療ソーシャルワーカーが「社会福祉学」を基にした専門職であると明記されている。これにより，医療ソーシャルワーカーは，保健医療領域における「社会福祉専門職」であることを示したのである。

　医療ソーシャルワーカー業務指針は，1. 趣旨，2. 業務の範囲，3. 業務の方法等，4. その他，の4項目で構成されている。

　趣旨では，医療ソーシャルワーカー業務指針をつくった背景として，少子高齢化，疾病構造の変化，一般国民生活水準の向上や意識の変化に伴い，国民の医療ニーズが高度化，多様化してきていること等をあげており，「これらの実情を鑑み，医療ソーシャルワーカー全体の業務の範囲，方法等について指針を定め，資質の向上を図るとともに，医療ソーシャルワーカーが社会福祉学を基にした専門性を十分に発揮し業務を適正に行うことができるよう，関係者の理解の促進に資することを目的」（下線著者）として，業務指針が作成された旨，述べられている。

　医療ソーシャルワーカーの業務の範囲としては，病院等において管理者の監督のもと，(1) 療養中の心理的・社会的問題の解決，調整援助，(2) 退院援助，(3) 社会復帰援助，(4) 受診・受療援助，(5) 経済的問題の解決，調整援助，(6) 地域活動の業務を行うとしている。各項目の業務内容については，次節にて述べているが，いずれの内容も，どの保健医療機関に所属する医療ソーシャルワーカーであっても，共通した業務であり，認識すべき内容である。

　「ソーシャルワーカー倫理綱領」及び「医療ソーシャルワーカー倫理綱領」とともに，「医療ソーシャルワーカー業務指針」は，医療ソーシャルワーカーが相談援助の専門職として業務を行うにあたり，大切な指標なのである。

2　医療ソーシャルワーカー業務指針における業務の範囲

　前述の通り，医療ソーシャルワーカー業務指針における業務の範囲として，(1) 療養中の心理的・社会的問題の解決，調整援助，(2) 退院援助，(3) 社会復帰援助，(4) 受診・受療援助，(5) 経済的問題の解決，調整援助，(6) 地域活動の6項目が明記されている。

　本節では，医療ソーシャルワーカー業務指針でまとめられている各業務についてみていくが，実際に業務を行う際，各業務が，明確に分けられ個別で存在するのではない。いくつかの業務が組み合わされて，新たな業務内容が生まれてくる。医療ソーシャルワーカーは，患者，家族の生活に視点をおくことで，柔軟かつ応用を利かせた幅広い業務を行うことが重要なのである。(下記，各項目冒頭の内容は，医療ソーシャルワーカー業務指針を抜粋したものである。)

(1) 療養中の心理的・社会的問題の解決，調整援助

　入院，入院外を問わず，生活と傷病の状況から生ずる心理的・社会的問題の予防や早期の対応を行うため，社会福祉の専門的知識及び技術に基づき，これらの諸問題を予測し，患者やその家族からの相談に応じ，次のような解決，調整に必要な援助を行う。

① 受診や入院，在宅医療に伴う不安等の問題の解決を援助し，心理的に支援すること。

② 患者が安心して療養できるよう，多様な社会資源の活用を念頭に置いて，療養中の家事，育児，教育就労等の問題の解決を援助すること。

③ 高齢者等の在宅療養環境を整備するため，在宅ケア諸サービス，介護保険給付等についての情報を整備し，関係機関，関係職種等との連携の下に患者の生活と傷病の状況に応じたサービスの活用を援助すること。

④ 傷病や療養に伴って生じる家族関係の葛藤や家族内の暴力に対応し，その緩和を図るなど家族関係の調整を援助すること。

⑤ 患者同士や職員との人間関係の調整を援助すること。

⑥ 学校，職場，近隣等地域での人間関係の調整を援助すること。

⑦ がん，エイズ，難病等傷病の受容が困難な場合に，その問題の解決を援助すること。

⑧ 患者の死による家族の精神的苦痛の軽減・克服，生活の再設計を援助すること。

⑨ 療養中の患者や家族の心理的・社会的問題の解決援助のために患者会，家族会等を育成，支援すること。

　多くの人びとは，風邪を引くなどして高熱で寝込んでしまった経験があると

家族会

　疾患や障害をはじめとして，さまざまな問題や課題を抱える当事者の家族を対象とした，セルフヘルプグループ（自助組織）のことである。アルコール依存症の当事者の家族，不登校やひきこもりの問題を抱える当事者家族，高齢者・認知症等の介護を担う家族，等があげられる。共通の悩みを家族同士で語り合い，励まし，支え合うことを目的とする。たとえば，精神障害者の家族会では，精神疾患についての正しい知識や精神障害者が利用できる保健福祉制度を勉強したり，施設を運営したり，啓発活動等を行っている。

思う。その時のことを思い出して欲しい。起きると頭痛がひどく，身体がだるくて，思うように動かない。食事も喉を通らない。布団にもぐりこみ，一日中，寝るしかない。

　その時に味わう，何とも言えない孤独感，疎外感。急に弱気になったり，消極的な気持ちになってしまったり。そんな経験はないだろうか。

　健康で元気に過ごしている時には，思いつきもしなかった不安と焦燥感。病気や怪我を負った時に，この苦しみや悲しみが襲いかかってくるのである。夫，妻，父，母，子ども，職業人，学生等・・，人はそれぞれ，複数の役割を抱えながら生きている。一人ひとりにとってどれも大切な役割であるが，病気や怪我を負うことでその役割が担えなくなる場合も考えられ，結果，家庭崩壊につながりかねないリスクを抱えることとなる。病気や怪我を負う前と同じように，役割を担うことができるかどうか代替案はあるのか，不安は募るばかりである。

　医療ソーシャルワーカーは，病気や怪我を抱えた患者や家族のさまざまな不安な想いを受けとめ，患者や家族が抱く焦燥感の大きな原因のひとつである療養中の家事，育児，教育，就労等の問題に対する具体的解決に向けて支援を行っていくのである。

（2）退院援助

　生活と傷病や障害の状況から退院・退所に伴い生ずる心理的・社会的問題の予防や早期の対応を行うため，社会福祉の専門的知識及び技術に基づき，これらの諸問題を予測し，退院・退所後の選択肢を説明し，相談に応じ，次のような解決，調整に必要な援助を行う。

① 地域における在宅ケア諸サービス等についての情報を整備し，関係機関，関係職種等との連携の下に，退院・退所する患者の生活及び療養の場の確保について話し合うとともに，傷病や障害の状況に応じたサービスの利用の方向性を検討し，これに基づいた援助を行うこと。

② 介護保険制度の利用が予想される場合，制度の説明を行い，その利用の支援を行うこと。また，この場合，介護支援専門員等と連携を図り，患者，家族の了解を得た上で入院中に訪問調査を依頼するなど，退院準備について関係者に相談・協議すること。

③ 退院・退所後においても引き続き必要な医療を受け，地域のなかで生活をすることができるよう，患者の多様なニーズを把握し，転院のための医療機関，退院・退所後の介護保険施設，社会福祉施設等利用可能な地域の社会資源の選定を援助すること。なお，その際には，患者の傷病・障害の状況に十分留意すること。

④ 転院，在宅医療等に伴う患者，家族の不安等の問題の解決を援助すること。

⑤ 住居の確保，傷病や障害に適した改修等住居問題の解決を援助すること。

今日，わが国では，医療機関の入院期間（以下，在院日数）の短縮化が進んでいる。厚生労働省「平成29年（2017）患者調査の概況」によると，2017（平成29）年9月中の全国における病院の平均在院日数は30.6日。1990（平成2）年の平均在院日数が47.4日であったことに比べ，16.8日も短くなっていることが分かる。このような短い入院期間のなかで，一医療機関による支援によって，退院後の望ましい療養環境を整えていくことは難しく，地域における関係施設・機関，関係職種等と連携を図ることが必須である。

　なお，現在，保健医療機関における退院支援は，診療報酬に則り，入院前から退院に至るまでの支援プログラムが進められてきている。業務指針における退院援助によって医療ソーシャルワーカーの業務について確認するとともに，第6章や第11章により，診療報酬に則った，医療ソーシャルワーカーも含めた，医療機関における多職種チームによる退院支援の動きについても確認し，理解を深めて欲しい。

(3) 社会復帰援助

　退院・退所後において，社会復帰が円滑に進むように，社会福祉の専門的知識及び技術に基づき，次のような援助を行う。
① 患者の職場や学校と調整を行い，復職，復学を援助すること。
② 関係機関，関係職種との連携や訪問活動等により，社会復帰が円滑に進むように転院，退院・退所後の心理的・社会的問題の解決を援助すること。

　退院援助でも述べた通り，現在，診療報酬による入退院支援のもと，退院後，円滑に社会生活を送ることができるよう，入院前から退院後の生活に目を向けた支援が行われている。退院後の生活スタイルは百人百様であるが，患者が抱える傷病の状態だけを見るのではなく，地域で暮らす生活者として彼らを見た場合，入院中のみならず，可能な限り早期の段階から退院後の生活に目を向け，支援を行っていくことが大切である。なかでも，利用者の生活支援を生業とする医療ソーシャルワーカーにとって，退院援助や社会復帰援助は，正に本来業務といっても過言ではない。

(4) 受診・受療援助

　入院，入院外を問わず，患者やその家族等に対する次のような受診，受療援助を行うこと。
① 生活と傷病の状況に適切に対応した医療の受け方，病院・診療所の機能等の情報提供等を行うこと。
② 診断，治療を拒否するなど医師等の医療上の指導を受け入れない場合に，その理由となっている心理的・社会的問題について情報を収集し，問題の解

診療報酬

　保険医療機関および保険薬局が患者に医療・調剤行為を実施したさいに得る報酬のこと。社会保険における診療報酬は診療報酬点数表（点数表）とよばれる健康保険法の規定による療養に要する費用の額の算定方法により算出される。点数表は医科報酬，歯科報酬，調剤報酬に分類され，各医療行為を点数で表示し，現在1点単価10円として計算されている。保険診療を行った医療機関などの診療報酬の請求は，直接保険者に行わず，各都道府県の社会保険診療報酬支払基金および国民健康保険団体連合会に対して行う。

決を援助すること。

③ 診断，治療内容に関する不安がある場合に，患者，家族の心理的・社会的状況を踏まえて，その理解を援助すること。

④ 心理的・社会的原因で症状の出る患者について情報を収集し，医師等へ提供するとともに，人間関係の調整，社会資源の活用等による問題の解決を援助すること。

⑤ 入退院・入退所の判定に関する委員会が設けられている場合には，これに参加し，経済的，心理的・社会的観点から必要な情報の提供を行うこと。

⑥ その他診療に参考となる情報を収集し，医師，看護師等へ提供すること。

⑦ 通所リハビリテーション等の支援，集団療法のためのアルコール依存症者の会等の育成，支援を行うこと。

　繰り返し述べているが，日頃，私たちは，夫，妻，父，母，子ども，職業人，学生等，さまざまな役割を担いながら生きている。いくつかの役割を担いながらも，なんとかバランスを保ちながら生活しているなか，「患者」という新たな役割が加わることにより，生活リズムが崩れ，これまで担ってきた役割が担えなくなる可能性がでてくる。しかし，私たちが担っている役割を，そう簡単にやめるわけにはいかない。それが「生活」である。生活リズムが崩れることから生じる不安や焦燥感。医療ソーシャルワーカーは，患者が，安心して「患者」の役割を担えるように，彼らの不安を受けとめ，不安の原因となる問題や課題について考え，解消，軽減できるよう支援するのである。

(5) 経済的問題の解決，調整援助

　入院，入院外を問わず，患者が医療費，生活費に困っている場合に，社会福祉，社会保険等の機関と連携を図りながら，福祉，保険等関係諸制度を活用できるように援助する。

　全日本民主医療機関連合会の調査によると，2018 年，経済的な理由により医療機関での受診が遅れて死亡した人は 77 名であった。そのうち，33 名が，無保険者あるいは保険料滞納による短期保険証者であった。また，通常の保険証を持っている場合であっても，自己負担分を支払うことができない等の理由で早期に受診しなかった人も少なくなかった。経済的理由による未受診，治療費の未払いは深刻な問題である。制度やサービス等，さまざまな社会資源を活用することにより，患者が安心して継続的に治療を受けることができるよう支援していかねばならない。

(6) 地域活動

　患者のニーズに合致したサービスが地域において提供されるよう，関係機関，関係職種等と連携し，地域の保健医療福祉システムづくりに次のような参画を行う。

① 他の保健医療機関，保健所，市町村等と連携して地域の患者会，家族会等を育成，支援すること。

② 他の保健医療機関，福祉関係機関等と連携し，保健・医療・福祉に係る地域のボランティアを育成，支援すること。

③ 地域ケア会議等を通じて保健医療の場から患者の在宅ケアを支援し，地域ケアシステムづくりへ参画するなど，地域におけるネットワークづくりに貢献すること。

④ 関係機関，関係職種等と連携し，高齢者，精神障害者等の在宅ケアや社会復帰について地域の理解を求め，普及を進めること。

　現在，わが国では，地域包括ケアシステム構築が進められている。詳細は，第7章及び第9章に委ねるが，患者とその家族は，地域で暮らす生活者である。生活者である彼らの生活を支援する為には，医療領域にとどまらず，地域のさまざまな関係機関，関係職種等と連携することが必要である。地域におけるネットワークを充実させることにより，地域の保健医療福祉システムの構築に寄与することが求められている。

3　医療ソーシャルワーカーの業務の方法・留意点

　医療ソーシャルワーカー業務指針では，保健医療の場において患者やその家族を対象としてソーシャルワークを行う場合に採るべき方法・留意点として，(1) 個別援助に係る業務の展開，(2) 患者の主体性の尊重，(3) プライバシーの保護，(4) 他の保健医療スタッフ及び地域の関係機関との連携，(5) 受診・受療援助と医師の指示，(6) 問題の予測と計画的対応，(7) 記録等の作成，の7項目が述べられている。(下記，各項目冒頭の内容は，医療ソーシャルワーカー業務指針を抜粋したものである。)

(1) 個別援助に係る業務の具体的展開

　患者，家族への直接的な個別援助では，面接を重視するとともに，患者，家族との信頼関係を基盤としつつ，医療ソーシャルワーカーの認識やそれに基づく援助が患者，家族の意思を適切に反映するものであるかについて，継続的なアセスメントが必要である。

　具体的展開としては，まず，患者，家族や他の保健医療スタッフ等から相談

依頼を受理した後の初期の面接では，患者，家族の感情を率直に受け止め，信頼関係を形成するとともに，主訴等を聴取して問題を把握し，課題を整理・検討する。次に，患者及び家族から得た情報に，他の保健医療スタッフ等からの情報を加え，整理，分析して課題を明らかにする。援助の方向性や内容を検討した上で，援助の目標を設定し，課題の優先順位に応じて，援助の実施方法の選定や計画の作成を行う。援助の実施に際しては，面接やグループワークを通じた心理面での支援，社会資源に関する情報提供と活用の調整等の方法が用いられるが，その有効性について，絶えず確認を行い，有効な場合には，患者，家族と合意の上で終結の段階に入る。また，モニタリングの結果によっては，問題解決により適した方法へ変更する。

　医療ソーシャルワーカーに限らず，対人支援を行う際には，目の前の利用者（医療であれば，患者や家族）の想いに寄り添う姿勢が重要である。彼らの苦しみや悲しみを受けとめ，寄り添い，患者，家族との信頼関係を築いていく。その次の段階として，正確なアセスメントを行う為にも，相談しやすい環境を整え，彼らのニーズ把握に努める。患者の疾患や障害ばかりに目を向け，患者，家族の真のニーズを見逃さないよう，細心の注意を払うことが必要である。

(2) 患者の主体性の尊重
　保健医療の場においては，患者が自らの健康を自らが守ろうとする主体性をもって予防や治療及び社会復帰に取り組むことが重要である。したがって，次の点に留意することが必要である。
① 業務に当たっては，傷病に加えて経済的，心理的・社会的問題を抱えた患者が，適切に判断ができるよう，患者の積極的な関わりの下，患者自身の状況把握や問題整理を援助し，解決方策の選択肢の提示等を行うこと。
② 問題解決のための代行等は，必要な場合に限るものとし，患者の自律性，主体性を尊重するようにすること。

　医療現場において，インフォームドコンセントは大切なキーワードである。インフォームドコンセントとは，「説明と合意」を意味し，医療職による適切な説明により患者や家族が病状や治療について十分に理解することができるよう努めることである。加えて，患者や家族の意向やさまざまな状況や説明内容をどのように受け止めたか，どのような医療を選択するか，患者や家族，医療職，ソーシャルワーカーやケアマネジャー等，関係者と互いに情報共有し，皆で合意するプロセスである[1]。
　治療や療養を行う際にその方法や過程を選択するのは，患者本人である。選択する際には，患者や家族に関わる関係者（医療職，医療ソーシャルワーカー等）

は，適宜且つ適切に情報を提供したうえで，患者や家族が十分に情報内容を理解しているか，確認を怠ってはならない。患者本人が，臆することなく，主体性をもって判断することができるよう，環境を整えることは，医療職のみならず，医療ソーシャルワーカーの重要な役割である。

(3) プライバシーの保護

　一般に，保健医療の場においては，患者の傷病に関する個人情報に係るので，プライバシーの保護は当然であり，医療ソーシャルワーカーは，社会的に求められる守秘義務を遵守し，高い倫理性を保持する必要がある。また，傷病に関する情報に加えて，経済的，心理的，社会的な個人情報にも係ること，また，援助のために患者以外の第三者との連絡調整等を行うことから，次の点に特に留意することが必要である。

① 個人情報の収集は援助に必要な範囲に限ること。

② 面接や電話は，独立した相談室で行う等第三者に内容が聞こえないようにすること。

③ 記録等は，個人情報を第三者が了解なく入手できないように保管すること。

④ 第三者との連絡調整を行うために本人の状況を説明する場合も含め，本人の了解なしに個人情報を漏らさないこと。

⑤ 第三者からの情報の収集自体がその第三者に患者の個人情報を把握させてしまうこともあるので十分留意すること。

⑥ 患者からの求めがあった場合には，できる限り患者についての説明をすること。ただし，医療に関する情報については，説明も可否を含め，医師の指示を受けること。

　個人情報の取り扱いについては，「個人情報の保護に関する法律」（平成 15 年法律第 57 号）が定められているとともに，医療・福祉領域においては，厚生労働省による「医療・介護関係事業者における個人情報の適切な取扱いのためのガイダンス」や「福祉分野における個人情報保護に関するガイドライン」のなかで，利用者の個人情報を保護する為の内容が詳細にまとめられている。医療ソーシャルワーカーが行う面談においては，家族間の関係性についての告白等，とてもデリケートな内容が含まれる場合がある。患者，家族の支援を行っていく際には，関係職種，関係機関等との情報共有が必要となるが，その場合には，患者や家族に対して情報共有の必要性について説明を行い，彼らの了承を得ることが重要である。

(4) 他の保健医療スタッフ及び地域の関係機関との連携

　保健医療の場においては，患者に対しさまざまな職種の者が，病院内あるい

個人情報の保護

　情報化の進展は，個人の生活に豊かさや便利さだけでなく，個人の権利や利益に関する不測の侵害ももたらした。個人情報には収入や財産，家庭生活の状況や身分，内心の秘密，心身の状況，学歴や職歴等があり，高齢者の生活も多分に関わる。個人情報の主体である個人の権利利益は保護されるべきとして，1984（昭和 59）年以降に個人情報保護条例の制定が各地で拡大したが，さらなる個人情報の保護や救済のシステムの構築が不可欠である。個人情報は自分のものであり，自分で管理すべきものとする当事者主体の権利が保障される社会こそ，個人の尊厳や人権が保障される社会である。

は地域において，チームを組んで関わっており，また，患者の経済的，心理的・社会的問題と傷病の状況が密接に関連していることも多いので，医師の医学的判断を踏まえ，また，他の保健医療スタッフと常に連携を密にすることが重要である。したがって，次の点に留意が必要である。

① 他の保健医療スタッフからの依頼や情報により，医療ソーシャルワーカーが係るべきケースについて把握すること。

② 対象患者について，他の保健医療スタッフから必要な情報提供を受けると同時に，診療や看護，保健指導等に参考となる経済的，心理的・社会的側面の情報を提供する等相互に情報や意見の交換をすること。

③ ケース・カンファレンスや入退院・入退所の判定に関する委員会が設けられている場合にはこれへの参加等により，他の保健医療スタッフと共同で検討するとともに，保健医療状況についての一般的な理解を深めること。

④ 必要に応じ，他の保健医療スタッフと共同で業務を行うこと。

⑤ 医療ソーシャルワーカーは，地域の社会資源との接点として，広範で多様なネットワークを構築し，地域の関係機関，関係職種，患者の家族，友人，患者会，家族会等と十分な連携・協力を図ること。

⑥ 地域の関係機関の提供しているサービスを十分把握し，患者に対し，医療，保健，福祉，教育，就労等のサービスが総合的に提供されるよう，また，必要に応じて新たな社会資源の開発が図られるよう，十分連携をとること。

⑦ ニーズに基づいたケア計画に沿って，さまざまなサービスを一体的・総合的に提供する支援方法として，近年，ケアマネジメントの手法が広く普及しているが，高齢者や精神障害者，難病患者等が，できる限り地域や家庭において自立した生活を送ることができるよう，地域においてケアマネジメントに携わる関係機関，関係職種等と十分に連携・協力を図りながら業務を行うこと。

(5) 受診・受療援助と医師の指示

　医療ソーシャルワーカーが業務を行うに当たっては，(4)で述べたとおり，チームの一員として，医師の医学的判断を踏まえ，また，他の保健医療スタッフとの連携を密にすることが重要であるが，なかでも受診・受療援助は，医療と特に密接な関連があるので，医師の指示を受けて行う必要がある。特に，次の点に留意が必要である。

① 医師からの指示により援助を行う場合はもとより，患者，家族から直接に受診・受療についての相談を受けた場合及び医療ソーシャルワーカーが自分で問題を発見した場合等も，医師に相談し，医師の指示を受けて援助を行うこと。

② 受診・受療援助の過程においても，適宜医師に報告し，指示を受けること。

③ 医師の指示を受けるに際して，必要に応じ，経済的，心理的・社会的観点

ケアマネジメント (care management)

　介護支援サービス。介護保険法で認定された要介護者に対して，介護サービス計画（ケアプラン）の作成や，市町村や居宅サービス事業者，介護保険施設との連絡調整，権利擁護（adovoca-cy）などを行うこと。また，ケアマネジメントを行う専門職をケアマネジャー（介護支援専門員）という。具体的な援助の流れとしては，要介護者やその家族による申請〜認定調査のための訪問〜給付の決定と要介護認定〜アセスメントと介護サービス計画作成〜介護サービス計画実施（サービス提供）〜再アセスメントの実施，となる。

から意見を述べること。

(6) 問題の予測と計画的対応

① 実際に問題が生じ，相談を受けてから業務を開始するのではなく，社会福祉の専門的知識及び技術を駆使して生活と傷病の状況から生ずる問題を予測し，予防的，計画的な対応を行うこと。

② 特に退院援助，社会復帰援助には時間を要するものが多いので入院，受療開始のできるかぎり早い時期から問題を予測し，患者の総合的なニーズを把握し，病院内あるいは地域の関係機関，関係職種等との連携の下に，具体的な目標を設定するなど，計画的，継続的な対応を行うこと。

(7) 記録の作成等

① 問題点を明確にし，専門的援助を行うために患者ごとに記録を作成すること。

② 記録をもとに医師等への報告，連絡を行うとともに，必要に応じ，在宅ケア，社会復帰の支援等のため，地域の関係機関，関係職種等への情報提供を行うこと。その場合，(3) で述べたとおり，プライバシーの保護に十分留意する必要がある。

③ 記録をもとに，業務分析，業務評価を行うこと。

　適切なソーシャルワーク支援を行う為には，記録の作成は欠かせない。患者，家族の状況や支援過程等について記録することによって，支援内容に関する客観的な振り返りが可能となる。客観的な考察を通して，より適切な支援の見直しを行う冷静な判断ができるのである。客観性及び冷静さを兼ね備えてこそ，専門職であるといえよう。

■4　目の前の患者，家族に向き合うソーシャルワークを

　本章では，医療ソーシャルワーカーの業務指針に基づく業務のありかたについて述べてきた。医療ソーシャルワーカーのみならず，ソーシャルワーカーが専門職たる所以は，目の前の人の苦しみや悲しみを共感することができる「人間力」を有しているか否かに係っているといっても過言ではない。

　まず，ソーシャルワーカーは対人援助職として，目の前にいる利用者と真正面から向き合い，彼らの想いに寄り添う。そのうえで，今後の生活について，利用者と共に考えていくのである。この「利用者と向き合う」という行為で，日々，変化する彼らの心の有り様と向き合うことでもある。

　患者，家族の心の移り変わりには，常に注目する必要がある。保健医療領域で業務を行う医療ソーシャルワーカーは，病気や怪我を負った人びとを支援す

る立場にある。まず，生活問題や課題に関する解決方法を検討する前に，傷病を抱えたことによる患者や家族の心の痛みや苦しみについて共感し，寄り添う人間力が求められる。

　最新の治療を受け，さまざまな制度やサービスを利用したとて，心身ともに以前と全く同じ状態に戻ったり，患者や家族が望んでいる生活が実現するとは限らない。どこかに妥協点を見出し，病気や障害を抱えながらも，彼らの尊厳を保つ「生活」について考えていかなければならない場合もでてくる。その際，彼らの心の有り様に寄り添っていかなければ，ベストな答えは導き出されないであろう。患者や家族の心に寄り添うソーシャルワーカーとなる為に，自らの人間力と感性を高めるべく，日々の自己研鑽を大切にして欲しい。

注）

1) 日本看護協会 HP「インフォームドコンセントと倫理」https://www.nurse.or.jp/nursing/practice/rinri/text/basic/problem/informed.html（2020 年 1 月 8 日閲覧）

参考文献

50 周年記念誌編集委員会『日本の医療ソーシャルワーク史　日本医療社会事業協会の 50 年』日本医療社会事業協会，2003 年

医療ソーシャルワーカー業務指針検討会『医療ソーシャルワーカー業務指針検討会報告書』1989 年

日本精神保健福祉士協会事業部出版企画委員会『日本精神保健福祉士協会 40 年史』日本精神保健福祉士協会，2004 年

日本精神保健福祉士協会 50 年史編集委員会『日本精神保健福祉士協会 50 年史』日本精神保健福祉士協会，2014 年

全日本民主医療機関連合会『2018 年経済的自由による手遅れ死亡事例調査概要報告』2019 年

プロムナード

　経済的な理由による未受診，医療費の未払いが問題視されています。わが国は，国民皆保険のもと，誰もが安心して医療を受けることができる環境を整えていると言われていますが，現実は厳しい状況です。患者一人ひとりの生活状況に目を向け，必要な社会資源を最大限活用し，安定した受診・受療環境を整えることも，医療ソーシャルワーカーの重要な役割です。

学びを深めるために

空閑浩人『ソーシャルワーカー論「かかわり続ける専門職」のアイデンティティ』ミネルヴァ書房，2012 年
　ソーシャルワーカーの実践力や専門性の向上のために必要なものとは何か，さまざまな視点から論じられています。

第 9 章

地域包括ケアシステムと在宅医療

1　地域包括ケアシステムとは（医療・介護・予防・住まい・生活支援）

(1) 地域包括ケアシステム

　地域包括ケアシステムとは，重度な要介護状態となった場合でも，人生の最後まで本人が住み慣れた地域で自分らしい暮らしを続けることができるよう，医療・介護・予防・住まい・生活支援を包括的に提供する体制のことである。第二次世界大戦後の 1947 年から 1949 年に生まれた団塊の世代（約 800 万人）が 75 歳以上となる 2025 年以降は，国民の医療や介護ニーズがさらに増加することが見込まれるため，2025 年を目途に全国の日常生活圏域単位で体制を構築することが必要とされている。日常生活圏域とは具体的に中学校区を基本とし，おおむね 30 分以内に必要なサービスや支援を受けることができる範囲を示している。

　1997（平成 9）年に介護保険法が制定され，2000（平成 12）年より介護保険サービスが開始されたが，2005（平成 17）年改正では予防重視のサービス強化に転換されることとなった。「地域包括ケアシステム」の基礎的な考え方や政策の方向性が提案されたのは，2008（平成 20）年より厚生労働省老人保健健康増進事業の一環として設立された「地域包括ケア研究会」からである。

　その後，2011（平成 23）年には地域包括ケアシステム構築を基本とした介護サービスの基盤強化のための介護保険法等の一部を改正する法律が成立し，地域包括ケアの理念が明記された。そして，2014（平成 26）年の地域における医療及び介護の総合的な確保を推進するための関係法律の整備等に関する法律（医療介護総合確保推進法）により，医療法や介護保険法など 19 の関係法律を一括改正し，「地域における創意工夫を生かしつつ，地域において効率的かつ質の高い医療提供体制を構築するとともに地域包括ケアシステムを構築すること」として法的根拠が示された（同法第 1 条）。

図表 9 - 1　地域包括ケアシステムの姿

出所）厚生労働省ホームページ『地域包括ケアシステム』(https://www.mhlw.go.jp/stf/seisakunitsuite/bunya/hukushi_kaigo/kaigo_koureisha/chiiki-houkatsu/ 2019.8.19 アクセス)

(2) 5つの構成要素と「自助・互助・共助・公助」

1) 地域包括ケアシステムの5つの構成要素

　医療介護総合確保推進法第2条において，「『地域包括ケアシステム』とは，地域の実情に応じて，高齢者が，可能な限り，住み慣れた地域でその有する能力に応じ自立した日常生活を営むことができるよう，医療，介護，介護予防，（要介護状態若しくは要支援状態になることの予防又は要介護状態若しくは要支援状態の軽減若しくは悪化の防止をいう。），住まい及び自立した日常生活の支援が包括的に確保される体制をいう」と定義されている。図表9－2の左側は，2013（平成25）年3月の地域包括ケア研究会報告書において示された地域ケアシステムの5つの要素のつながりを表している。これは，「介護」「医療」「予防」という専門職によって提供されるサービスと，その前提としての「住まい」と近隣住民による声かけや見守りなどのサポートも含めた「生活支援・福祉サービス」が相互に関係し，連携しながら在宅の生活を支えていくということである。

　その後，2015（平成27）年度より介護予防・日常生活支援総合事業が実施され，介護予防は生活支援と一体的に，元気な高齢者などの住民自身や専門職以外の担い手を含めた多様な主体による提供体制に移行すると考えられるようになったため，2016（平成26）年3月の地域包括ケア研究会報告書によると，図表9－2の右側のように構成要素を見直すこととなった。

　また，単身世帯や高齢者のみの世帯が主流となるなかで，在宅生活を選択することの意味を，本人・家族が理解し，そのための心構えを持つことが重要であるため，「本人・家族の選択と心構え」が地域包括ケアシステムの基礎であると考えられてきたが，人生における「本人の選択」を最も尊重すべきであるとし，「本人の選択と本人・家族の心構え」が基礎となるよう改められた。

　このことは，治療や療養に関する希望を本人が意思決定できる時期に，患

介護予防・日常生活支援総合事業

　2011（平成23）年の介護保険法改正により，地域支援事業の一環として実施される事業として創設された。市町村の判断により，地域の実情に応じて要支援者および基本チェックリストで把握される介護予防・生活支援サービス事業対象者に対して，介護予防・生活支援サービス等を総合的かつ一体的に提供することを目的としている。

アドバンス・ケア・プランニング（ACP: advance care planning）

　患者または利用者本人が自ら望む，人生の最終段階の医療・ケアについて前もって考え，本人・家族と医療・ケア従事者が前もって繰り返し話し合い，共有するプロセスのことである。厚生労働省は2018（平成30）年よりこの取り組みを「人生会議」と名付け，国民への普及に努めている。

「人生の最終段階における医療・ケアの決定プロセスに関するガイドライン」

　人生の最終段階を迎えた本人・家族等と，医師をはじめとする医療・介護従事者が，最善の医療・ケアを作り上げるプロセスを示すガイドラインである。医療従事者から適切な情報の提供と説明がなされ，本人が多職種による医療・ケアチームと十分な話し合いを行い，本人による意思決定を基本とした医療・ケアを進めることを最も重要な原則としている。

図表9－2　進化する地域包括ケアシステムの「植木鉢」

出所）地域包括ケア研究会『地域包括ケアシステムと地域マネジメント』地域包括ケアシステム構築に向けた制度及びサービスのあり方に関する研究事業報告書 2016（平成28）年3月，p.13

者・家族と医療従事者が自発的に話し合うアドバンス・ケア・プランニング（advance care planning）を厚生労働省が「人生会議」という名称での普及を目指していることにも表れている。そして，2018（平成30）年に改訂された「人生の最終段階における医療・ケアの決定プロセスに関するガイドライン」においても，終末期における医療行為のみに注目するのではなく，最後まで個人の尊厳を尊重した生き方に着目することを重視している。

2）「自助・互助・共助・公助」

　地域包括ケアシステムの目的は高齢者の尊厳の保持と自立生活の支援であり，この体制を保険者である市町村や都道府県が，地域の自主性や主体性に基づき，地域の特性に応じて作り上げていくことが必要とされている。その包括的な支援・サービス提供体制を支える費用負担を誰が担うのかという視点から，地域包括ケア研究会が「自助・互助・共助・公助」の区分に整理した（図表9 - 3）。

　まず，「自助」とは自分で自らの生活を支えることであり，市場サービスの購入によって自らを支える手段も含まれる。次に「互助」とは，家族や地域の支え合いなどを指し，費用負担が制度的に裏づけられていない自発的なものとされる当事者団体による取り組みやボランティアによるインフォーマル・サポートも「互助」の範囲とされる。そして，「共助」は介護保険や医療保険などの社会保険制度として費用負担が制度的に裏づけられたもののことである。最後の「公助」は公費を財源とした生活保護や福祉サービスを示している。

　介護保険制度の導入以降，「共助」の活用に注目してきたが，2025年を迎えるまでの少子高齢化や国の財政状況から考えると，「共助」「公助」の部分を拡充することは期待できない。つまり，地域包括ケアシステム構築においては，「自助」「互助」の果たす役割を重視した展開が必要とされている。実際に，高齢者夫婦の世帯が近隣住民の支えもあって2人で暮らしてきたが，どちらかの入院を機に介護保険サービスを利用し始めたことによって，これまでの近隣からの見守りや支えが途切れてしまうこともある。「互助」を失うことなく「共助」「公助」を活用していくことが，住み慣れた地域で暮らし続けるための支援に求められているといえよう。

　しかし，地域や住居形態によっては近隣との付き合いがほとんどなかった高齢者や，要介護状態となったことによりサービス付き高齢者向け住宅（サ高住）等に転居し，新しい場所での在宅生活を始める高齢者もいるだろう。そのため，新しい「互助」を生み出す仕掛けも必要であると考えられる。たとえば，定年退職前後の高齢者を対象にボランティア講座を開き，地域での見守りやゴミ出しボランティアとして活動してもらうことや，独居高齢者の孤立を防ぐような住民主体のサロン活動の活性化に市町村社会福祉協議会が関わっている。

　さらに，都市部では強い「互助」を期待することが難しい一方，民間サービス市場が大きく「自助」によるサービス購入が可能である。都市部以外の地方

サービス付き高齢者向け住宅（サ高住）

　2011（平成23）年，「高齢者の居住の安定確保に関する法律（高齢者住まい法）等の一部を改正する法律」により創設された。バリアフリー構造や一定の床面積・設備を有すること，ケアの専門家による安否確認・生活相談サービスを提供すること，入居者保護の観点から居住の安定が図られた契約であることが登録基準として求められている。

図表9－3　地域包括ケアシステムを支える「自助・互助・共助・公助」

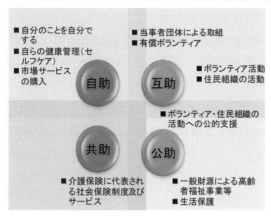

資料：地域包括ケア研究会
出所）図表9－2に同じ，p.8

では人口減少も見込まれており，民間サービスは少ないが親族や近隣との「互助」が強い傾向があるなど，それぞれの地域の実情に応じた「自助・互助・共助・公助」のバランスでの体制構築が必要である。

(3) 地域包括ケアシステムの深化・推進

2017（平成29）年には地域包括ケアシステムの強化のための介護保険法等の一部を改正する法律（地域包括ケア強化法）が成立し，高齢者の自立支援と要介護状態の重度化防止，地域共生社会の実現を図るとともに，介護保険制度の持続可能性を確保することに配慮し，介護保険法や社会福祉法など31の関係法律を改正した。主な改正点は次の5点である。

1) 自立支援・重度化防止に向けた保険者機能の強化等の取り組みの推進（介護保険法）

全市町村が保険者機能を発揮し，自立支援・重度化防止に取り組む仕組みとして，① データに基づく課題分析と対応，② 適切な指標による実績評価，③ 取り組み実績に応じた財政的インセンティブの付与，を制度化した。

2) 医療・介護の連携の推進等（介護保険法，医療法）

「日常的な医学管理」や「看取り・ターミナル」等の機能と，「生活施設」としての機能を兼ね備えた，介護医療院を創設した。

3) 地域共生社会の実現に向けた取り組みの推進等（社会福祉法，介護保険法，障害者総合支援法，児童福祉法）

地域の力を強化するとともに，公的な支援体制が各法（対象）別に縦割りに対応するのではなく，連携・協働しながら包括的に支援を行っていく包括的支援体制を市町村が構築するとともに，福祉各分野の共通事項を記載した地域福祉計画の策定を努力義務化した。

また，障害児も含め障害のある人と高齢者が同一の事業所でサービスを受け

やすくするために，介護保険と障害福祉サービス両方の制度に「共生型サービス」を位置づけた。

4）現役世代並み所得のある人の利用者負担割合の見直し（介護保険法）

2018（平成30）年8月より，介護保険2割負担者のうち，特に所得の高い利用者を3割負担とした。

5）介護納付金への総報酬制の導入（介護保険法）

各医療保険者が納付する介護納付金（第2号被保険者の介護保険料）について，総報酬制を導入した。

前述したように，地域包括ケアシステムの構築は，超高齢社会を迎えたわが国の住み慣れた地域の住まいにおいて，医療・介護・予防・生活支援を受けられる高齢者を対象として求められた体制であった。しかし，高齢者に限らず全住民が住み慣れた地域でそれぞれの生活ニーズが満たされた生活を送れるべきであり，医療的ケアが必要な児童，障害児，難病患者，そして精神障害のある人にとっても地域包括ケアは必要であり，利用者からみた「一体的」なケアが求められているのである。精神障害にも対応した地域包括ケアシステムの構築に関する事業は，2017（平成29）年度から実施され，ピアサポーターの養成等を含んでいるのが特徴である。

また，生活困窮者支援という観点からも，従来の縦割り制度の対応による限界が明らかとなっており，さまざまな機関や制度を横断的に活用できるような連携体制が今後の包括型支援体制に必要とされる。

地域包括ケアシステム構築の目標とされている2025年は目前であり，それ以降も介護ニーズは増加し続ける。2016（平成28）年の地域包括ケア研究会報告書によると，2025年は，介護ニーズの急増に向けた入り口にすぎず，団塊ジュニア世代が現役を引退する65歳に到達する2040年頃をさらに見据えた展開が必要と考えられている。

地域包括支援センター

介護保険法の改正（2005年）にともなって，新たに地域の介護支援を行う中核的機関として設立された。業務を担うのは社会福祉士，保健師，主任ケアマネジャー等であるが，各専門職が連携して介護予防マネジメント，各種相談支援，包括的・継続的ケアマネジメント等の業務を行う。この地域包括支援センターの設置者は各市町村となっている。

2　地域包括ケアシステムの役割

地域包括ケアシステムは，新しい保健医療福祉サービスを作り活用できるようにするものではなく，既存の医療サービスと介護サービスが利用者の日常生活圏域で連携し，切れ目のない支援を利用者の住まいを基盤に届けることができる体制となることを目指している。つまり，各地域で構築に向けてのプロセスを進めること自体が，システムを支えるネットワークを強化し，保健医療福祉専門職の連携力を高め，利用者が安心して住み慣れた地域での生活を継続できることにつながる。これが地域包括支援システムの役割であるといえる。その構築には，市町村と地域包括支援センターが中心的役割を果たすことが期待

されている。

(1) 地域包括ケアシステム構築のプロセスと市町村の役割

市町村では 2025 年に向けて 3 年ごとに介護保険事業計画を策定・実施し，地域の自主性や主体性に基づき，地域の特性に応じた包括的支援体制を次のような PDCA サイクルで構築していく。

まず地域の課題の把握と社会資源の発掘を目的とした日常生活圏域におけるニーズ調査や地域ケア会議の実施を通して量的・質的分析を行い，地域課題を抽出する。そして，地域の関係者とともに地域課題への対応策を検討し，事業化・施策化について協議する。こうして介護保険事業計画を策定し，地域ケア会議を継続することによって明らかになった地域課題を共有し，具体策の検討を進める。このプロセスで決定した対応策を実行に移し，さらに地域の実状を把握するというように PDCA サイクルで改善を重ねていく必要がある。

(2) 地域包括支援センターの役割

2005（平成 17）年の介護保険法改正より，予防重視型システムに転換することとなり，市町村を中心とした介護予防が推進されることとなった。その中核的な機関として設置されたのが地域包括支援センターであり，2014（平成 26）年の医療介護総合確保推進法においては地域包括ケアの拠点と位置づけられることとなった。設置主体は介護保険の保険者である市町村であり，おおむね人口 2 万～ 3 万人の日常生活圏域ごとに設置されており，直営が約 3 割，社会福祉法人等への委託が約 7 割と委託によるものが増加している。

地域包括支援センターには，保健師，社会福祉士，主任介護支援専門員を配

PDCA サイクル

社会福祉領域では，計画に基づいて実践を行い，その実践を評価し援助計画にフィードバックさせ，援助実践をスパイラルアップさせていく援助サイクルとして用いられる。Plan（計画），Do（実施・実行），Check（点検・評価），Act（処置・改善）の頭文字をつなげたものである。直接援助の場面だけでなく，社会福祉計画等，間接援助の場面でも用いられる。

地域ケア会議

保健・医療・福祉などの現場職員等で構成され，介護予防・生活支援サービス等の総合調整を行う場である。地域包括支援センターが主催する地域ケア個別会議，市町村レベルでの地域ケア推進会議と，必要に応じたレベルでの開催が地域包括ケアシステムの構築につながる。

主任介護支援専門員

介護支援専門員（ケアマネジャー）のうち，主任介護支援専門員研修を修了した者のこと。介護保険以外の保健医療サービスや福祉サービスを提供する多職種との連絡調整，他の介護支援専門員に対する助言・指導，その他の介護支援サービスを適切かつ円滑に提供することが役割である。

図表 9 − 4　地域包括支援センターの業務

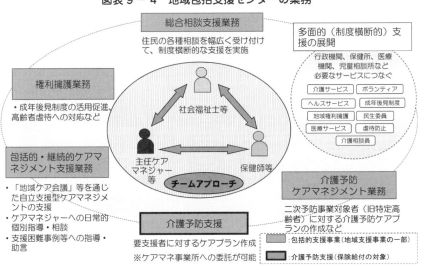

出所）図表 9 − 1 に同じ

チームアプローチ
クライアント（福祉サービス利用者）の抱える課題は複雑なものも多く，ソーシャルワーカーなどの支援者が一人で対処できない場合も多いため，他のワーカー・専門職と協力し，課題に対応していくことをチームアプローチという。

置し，その3職種によるチームアプローチによって，地域住民の健康の保持及び生活の安定のために必要な支援を行い，保健医療の向上及び福祉の増進を包括的に支援することを目的としている。

その機関の主な業務は図表9-4が示すように，① 介護予防ケアマネジメント業務，② 総合相談支援業務，③ 権利擁護業務，④ 包括的・継続的ケアマネジメント支援業務とされており，さらに介護保険制度以外に必要なサービスがある場合には多面的（制度横断的）に行政機関や医療機関等をつなぐ支援を展開している。

具体的には，住民に対する介護予防教室の企画開催や，高齢者虐待ケースへの対応，担当地域内の居宅介護支援事業所のケアマネジャーからの困難ケースに関する相談対応，地域ケア個別会議の開催等と幅広く，地域に密着した支援が求められている。

(3) 地域ケア会議の役割

地域で暮らす高齢者に多職種協働による支援を展開するためには，支援ネットワークが必要とされ，地域ケア会議の開催を重ねることにより各地域でのネットワークは強化されていく。地域ケア会議は，高齢者個人に対する支援の充実とそれを支える社会基盤の整備を同時に進めていく手法で，このことにより地域包括ケアシステムの実現に近づいていく。地域ケア会議には① 個別課題解決機能，② ネットワーク機能，③ 地域課題発見機能，④ 地域づくり・資源開発機能，⑤ 政策形成機能があるとし，地域包括支援センターが開催する実務者レベルでの個別ケースの検討から，市町村レベルでの地域課題の検討，さらには地域課題の対応策となる事業化・施策化につなげるための代表者レベルというように，ニーズに応じた規模で実施される。

つまり，地域包括ケアシステム構築に向けて，地域包括支援センターの職員をはじめ，地域の福祉施設及び医療機関に所属するソーシャルワーカーには，ミクロレベル（直接支援）のソーシャルワーク実践をメゾレベル（組織・地域），マクロレベル（福祉計画・政策立案）につなげる実践力を高めることが求められている。

3　地域包括ケアシステムにおける在宅医療の役割

(1) 在宅医療の推進

内閣府が2012（平成24）年に実施した「高齢者の健康に関する意識調査」結果において，国民の半数以上が自宅等住み慣れた環境で療養し，最期を迎えたいと望んでいることがわかった。また，超高齢社会を迎え，医療機関や介護保険施設等の入所にも限界が生じることが予測されることを背景として，慢性期

及び回復期患者への医療サービス，さらに看取りを含む医療提供体制として在宅医療の基盤強化が重視されるようになった。

2012（平成24）年には，医療法に基づく医療提供体制の確保に関する基本方針が改正され，2013（平成25）年度より在宅医療に関する達成すべき目標や連携体制を医療計画に盛り込むこととなった。2014（平成26）年度には，医療介護総合確保推進法によりすべての都道府県で地域医療構想が策定され，第7次医療計画（2018年度からの6カ年計画）の一部として位置づけられている。図表9－5は，2025年に向けて病床機能別に調整されるべき病床の必要量を示している。2015（平成27）年7月時点での133.1万床を10年間で約14万床縮減し，介護施設への転換も含めた約30万人分の在宅医療の受け皿を充実させることを目指している。そのために，2014（平成26）年度より都道府県に地域医療介護総合確保基金を設置し，在宅医療の提供体制の構築に必要な事業に対する支援を実施している。また，地域において在宅医療と介護の連携を推進させるための事業を介護保険法の地域支援事業として，住民に身近な市町村が中心となり，地域の医師会等と連携しながら取り組むこととなった。

つまり，医療計画と介護保険事業（支援）計画において，在宅医療と介護にかかわる需要に対して整合性を確保できるよう，都道府県や市町村の医療・介護担当者等の関係者による協議の場を設置，活用し，地域包括ケアシステム構築の要となる切れ目のない在宅医療と介護の連携強化に取り組んでいる。

地域医療構想

2025年における「高度急性期」「急性期」「回復期」「慢性期」の医療機能別に医療需要と必要な病床数を推計し，患者の状態に適した病床で良質な医療提供体制を構築しようとするもので，2014年6月に施行された医療介護総合確保推進法に規定されている。各病院・診療所は病床機能報告制度に基づいて都道府県知事に報告し，各都道府県で余剰または不足が見込まれる医療機能を明らかにする。

地域支援事業

高齢者が要介護状態等とならないように予防し，地域のなかで可能な限り自立した日常生活を営むための支援を行うことを目的とした事業で，2005年の介護保険法改正により，市町村を実施主体とした事業が2006年4月より実施された。また，在宅医療・介護の連携推進については2015年の医療介護総合確保推進法による介護保険法改正以降本事業として制度化されている。

ターミナルケア（terminal care）

死が間近に迫った末期患者と，その家族・近親者を対象とするケア。診療報酬及び介護報酬において各種ターミナルケア加算を算定する場合の要件は定められている。終末期ケアともよばれるが，近年においてはいかに最期まで生きるかを重視してエンド・オブ・ライフ・ケア（end of life care：人生の最終段階におけるケア）という表現が増えている。

図表9－5 地域医療構想による2025年の病床の必要量

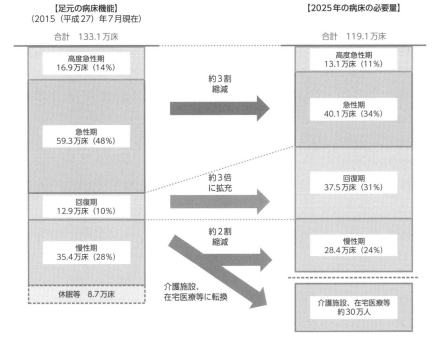

出所）厚生労働省『平成30年版厚生労働白書』2019年，p.371

139

　そして，2018（平成30）年度診療報酬改定においても，在宅医療を担う医療機関を増やすために，複数の医療機関による訪問診療の評価や在宅療養支援診療所以外の診療所による訪問診療の診療報酬評価を充実させるとともに，患者の状態に応じたきめ細かな在宅医療の評価を進めている。

　また，同年度介護報酬改定においては，中重度の在宅要介護者や居住系サービス利用者，特別養護老人ホームの入所者の医療ニーズに対応するため，訪問看護事業所でのターミナルケア（terminal care）の実施回数に応じた介護報酬評価や，一定の医療提供体制を整備した特別養護老人ホームでの看取り加算の評価を充実させている。

(2) 在宅医療に求められる医療機能

　在宅医療の提供体制には図表9－6のように4つの機能が求められている。また，図表9－7のように医療保険と介護保険に応じた在宅医療の種類と機関を整理することができる。

1）退院支援

　医療の継続性や退院に伴って新たに生じる心理的・社会的問題の予防や早期対応のために，入院時から退院後の生活を見据えた支援が重要とされている。病院・診療所，居宅介護支援事業所などの多職種が協働して，退院前カンファレンスを実施し，医療ソーシャルワーカーをはじめ，ケアマネジャー（介護支援専門員）等退院支援に関わる者は，本人の希望を尊重し，退院後の医療及び生活ニーズに応じた支援を計画し実施する。

2）日常の療養支援

　訪問診療（歯科を含む）・往診，訪問看護，訪問リハビリテーションの提供と療養生活を支える介護サービスが提供される。薬剤師や管理栄養士による訪問も居宅療養管理指導として実施されている。介護保険サービスの利用者にはケアマネジャーが中心となりケアプランを調整し包括的に支援するが，緩和ケア等の必要性に応じて，本人の状態変化を確認する頻度の高い訪問看護師が支援の中心となることも求められる。

3）急変時の対応

　在宅療養を希望していても，病状急変時の対応に関する不安や家族への負担を心配する患者は多い。そのため，24時間対応が可能な訪問診療や訪問看護の連携体制と，在宅療養患者の急変時の入院を受け入れる医療機関との連携が不可欠である。

4）看取り

　患者や家族が希望した場合には，患者が望む場所で看取りを行える体制の確保が求められる。本章1．(2)で述べた「本人の選択」を前もって家族等と共有していることにより，「本人・家族の心構え」を土台として在宅生活が営ま

居宅療養管理指導
　介護保険における居宅サービスに位置づけられる。対象者は，居宅の要介護者または要支援者である。医師，薬剤師，管理栄養士，歯科衛生士などの職種が，居宅を訪問して指導を行う。

図表9−6 「在宅医療の体制構築に係る指針」による在宅医療提供体制のイメージ

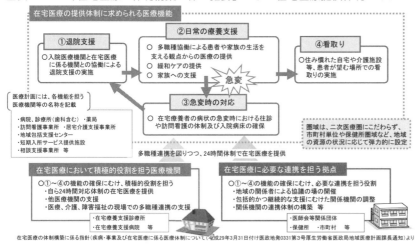

出所）厚生労働省医政局地域医療計画課長通知『在宅医療の体制構築に係る指針（疾病・事業及び在宅医療に係る体制について）』2017（平成29）年3月31日付け医政地発0331第3号

図表9−7 在宅医療の種類と機関

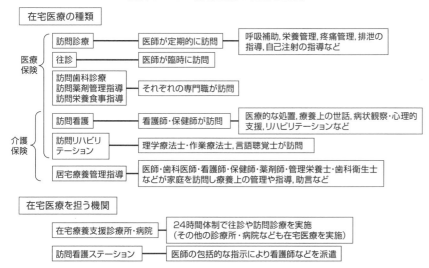

出所）厚生労働統計協会『図説 国民衛生の動向 2018/2019』厚生労働統計協会，2018年．p.12

れる。人生の最終段階における医療・ケアの決定プロセスに関するガイドラインに沿って，医療や介護，看取りに関する適切な情報提供がなされることが必要である。また，介護施設等における看取りを在宅医療にかかわる機関が支援することも求められている。

（3）在宅医療の提供体制を支えるしくみ

1）かかりつけ医（主治医機能）

　訪問診療・往診を要する状態となる以前から地域で継続的に診療を担当するかかりつけ医をもつことは，住み慣れた地域で在宅生活を送るために重要であ

り，地域包括支援システム構築に不可欠である。

かかりつけ医の診療報酬評価は2014（平成26）年度改定より導入された。複数の慢性疾患を有する患者に対して，患者の同意を得た上で継続的かつ全人的な医療を提供することが評価される。具体的には，施設基準を満たし，療養上の指導，他の医療機関での受診状況等の把握，服薬管理，健康管理，介護保険にかかわる対応，在宅医療の提供，24時間の対応を実施する。これらの診療内容は認知症患者の生活習慣病も対象となり，2016（平成28）年度診療報酬改定より評価されるようになった。

2）在宅医療を専門に行う医療機関

2016（平成28）年度診療報酬改定より，在宅医療を専門的に実施する診療所の開設が認められるようになった。主な開設要件は次の4点である。

① 外来診療が必要な患者が訪れた場合に対応できるよう，診療地域内に2カ所以上の協力医療機関を確保していること（地域医師会から協力の同意を得られている場合はこの限りではない）。

② 在宅医療導入にかかわる相談に随時応じ，患者・家族等からの相談に応じる設備・人員等が整っていること。

③ 往診や訪問診療を求められた場合，医学的に正当な理由等なく断ることがないこと。

④ 緊急時を含め，随時連絡に応じる体制を整えていること。

3）地域包括ケア病棟

2016（平成26）年度より従来の亜急性期病棟が廃止され，地域包括ケア病棟が新設された。この病棟の役割は，① 急性期治療を経過した患者の受け入れ，② 在宅で療養を行っている患者等の受け入れ，③ 在宅復帰支援，とされている。そこでは，退院支援によって，自宅・居住系介護施設への退院，療養病棟等への転院を含む在宅復帰率7割以上を満たすという要件が施設基準に適用された。

しかし，在宅で療養を行っている患者等を受け入れる役割が多く果たせていないことがわかり，2018（平成30）年度診療報酬改定では急性増悪した在宅療養または施設入所中の患者の入院受け入れの強化が掲げられた。また，在宅復帰率の要件を見直し，自宅，介護医療院を含む居住系介護施設への退院，介護サービス提供機関である有床診療所への転院が7割以上を満たすことが施設要件となった。

4　在宅療養支援診療所と在宅療養支援病院の役割

2006（平成18）年度診療報酬改定において，在宅療養支援診療所が創設された。地域包括ケアシステム構想が提案される以前ではあったが，同年の「医療

地域包括ケア病棟
2014（平成26）年度診療報酬改定で新設された区分で，急性期治療後の患者や自宅・介護施設などから急性増悪した患者を受け入れ，在宅復帰や在宅医療の後方支援を行う病棟（病床）である。

在宅療養支援診療所
24時間体制で自宅あるいは有料老人ホーム，老人保健施設等に対して往診や訪問看護のサービスを提供する医療機関である。また，他の病院，診療所，薬局，訪問看護ステーションとの連携を図ることが届出要件のひとつとされている。

制度改革関連法」において，療養病床削減の計画が明らかとなり，その結果生じる23万床の受け皿として，① 自宅，② 老人保健施設，③ 有料老人ホーム，等があげられたことが背景であり，在宅医療を担う医療機関が必要となったのである。

在宅療養支援診療所には次のような届出要件がある。

① 保険医療機関である診療所であること。

② 24時間連絡を受ける医師または看護職員を配置し，その連絡先を文書で患家に提供していること。

③ 24時間体制で往診および訪問看護が可能な体制を確保している，または他の保険医療機関との連携により，その体制を確保すること。

④ 在宅療養患者の緊急入院を受け入れる体制を確保している，または他の保険医療機関との連携により，その体制を確保すること。

⑤ 医療サービスと介護サービスとの連携を担当する介護支援専門員（ケアマネジャー）等と連携していること。

⑥ 在宅看取り数を報告すること。

また，2008（平成20）年度より在宅療養支援病院が創設され，在宅療養支援診療所とともに図表9－7で示した在宅医療提供体制において，医療や介護の現場での多職種による連携を支援し，積極的な役割を担う医療機関として位置づけられるようになった。前述の在宅療養支援診療所とほぼ同様の体制確保が必要であるが，それ以外の施設基準として次のような要件がある。

① 許可病床数が200床未満であって，病院の半径4キロメートル以内に診療所が存在しないこと。

② 在宅医療を担当する医師が3名以上配置されていること。

③ 訪問看護ステーションと連携する場合，緊急時にその事業所が円滑に対応できるよう，あらかじめ患家の同意を得て，その療養等に必要な情報を文書で提供できる体制をとっていること。

そして，在宅医療を行うにあたっては，緊急時に在宅療養患者の入院を受け入れる後方病床の確保が重要であるため，2014（平成26）年度より在宅療養後方支援病院を診療報酬に導入した。主な施設基準は次の3点である。

① 許可病床数200床以上の病院であること。

② 緊急時に入院を希望する病院としてあらかじめ届け出ている患者（入院希望患者）について緊急時にいつでも対応し，必要があれば入院を受け入れること。

③ 入院希望患者に対して在宅医療を提供している医療機関と連携し，3ヵ月に1回以上，診療情報の交換をしていること。

参考文献

地域包括ケア研究会『平成24年度厚生労働省老人保健事業推進費等補助金（老人保健健康増進等事業分）　持続可能な介護保険制度及び地域包括ケアシステムのあり方に関する調査研究事業報告書　地域包括ケアシステムの構築における今後の検討のための論点』三菱UFJリサーチ＆コンサルティング，2013年

地域包括ケア研究会『平成27年度老人保健事業推進費等補助金老人保健健康増進等事業　地域包括ケアシステム構築に向けた制度及びサービスのあり方に関する研究事業報告書　地域包括ケアシステムと地域マネジメント』三菱UFJリサーチ＆コンサルティング，2016年

厚生労働統計協会『国民衛生の動向』厚生の指標増刊第65号第9号，2018年，pp.192-194，pp.254-261

厚生労働統計協会『国民の福祉と介護の動向』厚生の指標増刊第65号第10号，2018年，p.136

木村多佳子「人生の最終段階における支援」大塩まゆみ・奥西栄介編著『新・基礎からの社会福祉　高齢者福祉（第3版）』ミネルヴァ書房，2018年，pp.182-196

厚生労働省『平成30年版厚生労働白書』日経印刷，2019年，pp.365-398

厚生労働省ホームページ『地域包括ケアシステム』（https://www.mhlw.go.jp/stf/seisakunitsuite/bunya/hukushi_kaigo/kaigo_koureisha/chiiki-houkatsu/ 2019年8月19日閲覧）

プロムナード

　団塊の世代が後期高齢者（75歳以上）となる2025年に向けて地域包括ケアシステム構築が目指されていますが，2025年以降も地域の実情に応じて改良され続けることが必要と考えられています。

　少子高齢化によって，地方での人口減少や，高齢化率の高い山村地域では支え手となる側の高齢化が進み，限界集落となる現状がすでに起こっています。

　また，団塊ジュニア世代の生涯未婚率に表れているように，単身世帯で余生を過ごす人も多くなるでしょう。従来の家族中心という概念ではなく，人とのつながりに多様性があることを前提として社会的孤立を防ぐことが重要となります。そのためにも，医療や介護のニーズや世代にかかわらず，暮らしの楽しみを増やして地域でのつながりを築いていけるような居場所づくりの活動がコミュニティにはますます必要となるでしょう。

学びを深めるために

日本医療ソーシャルワーク学会編『医療ソーシャルワーク実践テキスト』日総研出版，2018年

　第8章の「地域包括ケアシステムをつくる」において，医療ソーシャルワーカーが地域包括ケアシステム構築にいかに参画していくかについて述べられています。

第10章

保健医療に係る倫理

1　自己決定の尊重

　自己決定とは，自らの人生においてどのような生き方を送るのかを自らの判断によって決められることである。そして，自らの決定に優越する他人（ソーシャルワーカーがなりうる危険性もある）の介入や決定を認めないことであり，自らが嫌なことは拒否できる環境が整っていることである。「～ができない」という能力等の理由から自己決定が制約されたり，認められなかったりすることがあってはならない。自己決定とそれが実現できるかどうかは次元の違うことだからである。

　保健医療場面において，疾病の治療に関する患者や家族の自己決定を尊重するためには，インフォームド・コンセントおよびインフォームド・アセントが十分に整備されていることが重要である。

(1) インフォームド・コンセント (Informed Consent)

　インフォームド・コンセント（以下，IC とする）とは，「医療における患者と治療者の平等な関係を保証しようとする概念」[1] である。具体的には，「医師は患者に病名，病状，必要な検査の目的と内容，予測される治療の結果や危険性，治療した場合と治療しなかった場合の予後の違いなどについて患者に理解できるように説明し，患者は自らがおかれた状況をよく理解したうえで治療を受けるかどうかを判断する」[2] ことが可能となり，「患者またはその家族が，医療行為の性質や結果について十分な情報を得る権利（接近権），医療行為を受けるかどうかを自ら判断する権利（自己決定権），およびそれを可能にするための医師による十分な説明義務（還元義務）を前提とした医療行為に関する両者の合意」[3] が成立することである。

　従来，患者は医師に対して病気の治療をお願いする立場で，医師は強い権限を保有し，多くの患者は治療に関する具体的な説明を受けることもほとんどなく，治療に関わる患者の自己決定権は皆無に等しかった。それは今でも変わらないところもみられる。

　このような医師と患者の関係は，IC の導入によって改善してきている。1960 年後半には自由主義，個人尊重を重視するアメリカの医療現場で IC の尊重について取り上げられていた。その影響を受けて，日本では，1980 年後半になって，医療関係者や患者団体等から IC に関する考えが強調されるようになり，患者の自己決定権，IC を基軸とした患者の権利運動が高まっていた。

　1980 年後半厚生省（当時）の「患者サービスの在り方に関する懇談会」の報告書（1989 年）と日本医師会の「生命倫理懇談会」の報告書（1990 年）によって，IC を普及，定着させる必要性が指摘された。

　日本医師会「生命倫理懇談会」の報告では，欧米の個人主義文化を背景とす

るICを，医師と患者がお互いを尊重しつつ協力して医療を進めるという理念とし，ICを「説明と同意」と訳した。

このような動向によって，1992年の第二次医療法改正において患者サービスの向上を図るために患者に対する必要な情報提供を行うとして，1条の4第2項が追加された。

この医療法改正に伴う参議院の審議において，「ICの在り方については，その手法，手続き等について問題の所在を明らかにしつつ，多面的な検討を加えること」という附帯決議がされた。これを受けて，旧厚生省は「ICの在り方に関する検討会」を設置した。その検討会報告書は，「ICの在り方に関する検討会報告書～元気の出るICを目指して～」(1993年) として公表された。

－「ICの在り方に関する検討会」報告書（旧厚生省）より－

この検討会報告書のICの実施における具体的な在り方では，次のような医療者側の役割・努力義務が示された。

① 医療者側は，検査内容，診断結果，治療方針，見通し，投薬内容等についての十分な説明を行うこと。

② 説明には，単に病名や病状，予後といったものだけでなく，検査や治療行為に伴って生じる生活上の変化，療養のために利用可能な各種の保健・福祉サービスについての情報，かかる費用等についても含まれること。

③ 説明する際には，患者の年齢，理解度，心理状態，家族的社会的背景を配慮すること。

④ 説明の時期については，患者の要望，信頼関係の構築，患者の受容にかかる期間，患者の不安除去の観点を考慮して，できるだけ早い時期に行われること。

⑤ 必要に応じて説明の文書や疾患別のガイドブックを用いることや，繰返し説明することが必要である。

このことを受けて，1997年の第三次医療法改正において，患者の立場に立った情報提供体制を一層進めるとともに，検討会報告書によるICの具体的な在り方を実現させていくために法制化された。医療者側，患者・家族の側のそれぞれの個人努力に終始することなく，すべての医療者側の完全実現に向けて，医療者側と患者・家族の側がともに取り組むことが課題となっている。

日本看護協会では，ICにおける看護者の視点[4]について，患者の知る権利，自己決定権，自律の原則を尊重する行為であることを根底にし，患者・家族と医療職が互いに信頼に満ちたものになっているよう努力し，患者の尊厳を守り，患者・家族の権利を配慮したICになっているか，患者・家族の関心事（気がかり）を重視し，患者・家族と医療職が互いを表現し合う場になっているか，病状説明の場においては特に，選択する医療行為の利害と患者・家族の生活，人生への影響を考えられるようなプロセスになることをあげている。そこでは，

> **医療法第1条の4第2項**
> 医師，歯科医師，薬剤師，看護師その他の医療の担い手は，医療を提供するに当たり，適切な説明を行い，医療を受ける者の理解を得るよう努めなければならない。

患者・家族，医療職，ソーシャルワーカーやケアマネジャーなど関係者と互いに情報共有し，皆で合意するプロセスになるように役割も明示している。

このように，医療者側の専門職団体において IC の具体的な取り組みが共有化され，実施されることによって，患者の自己決定の尊重が実現することになる。

(2) インフォームド・アセント (Informed Assent)

インフォームド・アセント（以下，IA とする）とは，「小児患者の治療に際して，医師が保護者からの IC を得るだけでなく，当事者の子どもに対しても治療に関する説明および同意取得を行うこと」[5] である。IA は法的に義務づけられた行為ではないが，親や保護者とは別に取得すべきであるという考え方となっている。

日本小児看護学会は次のような指針を示して医療者側（看護師）のあり方，役割をあげている。

IA や IC には，「説明を理解する能力」「選択肢から選択する能力」「自己決定する能力」「決定に対して責任をとる能力」があることが成立条件となる。しかし，子どもの 場合は，思考能力が発達途上にあるため，これらの能力に限界がある。IA とは，子どもが自分になされる行為について理解できるように，十分に説明され，その選択決定について了解することをいう。子どもから IA を得る過程には，① 子どもの発達に応じた気づきを助ける，② 何が起こるのかを伝える，③ 子どもの理解していることをアセスメントする，④ 子どもの反応に影響を与える要因をアセスメントする，⑤ これらのことを吟味し，最終的に子どもが選択決定について了解する気持ちを引き出す，という 5 つの役割を示している[6]。いずれも患者の立場を最大限尊重していく医療従事者側の大切な役割である。

他にも，IA の対象としてさまざまな障害を抱えた人びと（知的・発達・精神障害者や難病患者など）や認知症高齢者，終末期患者などがあげられる。これらの対象者に対しても同様の視点，役割が求められる。

2　意思決定支援・アドバンス・ケア・プランニング

患者自身が自ら意思決定できることは，さまざまな生活上の困難なニーズを抱えながら，主体的な「生きる力」として形成・成長し，本人の具体的な意思として表出されるものである。「生きる力」は意思決定の原動力であり，人が生きていくうえで基本となる主体的な力である。その力を引き出していく支援が意思決定の支援であり，エンパワメントの実践でもある。このことは自立への支援に繋がるものである。

(1) 意思決定支援

　保健医療の場面における患者や家族を中心に据えた援助介入としてのソーシャルワークは，意思決定の内容や実現を大きく左右することになる。さらにはQOLの向上にも影響を及ぼすことになる。

　そこで，ソーシャルワーカーとしての姿勢やすすめ方について具体的に考えてみよう。意思決定の過程を支援することは，意思決定に至る本人の意思，感情，欲求などを表現する，あるいは伝えることができるように支援することである。その際，決定内容について，医療者側だけの価値基準で是非を判断しないことである。患者自身の決定内容は個人的な価値基準による意思決定であり，決定自体の支援をすることが大切である。そこでは，患者の意思あるいは意思決定の内容をあらゆるコミュニケーション技術を駆使して確認しなければならない。とりわけ，脳血管障害で言語障害となった患者，言語的表現が困難な難病患者，認知症者，精神障害者，知的障害者等々には，特段の配慮が必要である。

　高齢者の治療や療養生活については，時として家族と医療職で決定し，患者不在の意思決定が行われていることがある。疾患の種類によっては予後の予測が難しく，高齢者の意思決定のチャンスが失われかねない。認知症のある高齢者では，判断能力が不十分だからと高齢者の意思が尊重されないケースも少なくない。

　認知症患者が終末期を迎えた場合の医療方針の決定に関しては，「人生の最終段階における医療・ケアの決定プロセスに関するガイドライン」[7]において基本的なことが次の通り示されている。

① 家族等が本人の意思を推定できる場合には，その推定意思を尊重し，本人にとっての最善の方針をとること。

② 家族等が本人の意思を推定できない場合には，本人にとって何が最善であるかについて，本人に代わる者として家族等と十分に話し合い，本人にとっての最善の治療方針をとること。

③ 家族がいない場合および家族が判断を医療・ケアチームに委ねる場合には，患者にとっての最善の治療方針をとること。

　また，同ガイドライン解説編は，今後，単身世帯が増えることも想定し，家族については，本人が信頼を寄せ，人生の最終段階の本人を支える存在であると理解し，法的な意味での親族関係のみではなく，より広い範囲の人（親しい友人等）を含むことや複数人存在することも考えられるとしている。そのような広い範囲の人を想定することは，本人の意思・希望を尊重するために大切なことである。

　これらの実現のためには，医療者側がチームで共有し，連携を密に図って行くことが必要である。もちろん医療ソーシャルワーカーも積極的にチームに関

わって患者を支えていく支援が必要となる。

　がん治療においては，治療法のいくつかの選択肢のなかから患者自身が治療法を選択できるように，主治医による IC をサポートしたり，セカンドオピニオンに関する情報を提供したりして，治療に関わる患者自らの意思決定を保障していくことが求められる。

(2) アドバンス・ケア・プランニング (Advance Care Planning)

　誰でも，いつでも，命に関わる大きな病気やケガをする可能性がある。命の危険が迫った状態になると，患者本人が望む医療及びケアについて，その意思を確認できなくなるときがいつ訪れるのかを予測することは困難である。一方，終末期においても患者の尊厳ある生き方を実現するためには，予測されない急激な変化が起こることもあるので，患者が意思を伝えられるときから，その意思を共有して患者の意思が尊重された医療及びケアを提供することが重要である。これを実現することは，残された家族等にとっても，極めて重要な意味を持つ。そのために，アドバンス・ケア・プランニングという取り組みが必要になる。

　アドバンス・ケア・プランニング（以下，ACP とする）とは，患者本人と家族が医療者やケア担当者などと一緒に，現在の病気だけでなく，意思決定能力が低下する場合に備えて，あらかじめ，終末期を含めた今後の医療や介護について話し合って共有することや，意思決定ができなくなったときに備えて，本人に代わって意思決定をする人を決めておく取り組みである。

　ACP への取り組みは 2014 年度から厚生労働省によるモデル事業として始まったばかりであるため，医療従事者のみならず，国民にもまだまだ認知度が低い。

　2018 年，厚生労働省は，国民に馴染みやすい言葉として ACP の愛称を「人生会議」と決定して ACP のすすめ方について，患者側の取り組み例を具体的にパンフレット[8]で紹介して普及・啓発を進めている。

　医療やケアを受ける患者側の取り組みは，患者の希望がより尊重されやすくなる。また，治療途中で気持ちが変わることがよくあるので，その都度信頼できる家族や友人，医療者，ケア担当者などと話し合うことが必要である。

　医療者側による ACP の取り組みについては，日本医師会「終末期医療アドバンス・ケア・プランニングから考える」に，患者と話し合う内容等について具体的なことが紹介されているので参照されたい。

　ACP は患者本人が主体であり，在宅医療が推進されている状況では，地域で支えるという視点から，かかりつけ医を中心に，看護師，ケアマネジャー等の介護職，ソーシャルワーカー等の多職種で，患者の意思に寄り添う取り組みが大切である。話し合いの内容は，その場で決まらないこともあるが，その都

人生会議

　厚生労働省は，人生の最終段階における医療・ケアについて，本人が家族等や医療・ケアチームと繰り返し話し合う取り組み，「ACPについて」，2018 年に愛称を「人生会議」に決定した。また，人生の最終段階における医療・ケアについて考えるとして，11 月 30 日（いい看取り・看取られ）を「人生会議の日」とした。患者側が治療・ケアの話し合いについて ACP を取り組む例を次のとおりあげている。
　ステップ 1：大切にしていることは何か考えてみる。ステップ 2：あなた自身の事をよく理解してくれている信頼できる人が誰か考えてみる。ステップ 3：病名や病状，予想される今後の経過，必要な治療やケアなどを主治医に質問してみる。ステップ 4：治癒が不可能な病気になり，回復が難しい状態になった時のことを話し合う。ステップ 5：話し合いの内容を医療・ケア担当者に伝える。

度，文書にまとめておくことが大切である。

　まずは，話し合いのきっかけをつくったり，話し合いの場を提供することが重要である。さらに，ACPの認知を広めることが急務である。

3　保健医療に係る医療倫理の4原則

　医療倫理は医療のなかで倫理的問題の解決への指針となる原則である。医療従事者が倫理的な問題に直面した時に，どのように解決すべきかを判断する指針として4つの原則がある。

　自律的な患者の意思決定を尊重するという「自律尊重の原則」，患者に危害を及ぼすのを避けるという「無危害の原則」，患者に利益をもたらせようという「善行の原則」，利益と負担を公平に配分しようという「公正の原則」からなる。

(1) 自律尊重の原則

　自律とは，自分の意思で決定することのできる人が，選択する自由がある状況で，自身のことを自分で決め，行動することであり，患者自身の決定や意思を大切にして，患者の行動を制限したり，干渉したりしないことである。ICは，患者に情報を開示し患者がその内容を十分に理解し，納得した上で，自律的な決定ができるよう支援することが「自律尊重の原則」に基づいた医療従事者の積極責務であると考えられている。

　例としては，ICの取り組みであったり，ICを受けた上で，患者が治療を受けないと決定した場合はその意思を尊重することがあげられる。

(2) 無危害の原則

　患者に危害を及ぼさないという意味で，今ある危害や危険を取り除き，予防することも含まれる。次の「善行の原則」に連動すると考えられている。

　例としては，体に侵襲が少ない（傷つけない・影響が少ない）治療方法を可能な限り選択することや，糖尿病によって足の指が壊疽したが，足全体に壊疽が広がらないよう切断することなどが考えられる。

(3) 善行の原則

　患者の利益のために最善を尽くすことで，医療従事者側が考える善行ではなく，患者が考える最善の善行を行うというものである。

　例としては，患者の症状に合った治療方法があれば，できうる最良の治療をすることである。

(4) 公正の原則

　患者を平等かつ公平に扱うことである。医療においては限られた医療資源（医療施設・医療機器・医薬品・医療従事者など）をいかに適正に配分するかも公正の原則に含まれている。

　例としては，大事故や災害の際に，一度に多くの患者が発生した場合に，重症度に従って，優先順位を決めるトリアージの考え方などがあげられる。また，患者の出身地，身分，年齢，経済状況などに左右されることなく，必要な医療，情報を提供することもあげられる。

　この医療倫理の 4 原則は，IC や IA を取り組む際に，影響を及ぼす重要な指針である。

　また，医療ソーシャルワーカー倫理綱領では，ソーシャルワーカーの価値と原則のなかで，ソーシャルワーカーは，すべての人間を，出自，人種，性別，年齢，身体的精神的状況，宗教的文化的背景，社会的地位，経済状況等の違いにかかわらず，かけがえのない存在として尊重する（人間の尊厳）。ソーシャルワーカーは，差別，貧困，抑圧，排除，暴力，環境破壊などの無い，自由，平等，共生に基づく社会正義の実現を目指す（社会正義）。ソーシャルワーカーは，人間の尊厳の尊重と社会正義の実現に貢献する（貢献）ことを掲げている。患者および家族への支援者としての重要な指針である。

4　倫理的課題─高度生殖医療・出生前診断・臓器移植・尊厳死・身体抑制・倫理的課題

　高度な医療技術の発展により，患者又は利用者等の救命の可能性が高まるなか，患者又は利用者等が意思を伝えられないことで起こる倫理的課題は増加している。意思表示ができない患者や利用者等には，重度の認知症や疾患の急性増悪によって意識が低下した患者もいる。さらに，高度生殖医療，出生前診断，臓器移植等々の医学・医療技術の発展は倫理的課題が山積してきている。

(1) 高度生殖医療と倫理的課題

　高度生殖医療（生殖補助医療）とは，1978 年イギリスで体外受精がはじめて成功し，その後発展した不妊治療のことある。高度生殖医療（生殖補助医療）として行われる具体的な治療方法には，体外受精・顕微授精・凍結胚移植がある。

　高度生殖医療によって 2017 年までに世界中で 600 万人以上の赤ちゃんが生まれていると推測されている。

　高度生殖医療による治療は，配偶者間で行われるだけでなく，精子，卵子，受精卵，子宮などに支障がある場合，第三者の提供を受ける形でも広がっていった。そこでは，極端な場合，遺伝上の親（精子，卵子の提供者）と生物学的な親（懐胎し出産する人）と社会的な親（養育の責任を引き受ける人）がすべて異

体外受精・顕微授精・凍結胚移植

　体外受精とは，体外で受精させた胚を培養した後に，母体へ戻して着床させる方法であり，不妊原因が卵管障害など女性側にある場合に利用される。基本的には，排卵誘発剤を利用して卵子を 10 個程度採取し，複数の卵子を試験管内で受精させ，培養して 4 ～ 8 細胞に分割した頃の胚を女性の子宮に戻して移植する。日本では 1983 年に国内で初めての体外受精が行われた。

　顕微授精とは，体外受精の一種で，顕微鏡下で精子を卵子の卵細胞内に直接注入して受精させる方法。精子無力症や無精子症のように，男性側に不妊要因がある場合に多く利用される。日本では 1992 年に初めて顕微授精による子が産まれた。

　凍結胚移植とは，体外受精や顕微授精で得られた胚を採卵したその周期には移植せず，凍結保存した後に融解し移植するという治療である。胚を凍結保存する理由は，採卵周期の着床環境が不良の場合や，卵巣過剰刺激症候群（排卵誘発剤により多数の卵胞が大きく発育し，卵巣が腫大，腹水や胸水がたまる状態）を回避するためである。

懐胎

　懐胎とは，懐妊，妊娠のことである。

なる事態も生じうる。第三者の提供を介することにより、生殖年齢を超えた人や、単身者や同性愛カップルなどにも、高度生殖医療を利用して子をもつ道が開かれた。ここに、誰がどこまで高度生殖医療を用いてよいのかという、従来の家族観を超えた複雑な倫理的、法的、社会的問題が生じることになる。

また高度生殖医療の安全性については、生まれてきた子の追跡調査のデータが乏しく、いまだ医学的に確定していないことも問題といわれている。

日本産婦人科学会は、以前は高度生殖医療の適応を厳格に規定していたが、現在は高度生殖医療の普及を受けて、医療機関の認定を緩和している。それゆえ一般不妊治療や配偶者間人工授精、手術療法などで治療可能な症例であっても高度生殖医療に進むケースがある。それが患者と十分に話し合い同意したものであればよいが、不妊治療に関わる来院患者すべてに高度生殖医療を勧めようとしている医療機関もある。その対策として、日本産婦人科学会では、高度生殖医療を実施する際に、倫理的・法的・社会的基盤に十分配慮して体外受精や胚移植の有効性と安全性を評価することを指針に定めて自主的に規制している。

不妊治療は、妊娠・出産という目的が達成できるまでは終わらない治療であり、不妊の原因特定が困難であることからも、出口のないトンネルにもなりかねない。患者には精神面での負担が大きく、周囲の理解や協力、パートナーからのケアがとても大切となる。また、自由診療で高額な費用がかかり、経済的に大きな負担を生じる。自治体によっては助成を実施している。治療前に、費用面についてもしっかりと確認する必要がある。

全国には「不妊専門相談センター」がもうけられており（厚生労働省「全国不妊専門相談センター事業」参照）、不妊カウンセラーの資格を持った助産師による相談対応や生殖医療に携わる医療スタッフによる、医学的・心理的・社会的問題等について情報交換の場を設けたり、相談サポートなどの取り組みが行われている。

医療者から安易に高度生殖医療を進められたり、言動に傷つけられて不安を感じたら、「不妊専門相談センター」の利用を勧めてみることも必要である。

(2) 出生前診断と倫理的課題

胎児の成長具合を調べる出生前診断は、1960年代から染色体など赤ちゃんの遺伝情報も調べられるようになってきた。最初に始まったのは子宮に針を刺す「羊水検査」で、流産のリスクがあった。90年代には妊婦の血液から、異常のある確率が推計できるようになり、2013年には精度の高い新型出生前診断が登場した。

新型出生前診断はもともと、日本産科婦人科学会や日本医学会など関連5団体が、十分な遺伝カウンセリングができる態勢があるといった条件を満たし、

全国不妊専門相談センター事業

各都道府県、指定都市、中核市が設置している不妊専門相談センターでは、不妊に悩む夫婦に対し、不妊に関する医学的・専門的な相談や不妊による心の悩み等について医師・助産師等の専門家が相談に対応したり、診療機関ごとの不妊治療の実施状況などに関する情報提供を行っている。厚生労働省のホームページによると、2018年現在、全国で67カ所が設置している。不妊症担当医師、不妊カウンセラー、体外受精コーディネーター、看護師、保健師、助産師など、生殖医療の専門家が、通常、相談員として参加している。相談料は基本的に無料。

認定を受けた医療機関のみで実施すると決めた。中絶という重い決断を伴う場合もあるし，不適切に広まればダウン症の人などへの差別につながりかねないからだ。

しかし，DNA解析は民間の検査会社が行い，医療機関は採血を行い，カウンセリングだけで済むため，2016年から日本産婦人科学会の認定外の医療機関も新型出生前診断を手がけるようになった。2016年以降，相当数の妊婦が認定外施設で受けているといわれている。

妊婦は，妊娠15週になれば母体血清マーカーの血液検査を受けるかどうかを決定し，その結果胎児に異常が判明した場合には，妊娠を継続するか中絶するかについて妊娠満21週までに選択をしなければならない。自分と子供の人生についてしっかり考える時間を与えられることなく，中絶するか否かという究極の決断をさせられることになる。胎児の疾患を親が容易に知ることができるようになり，妊婦が選択的中絶を安易に選択するかもしれないという優生学的問題が生じている。

認定外の医療機関で検査を受けた妊婦には，郵送で結果が送られるだけで十分な説明を受けられずに，検査結果の意味がわからないなどと，認定施設に相談してくる人も出ている。

日本産婦人科学会はこうした状態を問題視して2019年，産婦人科クリニックなども新型出生前診断を実施できるように，実施施設において常勤の小児科医がいなくても認定要件を緩和する指針案を作った。

これに対し，日本小児科学会などが「子どもの代弁者である小児科医の関与が不十分」などと反発して，厚生労働省が介入し，専門委員会を作って2019年秋に，新型出生前診断のあり方について議論を始めることになった。

妊婦が自身の妊娠や出産において，どのような選択をするか自律的に決めるために，入手する権利のある情報のひとつが出生前診断，という観点が日本でも必要だといわれている。

新型出生前診断で大切なのは，障害がある子を産むと妊婦が決めた場合，それは選択した当事者の責任とせず，生まれてきた子を社会全体でサポートする体制の確立である。

(3) 臓器移植医療の倫理的課題

臓器移植医療は，臓器を提供する側「ドナー」と提供を受ける側「レシピエント」という異なる立場がつながることで成り立っている医療である。臓器移植医療は，人の意思を尊重した高い倫理性を問われる医療である。臓器移植法第2条にその基本的理念が示されている。

ドナーは，「死体」と「生体」に大別され，「死体」には「脳死」と「心停止」がある。レシピエントはほとんどが臓器不全であり，近い将来に死が予測

母体血清マーカー検査

妊婦から採血した血液中の4つの成分を測定して，胎児がダウン症候群，18トリソミー，開放性神経管奇形である確率を算出するスクリーニング検査で，クアトロテストともいう。

臓器移植法第2条

正式には「臓器の移植に関する法律」という。

第二条　死亡した者が生存中に有していた自己の臓器の移植に使用されるための提供に関する意思は，尊重されなければならない。

2　移植術に使用されるための臓器の提供は，任意にされたものでなければならない。

3　臓器の移植は，移植術に使用されるための臓器が人道的精神に基づいて提供されるものであることにかんがみ，移植術を必要とする者に対して適切に行われなければならない。

4　移植術を必要とする者に係る移植術を受ける機会は，公平に与えられるよう配慮されなければならない。

されているか，著しく QOL が阻害されながら生活を維持している状態にある。

　臓器移植医療の場合，ドナーとレシピエントの双方の家族が重要な立場に置かれることがある。具体的には，患者の意思が不明な場合における臓器提供の代理意思決定，あるいは自ら健康で自身の身体には利益のない手術を行うことの選択などである。

　このような状況において，医療職はドナーやレシピエント，その家族の意思決定支援をどのように行えばよいのか悩むケースが生じている。「脳死移植」においては，脳死を人の死かどうか迷ったり，個々の価値観と実際に展開されている医療や自身の役割の間で葛藤を抱いたりすることもある。

　「生体移植」は，日本において臓器移植の大多数を占める状況が続いている。現在，生体ドナーに法的規制はないものの，日本移植学会による「日本移植学会倫理指針」では，ドナーは親族（6 親等以内の血族及び配偶者と 3 親等以内の姻族）に限定することが明記されており，併せて各医療機関での判断が求められている。生体ドナーについては，誰がドナーとなるかを決定する際にさまざまな葛藤が生じ，ときには親族内に潜んでいた問題が浮き彫りとなったり，最善な選択を行う環境に大きな影響が生じたりする場合もある。医療職には，治療法の選択とドナーの決定を含むすべてのプロセスにおいて，ドナーとレシピエント双方の生命や尊厳，権利を尊重することが求められる。

　臓器提供は本人の意思が尊重されるものであり，それは，臓器提供をする意思だけでなく，臓器提供したくないという意思も含まれる。そして，本人の意思を尊重するためには，強制や誘導があってはならない。医療職はドナー，レシピエントとなる者に対して中立の立場でサポートし，意思決定支援を行うことが必要である。併せて，ドナーとレシピエント，またその家族の精神的，社会的な支援も求められるが，移植の判断から実施までは多くの職種が関わることになる。臓器移植については，家族との調整役を担う移植コーディネーター（ドナー移植コーディネーター，レシピエント移植コーディネーター）などと連携し，チームでドナー，レシピエントとその家族への支援を進めていくことが重要である。

(4) 尊厳死と倫理的課題

　日本尊厳死協会によれば，尊厳死とは，不治で末期に至った患者が，本人の意思に基づいて，死期を単に引き延ばすためだけの延命措置を断わり，自然の経過のまま受け入れる死のことである。本人の意思は健全な判断のもとでなされることが大切で，尊厳死は自己決定により受け入れた自然死と同じ意味と考えられている。

　尊厳死は本人の自己決定によるものだが，その実現には寄り添ってくれる人びと（家族の場合が多い）の理解が非常に重要である。

　しかし，家族が反対したら尊厳死は認められない，あるいは家族が勝手に希望すれば尊厳死ができる，ということではない。日本尊厳死協会はあくまでも本人の意思があってはじめて尊厳死は認められるもので，同意してくれる家族はその実現を支えてくれる重要な人と考えている。

　尊厳死の法制化の動きが進まない一方で，医療現場では法律の明確な裏付けを得られなくとも，「胃ろうの中止」「中心静脈栄養などの点滴の中止」「抗がん剤の投与中止」など尊厳死は事実上容認された形となっている。療養生活が長期化するなかで，医療費の抑制策や，経済的な負担，家族介護の負担等諸問題がのしかかってくることも影響を及ぼしている。筋萎縮性側索硬化症（ALS）の重度難病患者が，医療費や家族介護の負担等が影響して人工呼吸器の装着を拒否するケースも起こっている。

　このようなケースは積極的な尊厳死ではないが，終末期の患者が自己決定する意思を尊重する意味で，患者や家族のつらさに寄り添う医療者側のかかわり方が強く求められる。

　尊厳死との関連で，治る見込みがなく，死期が近いときの医療についての希望をあらかじめ書面に記しておくリビング・ウイルというものがある。リビング・ウイルは延命治療の拒否や緩和ケアの充実といった本人の意思や希望を示す指示的内容となっている。

> **リビング・ウイル**
> →p.11 参照

　もしもの時，どのような医療を望むか，望まないかは患者自身が決めることで，憲法に保障されている基本的人権の根幹である自己決定権に基づいているとしている。リビング・ウイルに取り組む際の相談過程については，ACP の実践として関連づけられている。日本臨床内科医会では，「私のリビング・ウイル」という冊子を発行し，ACP と関連づけて 2018 年から普及活動を行っている。

(5) 身体拘束と倫理的課題

　身体拘束は，病院や施設によってその対応は一貫していない。患者や施設利用者の安全を守るためやチューブ類を自己抜去しないためという理由で身体拘束を日常的に行っている施設や，身体拘束は原則として行わないという方針の施設などもある。

　厚生労働省は，身体拘束を禁止する対象となる具体的な行為を下記の通り示している。

身体拘束禁止の対象となる具体的な行為
（厚生労働省「身体拘束ゼロ作戦推進会議」2001）

① 徘徊しないように車椅子や椅子，ベッドに体幹や四肢をひも等で縛る。
② 転落しないように，ベッドに体幹や四肢をひも等で縛る。
③ 自分で降りられないように，ベッドを柵（サイドレール）で囲む。

---

④ 点滴，経管栄養等のチューブを抜かないように，四肢をひも等で縛る。

⑤ 点滴，経管栄養等のチューブを抜かないように，または皮膚をかきむしらないように，手指の機能を制限するミトン型の手袋等をつける。

⑥ 車椅子や椅子からずり落ちたり，立ち上がったりしないように，Y字型抑制帯や腰ベルト，車椅子テーブルをつける。

⑦ 立ち上がる能力のある人の立ち上がりを妨げるような椅子を使用する。

⑧ 脱衣やおむつはずしを制限するために，介護衣（つなぎ服）を着せる。

⑨ 他人への迷惑行為を防ぐために，ベッドなどに体幹や四肢をひも等で縛る。

⑩ 行動を落ち着かせるために，向精神薬を過剰に服用させる。

⑪ 自分の意思で開けることのできない居室等に隔離する。

　患者や利用者に対する支援計画の策定とそれに基づいた支援がなされていないなかで行われるこのような身体拘束は，権利侵害や虐待にあたる。厚生労働省の統計では虐待件数が毎年増えてきている。一方，医療・ケアの現場では，さまざまな葛藤が生じているなかで，対応の改善に努力している医療機関や入所施設も増えてきている。

　日本集中治療医学会看護部会では，抑制は，「人権擁護の観点から問題があるだけでなく，QOLの低下を招くものであるため，原則としては行わない。しかし，患者の生命あるいは身体が危険にさらされる可能性が著しく高く，抑制による行動制限を行う以外に，代替する方法がない場合に一時的に行うものとする」と，示している（「ICUにおける身体拘束のガイドライン」2010）。

　今後，超高齢社会のなかで，要介護者や認知症者の増加等が予測され，看護・介護人材の大幅な不足が見込まれている。医療機関や介護施設，あるいは在宅医療において，身体拘束によっては一層深刻な倫理的問題が顕在化することが予想され，医療者・ケア担当者らの葛藤は尽きることがないであろう。

注）

1）成清美治・加納光子編集代表『現代社会福祉用語の基礎知識（第13版）』学文社，2019年，p.26

2）同上。

3）同上。

4）日本看護協会 WEB「インフォームドコンセントと倫理」
https://www.nurse.or.jp/nursing/practice/rinri/text/basic/problem/informed.html（2019年8月31日閲覧）

5）松村明編『大辞林第三版』三省堂，2006年

6）日本小児看護学会「子どもを対象とする看護研究に関する倫理指針」2015年

7）厚生労働省「人生の最終段階における医療・ケアの決定プロセスに関するガイドライン」2007年，2018年3月最終改訂

8）厚生労働省「ACP普及・啓発リーフレット」
https://www.mhlw.go.jp/content/000502319.pdf（2019年8月31日閲覧）

┌─ プロムナード ─┐

　手術を受けさせるためには障害者をだましてもいいとして，旧優生保護法と呼ばれる法律の下，1949 年から 1996 年まで障害者への強制的な不妊手術が合法に行われました。国は旧優生保護法が目的に掲げる「不良な子孫の出生を防止する」という「公益」を理由に，障害者をだましたり身体を拘束したりして手術を強制することを「憲法に違反しない」としました。国や都道府県の文書には，強制手術件数を増やそうと各自治体が競って手術件数を伸ばし，障害者の人権を踏みにじってまで手術を推進する内容が至る所に記されていたことが明らかになりました。多くの障害者だけではなく，難病患者や精神的な問題を抱えている人たちも対象とされました。人権を踏みにじる政策に歯止めがかからないまま 2 万 5 千人もの人に優生手術が行われました。日本で救済の動きが具体化したのは，2018 年 1 月，1 人の女性が手術を強制されたとして裁判を起こしてから一気に問題が表面化しました。

　2019 年 6 月のハンセン病家族の賠償請求訴訟も同様に国の隔離政策の下，ハンセン病の元患者を隔離した国策をめぐり，政府はその家族も差別と偏見にさらされてきたことを認め，補償と名誉の回復に取り組むことになりました。

　いずれも，当事者が裁判に訴えることによって，初めて被害状況が明らかになりました。基本的人権を保障する，尊重するという大切さを，国をはじめとした行政関係者，医療関係者，そして，すべての国民が最優先にしなければならないことを教えてくれています。

学びを深めるために

　保健医療における倫理問題，とりわけ医療は社会問題にどのように関わってきたのか。このことを理解するために戦後の公害問題は是非触れておかなければならないでしょう。

政野淳子著『四大公害病』(中公新書) 中央公論新社，2013 年

　四大公害と呼ばれる水俣病，新潟水俣病，イタイイタイ病，四日市公害は，日本が戦後高度経済成長をはじめた 1940 ～ 1960 年代に発症して過酷な健康被害を引き起こした公害です。公害と病との因果関係が認められず，患者は肉体的，経済的，社会的苦しみを味わってきました。このことに医療はどう向き合ってきたのでしょうか。国は経済発展を優先し，国民の健康被害に目を向けませんでした。被害者である患者とその家族が声を上げて明らかになってきた事実を学ぶことができます。

原田正純著『水俣病は終わっていない』(岩波新書) 岩波書店，2012 年

　公害の原点ともいわれる水俣病に関しては，いまだに未解決の問題が山積しています。医師であり大学研究者として水俣病患者を治療しながら，多くの水俣病患者が救済されずに放置されてきた苦しみを語る一方，なかなか救済認定しようとしない国，行政の問題等に触れています。医療者が患者の人権，救済に真剣に向き合っている姿勢を学び取ることができます。

第11章

病気・障害を抱える人びとや家族に対する援助

疾病・障害およびそのリスクがある人と家族の理解

(1) 健康とは

　病気や障害のある人とその家族へソーシャルワーク支援を行うにあたっては，まず健康とはどのような状態を指すのかを理解することが重要である。WHO（世界保健機関）の憲章において健康とは，

　「Health is a state of complete physical, mental and social well-being and not merely the absence of disease or infirmity.」「Health is a dynamic state of complete physical, mental, spiritual and social well-being and not merely the absence of disease or infirmity.（1998 年）」

　「健康とは，病気でないとか，弱っていないということではなく，肉体的にも，精神的にも，そして社会的にも，すべてが満たされた状態にあること（日本WHO協会訳）」[1]と定義され，さらに「健康と疾病は別個のものではなく連続したものであること，人間の尊厳の確保や生活の質を考えるために必要で本質的なものとして spiritual（スピリチュアル）と付加された」と説明されている。

　この定義からは健康と病気や障害が単純に相反するものではないことがわかる。特に体調に悪いところがない，あるいは病名がつくような病気がないということを健康であると判断するのではなく，病気や障害があっても幸せを感じていたり，他者との人間関係がうまくいっている，愛情や信頼を感じているといった前向きな側面も含めて判断することが求められる。つまり，全体的，全人的な（ホリスティック holistic）視点で捉えなければならないのである。

(2) life の理解

　保健医療ソーシャルワークにおいて，QOL（quality of life）の概念を理解するにあたり，「life」を「生命」，その生命の上にある日々の「生活」，そして生活の連続としての「人生」の3つのレベルで捉えると生命の質，生活の質，人生の質と訳することができる。

　「生命」は，生きること，そしてその生命の終わりである死，新たな命を生み出す生殖などを含む。保健医療の場においては多くの専門職種が関わっているが，医師等の医療専門職はこのレベルについての知識，技術に特化した専門職である。ソーシャルワーカーも，患者の生命を尊重し，たとえ患者がどのような疾病や障害の状態であれ人としての尊厳を決して疎かにしてはならない。

　「生活」とは私たちの日々の営みであり，家庭，職場，学校等でさまざまな人びとと関わりを持ち社会のなかで維持しているものであり，ひとたび疾病や障害を有するとその影響を強く受ける。社会生活上の基本的要求として，岡村重夫は，① 経済的安定，② 職業の安定，③ 家族関係の安定，④ 保健・医療の保障，⑤ 教育の保障，⑥ 文化・娯楽の機会の7つをあげている。患者，家族

社会生活上の基本的要求

　人間が社会生活を遂行していくうえで充足されるべきニーズ（needs）のこと。ニーズには人間の生理的な欲求や心理的欲求が含まれるが，これらの欲求をもつ人間が社会的存在として自己を取り巻く環境とのバランスを適切に保って生活することによって充足される社会的ニーズのことである。

の身体的側面，心理的側面に加え，社会的側面等，社会生活上でのニーズの多
様性を理解しなければならない。

　「人生」は日々の生活の連続性の上にあるが，そこには１日１日の「時間」
の積み重ねというだけではなく，人生観，価値観，生活信条などが反映されて
いる。ソーシャルワーク支援においては患者，家族のこれまでの人生を踏まえ
た上で「いま，目の前にいる」彼らと彼らの生活を理解することが大切であり，
またこれまでの人生の連続の上にある将来の生活を考える（想像できる）力が必
要である。

(3) 全人的理解

　QOL（quality of life）の視点においては，患者がどのように「よく」生きる
かが大切である。生命の長さだけでなく，身体的な痛みが少ないこと，不安が
少ないこと，さまざまな人との関係性があること，自分の役割があることなど
も QOL に影響する要素である。

　マズロー（Maslow, A.）の唱えた欲求階層論では，人間の基本的な欲求を，
低次の生物的欲求である生理的欲求から，より高次の自己実現欲求の５つに分
けて説明している（図表11 − 1）。低次の欲求ほど生物学的な生命の維持に直結
するものであるが，必ずしも低次の欲求から高次へと段階的に推移するとは限
らず，低次の欲求が十分に充足されていなくても人は高次の欲求を持つ。例え
ば経済的に困窮し衣食住が不十分である，あるいは身体の痛みや不自由に苦し
む状態にあるにもかかわらず，その人自身の望む生き方を貫くための努力を惜
しまない人がいる例などがそうである。

　ソーシャルワーカーが患者や家族を全体，全人的に理解するにおいては彼ら
が経験する身体的，精神的，心理的，社会的な側面とその痛みに加え，スピリ
チュアルな側面への理解が重要である。木原（2003）はこれらを４つの層とし
て図式化し（図表11 − 2），人間性の基本にスピリチュアリティを核として置き，
それぞれの層をバラバラにではなくひとつの統合体として存在を説明してい
る[2]。

　スピリチュアルな層での痛み（スピリチュアルペイン）には例えば，死（死に
ゆくこと），自身の人生の意味を見失うこと，希望が持てないこと，他者を受

> **自己実現**
> 　その人が自己の能力を最
> 大限に発揮することができ
> ること，あるいはその過程。
> 当然その個人によってさま
> ざまな状態で行われるもの
> である。自己実現している
> 人の特徴としては，現実の
> 適切な認知，自己受容，自
> 発的な思考，高度の自立性
> などがあげられる。社会福
> 祉におけるひとつの大きな
> 目的といえる。

図表 11-1　マズローの欲求階層（５段階）

高次　↑	自己実現の欲求	自分の可能性を最大限に発揮する成長への欲求
	承認の欲求	他者から自己の価値を認められたい，また自分自身を認めたいという欲求
	所属と愛の欲求	社会的な居場所（所属）を求め，愛されることへの欲求
↓	安全の欲求	周囲の環境等が安全，安心できるものであることへの欲求
低次	生理的欲求	食事，睡眠等への欲求

出所）筆者作成

図表 11 − 2　人間存在の四つの層（断面）

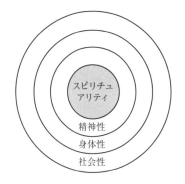

出所）木原活信『対人援助の福祉エートス』
ミネルヴァ書房，2003 年，p.19

図表 11 − 3　人間存在と世界

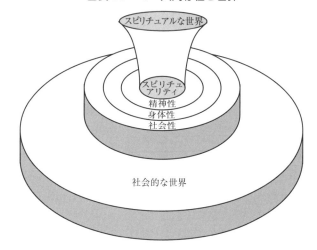

出所）木原活信『対人援助の福祉エートス』ミネルヴァ書房，2003 年，p.19

容したり許したりできないことなどがある。身体的な苦痛や不自由，不安，人間関係の悪化，経済的問題等とを含めて，これらの要素がそれぞれを個別に切り離して考えるべきものではなく，互いに影響し合うものとして理解しなければならない。

　一方で，患者や家族の疾病，来たるべき死，あるいは障害に直面するなかでも，自分のすべき役割を全うしようとする人，周囲への愛と思いやりを忘れない人たちがいる。自分自身の根源的な存在価値を見つめ，求めている状態こそがその人にとって，よりウエルビーイングな状態であるということもある。何をもって「よく」生きることかは個別性があり，そこには患者の生と死のありようが映し出される。

（4）家族，患者の周囲の人びとの理解

　ソーシャルワーク援助においてクライエントという言葉を用いる際，狭義の理解としては患者個人を指すが，実際は，患者が周囲のだれとも関わらずに一人で生きているわけではない。生まれ育った家庭の家族，友人以外にも，これまでの人生で関わった人びとやその人びとが所属する組織，機関と相互に関係し，影響をし合ってきたのである。支援においてはより広義に家族，グループ，組織，コミュニティ等，患者を取り巻く環境を含めたクライエントシステムとして理解し，それらには働きかけを行っていくことが大切である。

　特に患者にとって身近で大きな存在のひとつは家族である。家族内に病気になったものがいることは心理的にも経済的にも大きな影響を与える。また患者の回復には家族の支えが重要であることも多い。しかし，一方で家族の形態は昨今，大きく変容している。平均婚姻年齢は男女ともに 30 歳を超え晩婚化が進んでおり，また，50 歳時点で一度も結婚したことのない人（生涯未婚率）は男性

の約25％，女性の15％となっており未婚化も進んでいる。これらの状況は少子化にも影響を与え，高齢化も相まって単独世帯は急増しており，これまでの夫婦と子からなる家族（生殖家族）を前提とした日本の制度設計や社会のなかでの価値観が大きく揺らいでいる。家族の捉え方も変容している。これらの多様性のひとつとしてセクシャルマイノリティの人びとがいる。ソーシャルワーカーには友人と伝えるが実は患者の大切なパートナーである人であることもあるだろう。このような人びとが直面し，感じる医療の利用しづらさや生活上のさまざまな問題への理解が必要である。

　これまでの社会の価値観としての「病気の時には家族で支えるべき」「家族であれば病気や障害を受容できる」といった固定概念にソーシャルワーカーがとらわれることのないようにしたい。ソーシャルワーカーは多様な人びとの存在と考え方，生き方を尊重しなければならない。

2　病気の過程と保健医療ソーシャルワークの生活上のニーズ

(1) 保健医療ソーシャルワークの生活上のニーズ

　私たちの生活に影響や変化をもたらすものごとをライフイベントといい，人生においては通常，進学，就職，結婚，出産等の人生の節目ともいえる予測可能なライフイベントを想定して私たちは日々の生活を送っている。ところがライフイベントのなかには事故や災害等の予測できないようなものもある。疾病や傷害は私たちにとってこの「想定していない」イベントである場合が多く，そのため，いざ直面した時にはさまざまな問題が生活上に現れる。

　これらの問題は罹患や病気の悪化によって新たに患者，家族に起こるものもあれば，そもそも日常生活のなかに潜んでいた問題が，これまでは顕在化していなかった，あるいはなんとかやり過ごしてきたが，病気を機に浮かび上がってきたものも多い。たとえば，「医療費の支払いが難しい」という主訴を持つクライエントの場合，罹患する以前から収入が不安定であり，貯金もほとんどなかったがなんとかその場しのぎで暮らしてきたというケースもある。また，家族関係の問題が表出しているケースにおいては，以前から夫婦の不和，家族員間の虐待や過干渉等の家族内での関わりの不適切さ，それぞれの役割（父親としての役割，母親としての役割等）を果たせていないといった問題があり，家族としての機能不全が病気という体験をきっかけとして可視化されることもある。また，慢性疾患の場合には，生活，人生のなかで経験する困りごとを自らの疾病が原因であると結び付けて考えてしまう患者もいる。実際に，疾病や傷害，生活上の不自由から，進学，就職，結婚等にあたって，自分の希望を叶えることが難しい場合もある。自身の生活，人生をうまくコントロールする，自律するということができないことを患者が失敗体験と受けとめ，それが繰り返

> **生殖家族**
> 　定位家族によって育った子どもは，いずれ結婚して配偶者と新しい家族を築き，育んでいくこととなる。このように，結婚し，新しい家族をつくっていく夫婦の観点からとらえた家族概念が「生殖家族」である。

> **定位家族**
> 　親子関係によるところの子どもの観点からとらえた家族概念である。一般的に，人は自らの意思にかかわらず特定の親の元で出生し，養育されることになり，そこでの環境や文化等の影響を受けることになる。いわば選択する余地のない，最初に経験する「家族」であり，そこでは親子関係によってささえられる部分が大きい。人間は生涯に２つの家族を持つ，といわれているがそのもう一方が「生殖家族」である。

されると患者の自己肯定感も低くなり，パワーレスな状態となる。

(2) 急性期と医療ソーシャルワークの生活上のニーズ

　急性期は，病気が発症し，症状が急に現れる時期であり，適切な医療的な処置を行わないと直ちに生命の危険に繋がることもある。患者の身体状況の急激な変化と苦痛のために，患者，家族の生活に予測し得なかった変化がもたらされ，さまざまな社会的問題が起こるとともに，病気への不安等から心理的問題もみられる。この時期は急速な病状の変化があるため，ソーシャルワーカーの支援においても柔軟で臨機応変な対応が必要であり，病気と治療の状況を把握するために医療専門職との綿密な情報共有が必要となる。

　患者本人との関わりについては不安定な病状により意思確認や面接を行えないこともあるため，家族への病状説明やソーシャルワーカーによる面接が行われることがある。その場合においても患者自身の意思，希望を可能な限り尊重した支援を進めていくようにしなければならない。さらに患者のプライバシー保護も配慮が必要な点である。患者の病状によっては治療内容に関する同意，病状説明を家族に行うことがあるが，患者が知られることを望んでいなかったプライバシーに関する情報を家族が知る場合もある。そのため，患者が回復した後，家族との関係が悪化したというケースもある。生命を救う治療を優先することは医療専門職においては大前提であるが，これからの患者の生活や人生に問題が生じることは医療の場において起こりうる倫理ジレンマである。これは解決の難しい課題であるが，ソーシャルワーカーは一つひとつのケースにおいて，誰にどの情報を伝えるべきか，それは本当に必要かということに配慮しなければならない。

　また，家族も病気と生活の状況の変化に戸惑いを感じることも多いので，家族へのサポートも求められる。心理的な不安，主たる生計を担っていた家族員の病気であれば生計に関わる経済的問題，さらには就労上の問題にも繋がる。病院への見舞い，入院中の世話からくる身体的な疲労もある。医療機関の機能分化が進むなか，短期間で急性期病院から転院することになる患者も多いが，的確なソーシャルワークアセスメントを行い，今後の患者の生活に起こりうる問題，ニーズを予測し，転院先のソーシャルワーカーと連携して支援を行う必要がある。

(3) 回復期と医療ソーシャルワークの生活上のニーズ

　「回復期」は患者の病状が急性期から脱し，徐々に安定する時期である。ただし，完全に治癒するのではなく機能障害が残る可能性もあるため，機能回復を促し，新たな機能の獲得を目的とした回復期（的）リハビリテーションも重要となる。回復期リハビリテーションにおいては，医師，看護師，医療ソー

回復的リハビリテーション
　疾患や機能回復を図り，ADL の向上，寝たきりの予防，家庭復帰を目的とするリハビリテーション。回復的リハビリテーションにおいては，チームアプローチが重要視される。医師・看護師・理学療法士・作業療法士・言語聴覚士・介護福祉士等による連携したチームアプローチを集中的かつ効果的に提供する必要がある。

シャルワーカーの他に，理学療法士，作業療法士，言語聴覚士等によるチーム医療が行われる。また，患者と家族は障害受容への不安も表れる。患者と家族が望む退院後の生活を実現するために，地域の医療，福祉の専門職との連携が必要となる。

　障害が残った場合には患者がこれまで送ってきた生活の継続が難しく，今後の人生設計を大きく変更しなければならないこともある。これは患者や家族にとってはアイデンティティ（identity）や価値観を揺るがされるような体験であり，障害を受容するということは簡単なことではない。たとえ医師から「障害が残りますよ」という説明を丁寧に受けたとしても，患者の心のなかでは「医師はああ言っているけれど，本当は治るのでは」と思うこともある。障害受容においては一般的には，ショック期，否認期，混乱期，適応への努力期，適応期という過程を辿るといわれている。しかし，実際には誰もがこれらの段階を直線的に，時系列的にたどるわけではなく，患者によってその過程はさまざまである。いったんは自分の病気や障害を受け入れて平穏に過ごしていたように見えたのに，何かの転機にまた自分の障害について辛く苦しい思いを伝えて来る患者もいる。あるいは，障害の状況からは実現不可能と思えるような将来の夢について延々と語り続ける患者もいる。障害受容という概念は，自分の身体に「治る」という夢や希望をもつことから，「治らない」身体であるという価値転換をすることを前提としているともいえる。そのため，ソーシャルワーカーとして，そもそも障害の受容を支援目標とすることが真に患者のための支援であるのかということを含めて考えていかなければならない。

(4) 慢性期と医療ソーシャルワークの生活上のニーズ

　「慢性期」とは，病状は安定していて病気の進行は穏やかな状態であるが，治癒は難しく再発予防や身体機能の維持・改善を目指して長期的な治療やケアを行う時期のことである。徐々に病状が進行する疾患もある。慢性疾患においては，薬物療法とともに食事，運動，飲酒等の患者のライフスタイルへの指導も必要となる。

　しかし，患者のこれまでの生活のなかで食事，運動，嗜好の習慣は出来上がっており，病気の発症，進行にとっては不適切な生活習慣でも，患者なりの理由や価値観，その他の事情に基づいてその習慣を行っていることもある。たとえば，お皿の上にあるものは残さず食べると幼少時から繰り返ししつけられてきた場合，摂取カロリーが過多となってもつい食べてしまう人もいる。飲酒や喫煙で仕事や人間関係のストレスを解消する人，あるいは，病気の理解が難しい人もいる。生活習慣を変えるということは日々の積み重ねであり，患者，家族にとっては簡単なことではない。日々の生活が改善されず受診のたびに医療専門職から指導を受ける体験や適切な生活習慣を身につけられないことで自

アイデンティティ

　自我同一性。エリクソン（Erikson, E.H.）が自我の発達および確立の基本概念を規定するために用いた。①自分自身が固有の存在であること，②時間的な連続性と一貫性があること，③自他共に何らかの社会的集団に帰属していること，の3点の確信からなる自己意識をさす。

障害受容

　人間が危機の遭遇し，不均衡の状態になった時，どのように再均衡の状態になるかというクライシス理論の適用であり，リハビリテーションのキー概念である。その過程には心理的支援や社会的支援が不可欠である。

らを否定的に捉える患者の場合，医療専門職に対し自己防衛的になり，ありの
ままの生活のようすを伝えようとしなくなるケースもある。

　このような患者に対しては医療ソーシャルワーカーは特に受容的に関わるこ
とが重要である。患者の訴えを傾聴し，生活習慣を変えることの辛さに共感す
る。また患者なりの努力を認めることも大切である。この段階で医療ソーシャ
ルワーカーにとって重要なことは，患者のありのままの生活の様子や患者が感
じている自分の弱さを話すことのできる相手であると感じてもらうことである。
時には，指導の内容や治療目標を患者が高すぎると感じていることもある。患
者が自分の病気についてどの程度理解しているかを確認し，治療において患者
の生活の何が障壁となっているのかについて理解する。そうして得られた患者
の思いや事情を医療専門職に伝え，医療専門職と患者が円滑なコミュニケー
ションのもとに治療を進めていけるようにしなければならない。

　慢性疾患の治療においては，患者が主体的に治療に取り組めることが援助の
焦点となる。患者自身が正しい病識を持ち，治療方針の決定に自らの意思決定
を持って賛同し，積極的に治療を受ける「アドヒアランス（adherence）」が重
要である。慢性期においては患者が病気とともにある自らの生活に向きあう姿
勢が大切である。

3　保健医療領域における支援の実際

（1）保健医療ソーシャルワークの援助過程

　援助専門職である医療ソーシャルワーカーとクライエントである患者，家族
との間にラポールを築き援助を実践する。援助過程はインテーク（受理面接）→
アセスメント（事前評価）→プランニング（援助計画の作成）→インターベンショ
ン（介入）→モニタリングの過程を基盤としながら循環し，事後評価，終結に
至る（図表 11 − 4）。急性期病院などにおいては急な援助の依頼に始まり，わず
かな日数のなかで転院するケースもあり，モニタリング，事後評価を十分に行
えないこともある。また，慢性疾患で長く通院を続けるケースの場合には発症
時に抱える生活問題が解決・軽減された後，時間の経過とともに新たに別の生
活問題が発生することが多い。患者の生活状況に合わせた支援が求められる。

　また，ソーシャルワーカーが援助ニーズを持つ患者に早期に関わることがで
きるようにすることも重要である。患者らが直接ソーシャルワーカーに相談を
求めてくる場合や医療専門職から紹介される場合，ケアマネジャー等の地域の
専門職から相談がある場合など，さまざまな経路がある。なかにはニーズが潜
在化しており他職種が気づきにくい場合や患者らが相談をすることに抵抗を感
じている場合もある。支援が必要な可能性の高い（ハイ・ソーシャルリスク）患
者への認識を他専門職と共有しソーシャルワーカーへの紹介の確実性を高める

アドヒアランス（adherence）

　もともとは「固守」，「執着」という意味。治療の内容を遂行することがその成果と QOL に大きく関連するため，医療現場では，患者が治療方針の決定に同意し，積極的に主体的に治療を受けることを意味する。患者にとって実行可能な治療内容，方針か，それを妨げるものがあるならばそれは何か，どうすれば解決するかを患者と医療専門職が共に考える過程が必要である。

ラポール

　社会福祉援助を円滑に行ううえで援助者と利用者との間には，相互に信頼性のある援助関係が結ばれることが重要であるが，利用者の状況や個性，年齢や援助者の援助技量（援助的コミュニケーションなど）により，信頼関係が結ばれる時間，期間，に差が生じる。またその後の援助の展開に影響してくる重要な要素である。

図表 11 - 4　ソーシャルワークの援助過程

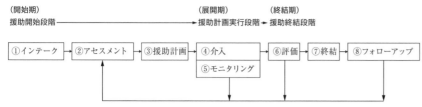

出所）山口みほ「社会福祉実践のプロセス」牧野忠康・川田誉音編『社会福祉方法原論』みらい，
　　　2004 年，p.103

ことが大切である。他にも患者らの目にとまりやすいリーフレット等を作成し
配布や掲示を行うといった工夫を検討しなければならない。

(2) 入院中・退院時の支援

　入院中の支援は病院機能によってその特徴も違いが見られるが，総じて，入
院それ自体がそれまでの患者の生活スタイルから大きく変わるため，非常にス
トレスの大きいものである。さらに予後がはっきりとしない場合には今後の治
療，生活への不安も大きくなる。時には無保険者が急な発症，入院で発見され
るケースもあり，そのような場合は早急な対応が必要となる。

　入院中の支援においては院内の多職種との連携のもとで適切な情報共有を図
らなければならない。連携においてはカンファレンス，回診，カルテの活用，
電話等のさまざまな手段を適切に使う。患者の生活問題によっては学校・職場
とのやりとりが必要な場合がある。また，担当のケアマネジャーや生活保護
ケースワーカー，民生委員，近隣住民，時には日頃疎遠な親族等の病院外の人
びとや関係機関との連携が必要な場合もある。いずれの場合においても，患者
のプライバシーの保護に留意しなければならない。

　退院支援は現場のソーシャルワーカーが最も時間を割いている業務のひとつ
であり，機能分化と在院日数の管理に伴う時間的な制約に追われることも多い。
「追い出し役」「退院屋」とならないよう患者らの望む生活の実現に向けた支援
を目指さなければならない。また，可能な限り早期からの計画的な退院支援を
行うことができる院内での体制作りも必要である。

(3) 在宅医療における支援

　身体の機能低下や障害によって通院が難しい場合に患者に，医師が自宅を訪
問して行う医療のことを在宅医療という。患者は病院への入院や施設への入所
ではなく住み慣れたわが家で療養生活を送ることができ，往診の他に訪問看護，
在宅福祉サービスなども利用するため，地域の医療，福祉サービスのネット
ワーク作りが重要となる。一方，病状が急変した際の対応については入院と比
べると限界もあり，患者，家族がどのような医療とケアを望むのかを事前に専

> **予後**
> 今後の病状の進行具合，
> 治療の効果などの医学的な
> 見通しのこと。「予後がよ
> い」とは，「これから病気が
> よくなる可能性が高い」こ
> とを，「予後が悪い」とは，
> 「これから病気が悪くなる可
> 能性が高い」ということを
> 指す。

図表 11 - 5　地域包括ケアにおける医療ソーシャルワーカーの働き

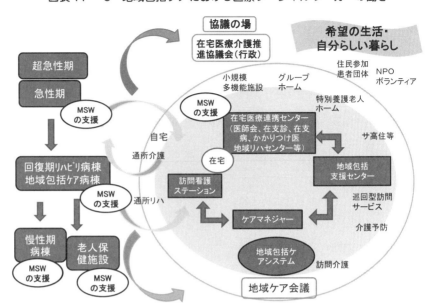

出所）日本医療社会福祉協会「地域包括ケアにおける医療ソーシャルワーカーの働き」『業務説明イメージ図』https：//www.jaswhs.or.jp/guide/allofyou.php（2019 年 9 月 20 日）から一部改変

門職としっかりと話し合う必要がある。

　2018 年度の診療報酬・介護報酬ダブル改定の際に「入退院支援加算」の名称変更と「入院時支援加算」が新設された。これまでは諸条件を満たしている患者に入院後 3 日以内に治療の説明，オリエンテーション，スクリーニング等を実施すれば退院支援加算算定ができていたが，入退院支援加算では入院前からこれらを行うことが求められるようになった。また，入退院支援加算が算定できる患者のうち，自宅等からの予定入院患者であるとさらに入院時支援加算が算定できることになった。

　このような動向を背景に今後，地域においても医療と福祉の区別を超えた切れ目のない（シームレス）なケアはますます促進される。医療ソーシャルワーカーも機能分化する医療機関，老人保健施設間の連携に始まり，さらに地域包括ケアシステムが目指す地域の医療，福祉，生活，住まいを支える幅広いネットワーク作りを実現するために，多職種連携（Interprofessional Work：IPW）の実践が重要視されている（図表 11 - 5）。

(4) 終末期ケア及び認知症ケアにおける支援
1) 終末期ケアにおける支援

　終末期とは，病気が治る可能性がなく死を避けることができない時期であり，患者が感じるさまざまな苦痛が増えていく。WHO は，生命を脅かす疾患に関連する問題に直面している患者と家族の QOL を改善するアプローチを緩和ケ

アと定義しているが，終末期ケアにおいては緩和ケアが重要となることが多い。

　終末期の患者の体験する苦痛には，病気の進行による痛み，だるさ等の身体的苦痛，不安，恐れ等の心理的・精神的苦痛，経済的な問題，相続等の社会的な苦痛，人生の意味，死の恐怖等のスピリチュアルペインがあり，トータルペイン（全人的痛み）として理解しなければならない。

　キューブラー・ロスは死の受容過程について，①否認と孤立，②怒り，③取り引き，④抑うつ，⑤受容という段階を経るとし，死の受容を「長い旅路の前の最後の休息」という言葉を用いている。障害の受容と同様に，必ずしもこの過程を順に経るとは限らない。患者の個別性を大切に援助することが求められる。

　この時期の支援では，患者や家族に寄り添い，病気の進行にともなって表出される思いや考えを傾聴・受容するとともに，相続，遺言等の人生の最後を迎えるための手続き，看取りの場所の選択のサポートもソーシャルワーカーの行う支援となる。一般的に病気の状態によりどのような治療を選ぶか，あるいは治療の継続を中止するか等について，リビングウィル（living will）を明確にしておくことが望ましいが，患者の意思の確認ができない場合には，家族としっかりと話し合い，患者にとっての最善の治療方針をとることができるようにしなければならない（『終末期医療の決定プロセスに関するガイドライン』厚生労働省平成19年参照）。

> **死の受容過程**
> キューブラー・ロス（K übler-Ross, E.）は，著書『死ぬ瞬間』において，現代社会において死を受容する伝統的習慣が失われたことなどを批判して，臨死患者に対するインタビューにより，死ぬ時の心理過程を探った。最終段階の死の受容とは，「闘争が終わり長い旅路の前の最後の休息のときを，迎えるごとくの心理状態」であるとした。

2) 認知症ケアにおける支援

　認知症は記憶，思考，見当識，理解，計算，学習，言語，判断等の高次脳機能の障害を含んでいる。認知機能の低下から引き起こされる記憶障害，見当識障害，失行，失認等を中核症状といい，程度の差があるものの認知症の人には必ず見られる。中核症状から患者の不安，怒り，自尊心の低下等が引き起こされ，そこに周囲の環境，人間関係，性格等が関連して徘徊，暴言・暴力，抑うつ，妄想といった周辺症状（BPSD：Behavioral and Psychological Symptoms of Dementia＝行動・心理症状）に繋がる。

　家族や周囲の人びとはBPSDへの対応に苦慮し，認知症患者は「困ったひと」というイメージが固定されがちであるが，周辺症状として表れる言動は患者なりの理由があることが多い。認知症ケアの基本はその人を尊重することである。患者の言動を否定せず，思いを受容すること，適切な身体的・心理的ケアを行うこと，患者が馴染んでいる人間関係，住まい等の「関係性」を大切にすること，経験知のみに頼らず医療等の専門的なケアを大切にし，状況変化に柔軟に対応すること，患者の権利擁護を尊重することが求められる。

(5) 家族に対する支援

　家族のなかに病人がいるということは他の家族員にとってさまざまな負担が

生じる。患者の世話に関わる身体的，心理的，時間的な負担と，時にはそれらを捻出するために退職・転職せざるを得ないこともあり，医療費や収入の減少による経済的な負担を含め家族の人生を変えることもある。家族は介護や入院中の世話などのケアを担うことに加え，働き手となり，病人を支え励まし，時には自身の人生を変えることまでをその役割として期待されるのである。しかしながら多様化している家族機能と形態が多様化している現在において，これらの役割を担えるだけの力を備えている家族は少ない。また家族として期待される役割を担えないことを恥ずかしいと感じている家族や負担による苦痛をうまく表出することができない家族もいる。家族が感じている負担を受容し，家族をエンパワメントする支援が重要である。

　加えて，死にゆく患者の家族，患者に身近な人びとの場合は近づきつつある死は非常に辛い経験である。愛着のある人との喪失に伴う悲しみ，嘆きなどを含むさまざまな感情，反応（グリーフ，悲嘆）に対する支援をグリーフケア（grief care）という。このような家族への支援では，患者の死とともに支援を終了するのではなく，地域の精神保健に関する相談機関やグリーフケアをサポートしている自助グループ等の社会資源を紹介することも必要である。最近では全国のがん診療拠点病院に緩和ケアチームの整備が義務づけられたことから，ソーシャルワーカーが終末期の患者，家族への支援に関わることも増えており，終末期の医療とグリーフについての理解が一層求められている。

グリーフケア（grief care）

　愛する人を失うことによる，グリーフ（悲嘆）の死別反応を悲嘆反応といい，健康を害することが多い。悲嘆反応を起こしている遺族などに寄り添い，支え，援助することをグリーフケアという。悲しみの癒しには，①グリーフによって起こることについての知識をもつこと，②十分に悲しみ，何らかの方法で悲しみを表出して行くこと，③一人で抱え込まないことが必要であるといわれている。

注）
1) 日本 WHO 協会「健康の定義」　https：//www.japan-who.or.jp/commodity/kenko.html（2019 年 9 月 19 日閲覧）
2) 木原活信『対人援助の福祉エートス』ミネルヴァ書房，2003 年，p.19

参考文献
　E・キューブラー・ロス『死ぬ瞬間—死とその過程について』読売新聞社，2007 年

プロムナード

　2025 年に必要となる病床数を医療機能ごとに推計し，地域の医療関係者の協議を通じて病床の機能分化と連携を進め，効率的な医療提供体制を実現するために「医療介護総合確保推進法」（2014 年）によって，「地域医療構想」が制度化され，第 7 次医療計画の一部として位置づけられています。また，このなかでは必要となる病床数以外にも病床の地域偏在（余剰，不足）等も明らかにし地域の実情を共有することになっています。2019 年 9 月，厚生労働省は全国の公的病院のうち，診療実績が乏しい等の判断のもと 424 病院を統廃合を含めた再編の検討を求め，病院名を公表しました。
　国民医療費の高騰は深刻な事態となっており，効率的な医療資源の運用は喫緊の課題です。今後，ますますめまぐるしく医療をとりまく状況は変動するでしょう。ソーシャルワーカーとして患者がいつ，どこでも安心して医療・介護サービスを利用できる暮らしのために，メゾ・マクロの視点から地域医療構想と地域包括ケアシステムとの連携について考えて下さい。

🖊 学びを深めるために

原爆被害者相談員の会編著『ヒロシマのソーシャルワーク　不条理の是正という
　本質に迫る』かもがわ出版，2019 年 9 月 27 日
　　終戦から 74 年が経つなか，ソーシャルワーク教育においても原爆被害者たち
について学ぶ機会は少ないが，広島のソーシャルワーカー，市民，被爆者らが
40 年近く被爆者に寄り添い，ソーシャルアクションを行ってきた姿をさまざま
な側面から学ぶことができます。

第 **12** 章

精神障害を抱えた人びとや家族に対する相談・援助活動

1　精神保健福祉の歴史

　精神障害者処遇の歴史は，社会防衛モデル，医療モデル，福祉モデルというように分類されることが多いが，本節では，拙著『改正精神衛生法時代を戦った保健所のPSWたち』（ミネルヴァ書房，2017）の補章を基に，医療の流れを歴史区分に沿ってその時々の特徴に注目しながら述べていく。なお，本節では"精神障害者"よりも，"精神病者"という表現を用いているが，歴史上は精神病者という表現が多いからである。また，障害を法律用語にならって，障碍や障がいではなく障害と著す。

(1) ヨーロッパ・アメリカにおける精神医療と処遇
1) 古代―治療の試み―

　古来より身体の病気と共に精神の病気も存在したことは容易に想像できる。ただ，精神の病気は，悪魔のたたりだとか神の罰あるいは逆に神の恩寵だとか考える人たちもいたようで，病気ととらえられにくい歴史をもっていた。

ヒポクラテス
→ p.18 参照

　しかし，紀元前5～4世紀頃，ギリシャのヒポクラテス（Hippocrates）は，健康や病気を自然の現象として捉え，精神の不調を，それまでの呪術的医療ではなく身体的なものとの相関で考えていた。紀元前2世紀には，神殿医療が行われていたこととも関係するであろうが，不要な刺激を避け，散歩や入浴を勧める作業療法やレクレーション療法が行われていた[1]。

2) 中世―暗黒の時代―（5世紀頃から15世紀）
① 放置と収容（5世紀頃から）

　精神病はまたもや病気ではなくなった。

　封建時代のカソリックの修道院には住み込みの医師がおり，悪魔に憑かれたとみなされた人たちは，告解ののち，修道院に連れて来られて悪魔ばらいを受けた（それは一種の精神療法に近かったと考えられる）。そして，こうした治療を受けられるのは恵まれた階層の人たちであり，イギリスにおいては1377年に王立ベスレム病院（ベドラム，Bedlam）が精神病も受け入れ始めていた。しかし，多くの人は放置されたといわれている[2]。

　ただ，ベルギーのゲール（Gheel）には，西暦700年頃から精神病者が集まり，一種の家庭保護という対応の形態が生じた。

② 魔女狩りと閉じ込め（15世紀末から）

　「魔女狩り」は，1490年頃から全ヨーロッパ規模で生じ，メキシコでは19世紀まで続いたという「精神病者狩りを含む現象」であった。しかし，すべての精神病者がその対象となったわけではなく，ハンセン病者の代わりに施設に収容された精神病者もいたし，自然の河川や運河を利用して精神病者を都市から都市へたらいまわしにする「阿呆船」に乗せられた精神病者もいた[3]。

ゲール（Gheel）
ベルギーの巡礼地のひとつ。西暦700年頃，父王の怒りを逃れてここまで来たアイルランドの王女が，ここで追っ手に殺されその遺骨が精神病者の治療に効果があるという伝説があり，早くから精神病者が集まった。この地域に一種の家庭保護という対応の形態が生じ，後のゲール・コロニーとなる。1852年にベルギー政府公認となった。

3) 近世・近代―開放と暗黒と―（17世紀頃から）

戦乱の終結と絶対王政の始まりをつげる近世への移行期である17世紀頃からヨーロッパ全土で「大いなる閉じ込め」が始まり，各地に巨大な監禁施設が作られた。そして，精神病者は犯罪者や失業者，ハンセン病患者，身体障害者などと一緒に隔離・混合収容された。

① 開放の時代（18世紀後半から）

1751年にロンドンに聖ルカ病院を創設したウイリアム・バティ（Battie, William）は「狂気は治療できるものである」と述べ，精神医学を誕生させた[4]。産業革命とフランス大革命以後，医学教育も進歩した。特にオランダにおいて著しかった[5]。ただ，病院に関していえば，大規模病院へ行くのは貧困層で，小規模の診療所へ行くのは富裕層であり，大規模病院では拘束や衝撃的な治療が行われ，小規模診療所での治療は伝統的なものや特権的な温和なものであったという[6]。

1793年に精神医療の第1革命と呼ばれるフランスのピネル（Pinel,P.）による，ビセートル精神科病院での無拘束の治療が行われた。同じ頃，イギリスでは，チューク（Tuke, W.）がヨーク診療所を設立して道徳療法を行い，1839年にはコノリ（Conolly, J.）が無拘束の治療を行った。また，アメリカのディックス（Dix, D.L.）は州立病院の改革運動を起こした。

② 再び暗黒の時代―大収容主義―（20世紀から）

19世紀になると，施設数の増加とともに，2,000床以上もある巨大な精神科病院が乱立した。脳梅毒やアルコール依存症の急激な増加や，それまで病院外にいた精神病者が病院に移動したことが原因だといわれているが定かではない。

社会的経済的変動で，社会に患者を病者として受け入れる余裕が希薄化して防衛的になったこと，ダーウィン（Darwin, C.R.）の適者生存説が出てきて患者は淘汰されるべきとしたこと，ウィルヒョウ（Virchow, R.L.K）の細胞病理学は病気とは変化した細胞及び細胞複合であるとしたので，精神病は回復不能と思われたこと，現代精神医学の基盤を築いたとして評価されているクレペリン（Kraepelin, E）が，早発性痴呆（統合失調症）を進行性でひどい荒廃状態に陥るとしたこと，研究の中心が精神病院から大学のクリニックに移ったので精神病院から温かさを奪うことになったことなどもその理由としてあげられている[7]。

しかし，1908年にはアメリカにおいてビアーズ（Beers, C.W.）が，『わが魂にあうまで』を著し，精神衛生運動を始めた。1909年には全国精神衛生委員会が設立されケアの拠点は住み慣れた地域でと主張した。そして，ヨーロッパ各地では前述のベルギーなどで行われていた家庭介護の動きも広がりを見せていた。また，1920年代までに各地の精神科病院に次々と外来部門が併設されていった。これは後の地域精神医療の前史といえる。

なお，19世紀末にはオーストラリアでフロイト（Frud, Sigmund）が無意識を

ピネル，P

（仏 Pinel, Phillippe; 1745-1826）。18世紀後半のフランスの精神科医師。1793年からフランス郊外のビセートル病院やサルベトリエール病院において，精神病者を鎖から解き放った。心理療法の重要性と人道主義を主張し，精神病者を病者として捉え一人の人間として処遇した。

ビアーズ，C.W.

（米 Beers, Clifford Wihittinghom; 1876-1943）。アメリカにおける精神衛生運動の創始者。自身は気分障害患者として，入院生活の体験的知識をもって，精神障害者の処遇改善運動と保健衛生運動を展開する。マイヤー，Aやジェームズ，Wら医療・心理従事者から積極的な支持を受けた。

重視する精神分析技法を創始し，精神科治療は新しい局面を迎えた。

4）現代―再び開放の時代―（20世紀後半から）

前時代から，引き続きいくつかの病院では作業療法が継続していた。1929年にはドイツのジーモン（Simon, H）が作業療法を体系化して発表した。そして，これがヨーロッパ各地，アメリカへと広がっていった。

第二次世界大戦中は，ドイツのナチス政権のもと，ユダヤ人だけでなく多数の精神障害者や知的障害者が殺害されるという悲惨な出来事があったが，1952年に向精神薬のクロルプロマジン（Chlorpromazine）が発見され，精神科病院の開放化が進んだ。そして，第二次世界大戦後にはキャプラン（Caplan, G）の予防精神医学，地域精神医学が台頭した。また，ビエラ（Bierer, J）のデイホスピタルなどの開設（1953年）があり，中間施設が多くつくられて，地域中心の医療が進んだ。

なお，1960年代から70年代にかけて，「反精神医学」と呼ばれる動きが起こった。笠原嘉[8]によれば，伝統的正統的主流的精神医学が狂気イコール疾患とみなし続けてきたことへの意義申し立てであった。反収容主義，反疾病論，反治療論を共通項としていた。

（2）日本における精神医療と保健・福祉の歴史

1）前　史

日本では精神病は病気であると早くから考えられており，中世ヨーロッパにみられた残酷な迫害はなかった[9]。大宝律令（702年施行）には"癲狂"の文字があり，この病人がいる家庭は優遇された。

家庭介護で後に有名になる京都岩倉の大雲寺では，11世紀頃からその霊泉と加持祈祷が精神病者の治癒に効果があるとされていた。

2）江戸時代―放置と収容―（17世紀から）

精神病者を収容する公共の施設がなかったのでおとなしい患者は放置され，そうでない患者は鎖や手錠をかけられたり座敷牢に入れられたりした。治療は，加持祈祷・灌滝・民間薬などの民間療法によるものであった。そして，各地の仏閣や神社に参籠する者が多くなると，そこがおのずと収容所的になった。

3）近代（幕末以降，第2次世界大戦まで）
―法による隔離と医療のはじまり―（19世紀末から）

1875（明治8）年，京都岩倉村での家庭保護の実績を踏まえて，京都に最初の公立精神科病院，京都府癲狂院が設立された。また，1883（明治16）年の相馬事件を契機にして1900（明治33）年に精神病者を私宅で監護できる「精神病者監護法」が制定された（この法は1951（昭和26）年まで存続することになる）。

呉秀三（1865〜1932）は，私宅監置に反対し6年をかけてその実態調査を行った。1902（明治35）年には「精神病者慈善救治会」を立ち上げた。また，入院患者の慰安に留意し作業療法を採用し，講演会による精神衛生思想の普及をは

キャプラン

（Caplan, Gerald：1938-不詳）。アメリカの精神科医。インフォーマルな関係にある人の支援する力に着目し，地域精神医学を発展させた。そして，危機概念の研究を経て，予防精神医学を発展させ，発生予防である第1次予防，早期発見・早期治療である第2次予防，再発予防である第3次予防の考え方を提唱した。

岩倉村の家庭保護

1068年，後三条天皇の皇女の発病に，岩倉の大雲寺の霊泉を飲ませよとのお告げに従ったところ病状がよくなったという故事により，当時の精神障害者が岩倉村に集まったために自然発生的に家庭保護が始まった。後に1881（明治14）年に岩倉癲狂院が設立された。

相馬事件

奥州旧中村藩の元藩主相馬誠胤が精神病として松沢病院に入院させられたことを，陰謀であると元家老の錦織剛清が病院から連れ出したり，時の大臣後藤新平に訴えたりした事件。最終的には陰謀の事実はなく，錦織剛清が誣告罪として服役する結末となった。

かった。こうした努力もあって，1919（大正8）年に精神病院法が公布された。これによって，日本においてようやく取締保護から治療保護への道が開けた。

公立病院はすべての都道府県に義務づけられたのではなかった。京都府癲狂院，東京の松沢病院に次いで，鹿児島保養院（1924年），中宮病院（大阪，1926年），芹香院（神奈川，1929年），筑紫保養院（福岡，1931年），城山病院（愛知，1932年）が建設され，計2,000床の病床数となったが，その後の建設はあまり進まなかった。

4）現代—第二次世界大戦後—地域精神医療へ—

① 精神衛生法と民間精神科専門病院

第二次世界大戦後の新憲法の誕生により，1950（昭和25）年に精神障害者に対して適切な医療・保護を目指す議員立法の「精神衛生法」が公布され，「精神病者監護法」と「精神病院法」はその1年後に廃止された。精神科病院の設置を都道府県に義務づけたことや通報制度の開設，保護義務者の制度，措置入院制度，同意入院や仮入院の制度，知的障害者，精神病質者も施策の対象，精神衛生審議会の設置，精神衛生鑑定医の設置，等々がその内容であった[10]。

1952（昭和年27）年，日本政府は戦後復興に精神科病床増床第一主義を採用した。1958年10月には，いわゆる精神科特例が導入された。1960（昭和35）年には医療金融公庫が設置され精神病院の開設にはほぼ無条件で融資が受けられた。そのため，民間の精神科病院が多数建設され，民間医療機関依存の日本の精神科医療体制が作られた。

② 精神病者の在宅放置とその対策

1963（昭和38）年の厚生省（当時）精神障害者実態調査により，全国の精神障害者数は124万人で，在宅で放置されている者は全体の64.7%もいたことが明らかになった[11]。このことが，精神科病院建設を後押しする理由にもなったが，この頃は，アメリカのケネディ教書（「精神病及び精神薄弱に関する大統領教書」Special Message to the Congress on Mental Illness and Mental Retardation）にもあるように，また，イタリアのバザーリア（Basaglia, Franco）のトリエステの実験等にもあるように，諸外国では精神医療ケアが脱施設化へと向かおうとしていた。なお,1965（昭和40）年には全国精神障害者家族連合会（2007年に解散）が結成されその活動を開始した。

③ 改正精神衛生法の成立と地域精神保健の推進

1964（昭和39）年3月にライシャワー事件が発生した。駐日大使のライシャワー（Reischauer, E.O.）が統合失調症の青年に刺傷された事件であった。この事件を契機として，1965（昭和40）年6月に保安的色彩の強い改正精神衛生法が成立し，そのなかに任意設置ではあったが保健所に精神衛生相談員が登場した。改正精神衛生法の特徴は次のようであった[12]。

① 予防の視点を入れて保健所を地域における精神保健行政の第一線機関と

呉秀三（1866-1932）
東京都で生まれる。わが国の精神医学の基礎を築き，精神病者慈善救治会を創始し，精神衛生の啓発運動を起こした。4年間の欧州留学の後，東京巣鴨病院長に就任すると監禁や拘束を解き，農耕などの病棟外の作業を奨励した。

精神科特例
1958年の厚生省（当時）事務次官通知による，精神科病院従業者の定員の特例。入院患者に対して医師数は一般病棟の3分の1，看護師・准看護師は3分の2を可とした。

ケネディ教書
1963年のアメリカ大統領ケネディ（Kennedy, J.F.）の教書。このなかで，精神障害者の置かれている現状を憂えて地域でのケアを唱えた。入院中心主義への批判と地域でのケアへの移行という理念そのものは今も評価されているが，退院後の地域支援策のなさでホームレスや回転ドア現象（再入院となる）を生んだという点では難があった。

バザーリア
イタリアの精神科医フランコ・バザーリア（Basaglia, Franco；1924-1980）は，イタリアで「自由こそが治療だ」というスローガンを掲げて，精神科病院の断絶を唱えた。1978年に世界で初めて制定された精神医療改革に関する法律（180号）であるバザーリア法の成立を導いた。

して位置づけ，精神衛生相談員を配置できることとし，在宅精神障害者の訪問指導，相談事業を強化する。② 保健所への技術指導援助を行う中核的機関として，各都道府県に精神衛生センターを設置する。③ 在宅精神障害者の医療の確保を容易にするために通院医療費の2分の1を公費負担にする制度を新設する。④ 警察官，検察官，保護観察所長及び精神病院の管理者について，精神障害者に関する通報・届出制度を強化する。⑤ 措置入院制度の手続きについて，患者の無断退去についての病院管理者の届け出義務，緊急措置入院制度（自傷他害の程度の著しい精神障害者について），入院措置の解除規定，守秘義務規定を設ける。

精神衛生相談員は，複数の職種が就任可能であったので，PSW（Psychiatric Social Worker，精神保健医療ソーシャルワーカー）だけではなく，保健師（当時は保健婦と呼称）も多かった。精神衛生相談員を設置しない都道府県もあった。こうした状況のなかで，PSWの相談員たちは，社会モデルに基づく地域精神医療推進への歩みを始めたのであった。

なおこの頃は，大阪の浅香山病院でのアフターケア，ナイトケアの試みにあるように，病院医療の限界と必要を認識して地域医療へ関心を向ける精神科医療の動きがあった。

④ クラーク勧告とその影響

1968（昭和43）年には，「日本における地域精神衛生」推進のため，日本政府の要請により来日したWHOのクラーク（Clark, H. D.d）博士によるクラーク勧告（1968）が出た。詳述は避けるが，担当部局の強化，有能な精神科医の配置，国立精神衛生研究所（当時）の強化拡大，精神科病院に長期入院している精神分裂病患者（当時）に対する作業療法などの有効な治療方法を職員に伝えて積極的な治療とリハビリテーションを奨励すること，外来患者診療に対する報酬を上げ，在宅患者に対する給付を高くすること，外来クリニックの充実，地域社会の働き手—ソーシャルワーカーと保健婦（当時）—の訓練，有効性が証明されている地域社会の特殊施設が必要，専門家の養成（社会精神医学の国家資格を含めて）等を勧告した。そして，クラーク勧告後の社会復帰制度・施設の進展は著しかった。

⑤ 社会復帰活動の黎明期

1970年代になると，医療の傘の外での社会福祉活動に対する根強い批判にかかわらず，単身アパート生活の援助，共同作業所や共同住居作り，セルフヘルプ・グループの支援など「やどかりの里」に代表されるような地域を軸にした活動が始まっていた。1970（昭和45）年のやどかりの里，1971（昭和46）年の川崎市社会復帰医療センター，1972（昭和47）年の世田谷リハビリテーションセンター，1976（昭和51）年の，日本で精神障害者を主対象にした共同作業所として全国ではじめてのあさやけ第2作業所の開設などが続いた。保健所では1975（昭和50）年度に「精神障害者社会復帰相談指導事業」が始まっていた。

　しかし，1984（昭和59）年に宇都宮病院事件が起こり，1986（昭和61）年には「精神科集団精神療法」「精神科ナイト・ケア」「精神科訪問看護指導料」等が点数化された。1987（昭和62）年に，精神障害者の人権擁護規定の充実，社会復帰施設の法定化，衆参両院でのPSWの制度化を付帯決議で決めた「精神保健法」が成立した。

2　精神保健福祉の現状と課題

(1) 法律・制度の制定・整備

　精神障害者の人権に配慮し，適正な医療と保護の確保と精神障害者の社会復帰をはかろうとした「精神保健法」の主な改正点は以下のようである。① 任意入院制度・応急入院制度，② 書面による権利等の告知制度，③ 精神保健指定医制度，④ 精神医療審査会制度，⑤ 入院患者の人権擁護の整備，⑥ 社会復帰施設に関する規定，等を設けたことであった。そして5年ごとに法律を見直すこととなった。

　1991年には「精神疾患を有する者の保護およびメンタルヘルスケアの改善のための諸原則（国連原則）」が作成された。そして，ノーマライゼーション思想の浸透により，1993（平成5）年「心身障害者対策基本法」が「障害者基本法」に改正され，障害者の自立と社会，経済，文化その他あらゆる分野の活動への参加の促進を規定し，障害者の「完全参加と平等」を目指すこととした。精神障害者も障害者福祉の対象となった。

　1995（平成5）には「精神保健及び精神障害者福祉に関する法律（精神保健福祉法）」で，「自立と社会参加の促進」をうたった。そして，社会適応訓練事業の法制化や福祉工場が社会復帰施設に追加されるなど社会復帰の促進，精神保健福祉手帳の創設，精神保健指定医制度の充実，市町村の役割の明記などがなされた。そしてやはり，5年ごとの見直しとなった。

　1998（平成10）年には精神保健福祉士法が施行された。1999（平成11）年には前述の精神保健福祉法が改正されて，医療保護入院のための移送制度が創設され保護者の自傷他害防止監督義務が削除された。また，精神障害者居宅生活支援事業が市町村実施で法制化された。なお，1999年のWHO-WAPR（世界心理的社会的リハビリテーション学会）で認定された日本のベストプラクティスは，前述のやどかりの里に加えて，北海道の帯広ケアセンター，群馬県の境町保健所，和歌山県の麦の郷，社会精神医学に根差した東京のJHC板橋の実践であった。

　2001（平成13）年には，附属池田小事件が起こり，2003（平成15）年には「心神喪失等の状態で重大な他害行為を行った者の医療及び観察等に関する法律（心神喪失者等医療観察法）」が制定された。この時，精神分裂病を統合失調症

任意入院制度・応急入院制度

　任意入院制度は精神障害者本人の同意に基づく入院。応急入院制度は急を要し，保護者や扶養義務者の同意がなくても，指定医の診察により，72時間に限り，応急入院指定病院に入院させることができる規定。

精神医療審査会

　患者の人権擁護の観点に立って，退院請求および処遇改善請求に関する審査及び医療保護入院の届け出，措置入院・医療保護入院の定期病状報告の審査を行う機関。

精神保健指定医制度

　1987年の精神保健法（現・精神保健福祉法）で，精神衛生鑑定医制度が精神保健指定医制度に改められた。一定以上の臨床経験と研修をもって法律で定められた職務を行うに必要な知識と技術を有するとされた者が厚生労働大臣から指定される。

医療保護入院

　精神保健指定医の診察の結果，精神障害者であり，かつ医療および保護のために入院が必要で，保護者の同意がある時は，本人の同意がなくても入院させることのできる入院形態。

附属池田小事件

2001（平成13）年6月8日，大阪府池田市の大阪教育大学附属池田小学校に男（宅間守，2003年に死刑執行）が乱入し，刃物で児童8名を殺害し，教師を含む15名に重軽傷を負わせた児童連続殺傷事件。宅間は以前にも勤務先で薬物混入事件を起こすなどしていたが，精神疾患があり，責任能力がないとして罪は問われなかった。

社会的入院

精神科入院患者のなかには，地域での受け皿がないため入院を余儀なくされている人が多数存在する。地域での社会資源不足が原因で，このための入院をいう。

と呼称変更をした。

2004（平成16）年には「精神保健医療福祉の改革ビジョン」が呈示され，「入院医療中心から地域生活中心へ」という基本方針のもとに，社会的入院（約7万人）の10年後の解消を目指すことなどを掲げた。同年，改革のグランドデザイン案も出された。「発達障害者支援法」も成立した。2005（平成17）年には「障害者自立支援法」が成立したので，通院医療費公費負担制度が自立支援医療に移行した。また同年，「介護保険法」が改正され，地域包括支援センターが創設され，地域包括ケアシステムの構築に取り組むこととなった。一方，自殺者数の減少を目指して，2006（平成18）年には「自殺対策基本法」も制定された。

2011（平成23）年には「障害者の虐待の防止，障害者の養護者に対する支援等に関する法律（障害者虐待防止法）」が成立し，2012（平成24）年に「障害者総合支援法」が成立した。2013（平成25）年6月には「精神保健及び精神障害者福祉に関する法律の一部を改正する法律」が制定・公布され，保護者制度が廃止され，医療保護入院の要件を変更し，病院の管理者に退院後生活環境相談員の設置等の義務を課した。又，同年6月には「障害者の雇用の促進等に関する法律の一部を改正する法律」「障害者差別解消法」「アルコール健康障害対策基本法」も成立している。そして，翌年の2014年には，「障害者権利条約」が締結された。

2016（平成28）年の診療報酬改定により精神障害者に対する質の高い医療の提供と精神障害者の退院の促進及び地域生活支援のため，本人の意向を踏まえて多職種が連携してチームで支援することを基本とし，そして，病床削減を条件とした「地域移行機能強化病棟入院料」が新設されている。

2018（平成30）年には「改正障害者総合支援法」が施行された。障害のある人が望む地域生活支援，障害のある子どものニーズの多様化への対応，サービスの質の確保・向上に向けた環境整備，住み慣れた地域での生活支援の強化など，地域包括ケアの推進が目指された。

(2) 精神保健福祉制度の現状

前述の2004年の「精神保健福祉の改革ビジョン」により，地域生活支援への関心は高まった。そして，「障害者自立支援法」「障害者総合支援法」が施行されて以降，社会福祉や精神保健福祉の実践現場では相談支援という言葉が多く用いられている。しかし，ここでの相談支援は介護保険法のケアマネジメントの実施方法を基本にしているので，①営利は無視できない，したがって，②収入につながらない対象者以外の家族等にはノータッチにならざるを得ない，という特徴をもつ。支援がケアマネジメント対象者に限定されるので，家族ソーシャルワークの様な対応は実施されにくい。今後，改善に向けて考慮さ

れるべき点であろう。

　また，3障害が統一されて，福祉サービスが同じように受けられるように
なったが，それぞれの障害に応じた細やかなサービスが可能かという危惧があ
る。障害者を対象としたサービスは，①自立支援給付と②地域生活支援事業
に分かれている。①自立支援給付には，障害福祉サービス（介護給付，訓練等
給付），自立支援医療（精神通院医療，更生医療，育成医療），補装具，相談支援
（計画相談支援，地域相談支援，基本相談支援）がある。②地域生活支援事業には
市町村事業と都道府県事業がある。図表12−1に支援体制を示す。

　地域生活支援事業の内容の詳細は，各自治体に委ねられている。理解促進研
修・自発的活動支援・相談支援・成年後見制度利用支援・成年後見制度法人後
見支援・意志疎通支援・日常生活用具の給付又は貸与・手話奉仕員養成研修・
移動支援・地域活動支援センター任意事業（福祉ホームの運営など）がある。

　このなかで，地域相談支援（地域移行相談，地域定着相談）と計画相談支援・
障害児相談支援（障害福祉サービス等の利用計画の作成），地域活動支援センター
（Ⅰ型，Ⅱ型，Ⅲ型），基幹相談支援センター，福祉ホームなどの活動等はPSW
とも関係が深い。なお，一般相談支援では基本相談支援と地域相談支援を行い，
特定相談支援では基本相談支援と計画相談支援を行う．相談支援専門員（福祉
職以外の人も現場経験があり研修を受ければなることができる．介護保険のケアマ
ネジャーに類似している）等の数には一定の決まりがある。

図表12−1　障害者の相談支援体制

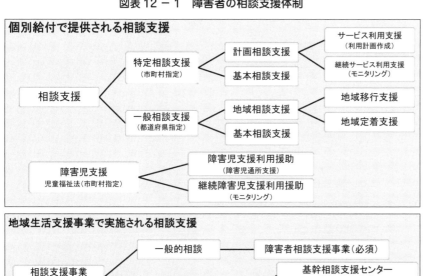

出所）行政説明「障害者福祉における相談支援の充実に向けた説明について」厚生労働省，第123回
　　　市町村職員を対象とするセミナー（2016年）より抜粋

　地域活動支援センターは，障害者等を通所させて創作活動又は生産活動の機会の提供，社会との交流の促進その他の厚生労働省令で定める便宜を供与する施設（障害者総合支援法第 5 条第 25 項）であり，Ⅰ型は専門職員（精神保健福祉士等）を配置し，医療・福祉及び地域の社会基盤との連携強化のための調整，地域住民ボランティア育成，障害に対する理解促進を図るための普及啓発等の事業を実施する。なお，相談支援事業を併せて実施又は委託を受けていることを要件とする。Ⅱ型は機能訓練，社会適応訓練等，自立と生きがいを高めるための事業を実施。Ⅲ型は運営年数及び実利用人員が一定数以上の小規模作業所の支援を充実させたものである（このほか，Ⅲ型には個別給付事業所に併設するタイプの施設を想定）。補助金はⅠ型が最も多い。Ⅰ型は従来からの地域活動支援センターであることが多くソーシャルワークも行われている。Ⅱ型は精神障害者の場合は，後述する障害者就労支援事業とともに授産施設から移行している場合が多い。すべて対象は 3 障害である。

　地域障害者職業センター，障害者就業・生活支援センター，在宅就業支援団体などが就労支援をしている。「障害者総合支援法」に定められた障害者就労支援事業には，就労移行支援と就労継続支援があり，後者にはさらに A 型（雇用契約を結び利用する）と B 型（雇用契約を結ばず利用する）がある。このほか，地域には従来から地域の福祉を担ってきた社会福祉協議会の活動や老人福祉施設等による社会貢献事業や介護系の地域包括支援センターの活動もある。

(3) 精神保健福祉の課題

　「障害者自立支援法」により，精神障害者も身体・知的障害者と同様福祉の対象となり，「障害者総合支援法」によって，障害程度区分から障害者支援区分となって，軽度と判定されがちであった精神障害に配慮した審査・判定へと改善された。既述のように，5 年ごとの見直しもあって，法律・制度は柔軟に現実に対応できるように工夫されてきているが，制度が現実をどこまですくい取れるかという問題は常にある。

　法律・制度がソーシャルワーカーとしての動き方に制限を加えている。前述のように，介護保険のケアマネジメントを基盤にした対応では，ソーシャルワーカーとして必要な対応が制限される。

　また，最近の動きとして，支援者として新しい職名・職種が次々と出現している。「改正精神保健福祉法」では，早期退院に向けて，精神科病院の管理者に退院後生活環境相談員等の必置や，地域援助事業者の紹介を努力することとして義務づけた。また，精神障害者地域移行・地域定着支援事業により地域体制整備コーデネーターが，保健所等の公的機関や相談支援事業所に配置されていた。地域移行推進員も相談支援事業所に配置されている。また，障害者領域では相談支援専門員，介護・保健領域では生活相談員，支援相談員，医療相談

退院後生活環境相談員

　医療保護入院者の退院後の生活環境に関する相談及び指導を行う者。精神保健福祉士・保健師等。

地域援助事業者

　地域援助事業者は ①一般相談支援事業者及び特定相談支援事業者（相談支援専門員の配置される事業者）②居宅介護支援事業者等（介護支援専門員の配置される事業者）がなる。

員，ソーシャルワーカー，社会福祉協議会においては福祉活動専門員，ボランティアコーディネーター，地域福祉活動コーディネーター，地域福祉担当職員，コミュニティーソーシャルワーカー，社会貢献支援員などである。そして，業務独占ではないので当然であるが，担当者は，社会福祉士，精神保健福祉士以外の職種からも就任する。

　これではソーシャルワーカーとしてのアイデンティティが保てるであろうか？そして，従来は開始から終結まで，介入しつつ寄り添ってソーシャルワークが行われていたのであるが，この状況では，開始からA地点までは〇〇さん，A地点からB地点までは△△さん，B地点からC地点までは××さん，といったように，バケツリレーのように，次々とサービス利用者の担当者が移動していく。ケアの継続性・一貫性，信頼関係の形成，目的の共有などが危ぶまれる状況である。多くの場合「私はここまで」という限定的な支援に終わらざるを得ず，支援の質に支障が出てくることが危惧される。

■3■ 相談援助と精神保健福祉士

　精神保健福祉士と相談援助についての理解を助けるために，まず，PSWの歴史について述べたい。ソーシャルワークの歴史的変遷は第2章で述べられているので，ここでは補足的にPSWを中心に述べる。

(1) 精神科領域における相談援助の歴史
1) イギリス・アメリカにおけるPSW

　イギリスでは，1879年に「貧困孤立女子癲狂院退院回復者のためのアフターケア協会」が結成され，後には，対象者を男性や回復途上者にも広げていった[13]。これがPSWの萌芽とされている。

　アメリカでは，1890年以降，州立病院は劣悪な医療を行うようになっていたが，1904年に「精神医学の父」と呼ばれるマイヤー（Meyer, Adolf）はボルチモアのジョンズ・ホプキンズ病院に勤務していた時，自分の妻を友愛訪問者と名づけて，患者の家を訪問させ疾病に影響を与えている患者の生活，環境を把握して，それを治療に役立てたと言われている[14]。その翌年,1905年にキャボット博士（Cabot, R）の提唱によって，ボストンのマサチューセッツ一般病院に医療社会事業部が開設された．さらに同年マサチューセッツ一般病院外来部，ニューヨークのベルビュ病院およびコーネル診療所に精神医学ソーシャルワークの部門が開設された．病気の診断・治療にあたっては患者の社会生活上の諸側面が重要であり，これがなくては，正確な診療や治療が不可能であるという認識によるものであった[15]。そして,1906年には，公的機関であるマンハッタン州立病院にもアフターケアエイジェントという名で精神医学ソーシャ

ルワーカーが採用された[16]。この頃のワーカーは医師が必要とする患者の社会生活上の情報や資料を家庭訪問によって収集することが主たる仕事とされた。

　1913 年には，ジャレット（Jarrett, M.）が，サウザード医師（Southard, E.E.）との協力のもとボストン精神病院にソーシャルワークサービス部を新設し，PSW という名称を初めて用いた。彼女たちが始めた PSW の専門教育・訓練は，後にスミス大学社会事業部に発展した[17]。1918 年にスミス・カレッジ（Smith College）に精神衛生講座を設けて，精神医学ソーシャルワーカーの訓練を始めた。同年，ニューヨーク・スクール（New York School）でも精神衛生学（Mental Hygiene）の部門を設けた[18]。また，前述のジャレットの設立したサイキアトリック・ソーシャル・ワーカー・クラブ（Psychiatric Social Workers Club）が1926 年にアメリカ PSW 協会となり，1955 年に NASW（National Association of Social Workers アメリカソーシャルワーカー協会）の設立を機に吸収合併された。この間，ソーシャルワーカーの役割は患者の人権を尊重しその擁護をすることへと変化してきた[19]。

2) 日本における PSW

　日本では MSW（Medical Social Woerker 医療ソーシャルワーカー）がまず誕生した。PSW については，1948（昭和 23）年に，アメリカ留学で力動精神医学を学んだ村松常雄院長が，国立国府台病院に看護師の 2 人を社会事業婦という名称で配置したのが最初である。そして，1952 年，国立精神衛生研究所の開設に伴い，チーム医療が開始されたが，その時にチームの一員として 7 人の PSW が採用された。これも村松の要望であった。チームは精神科医（Psychiatrist），臨床心理師（Clinical Psychologist：CP，「師」を用いていた），精神医学ソーシャルワーカー（PSW．当時「精神医学」と訳されていた）で構成された。

　村松はその後転出した名古屋大学医学部精神医学教室においても PSW を採用した。その後，少しずつではあるが，精神衛生相談所や力動精神医学の影響を受けた精神科医の勤務する病院などに，PSW が誕生した[20]。

　1958（昭和 33）年には PSW の職能団体の全国組織結成の機運が高まり，国立精神衛生研究所が PSW を対象とした社会福祉課程研修を開始した（この年には，日本医療社会事業家協会は，日本医療社会事業協会と名称を変えて活動の力点を事業の発展においた）。1964（昭和 39）年に日本精神医学ソーシャルワーカー協会が発足した。しかし，PSW 設置の広がりが始まるのは，1965（昭和 40）の改正精神衛生法制定以降であった[21]。

(2) 相談援助と精神保健福祉士

1) 相談援助

　相談援助は，対人援助職，たとえば公認心理師なども行っていると考えられ

る。相談援助は最小の単位として，相談する人とされる人，換言すれば被援助者（B）と援助者（A）がおり，そこに主として心理的問題（C）があれば成立する。ただ，ソーシャルワーカーの相談援助の特色は，その問題解決過程に，（B）を取り巻く人的資源，社会資源など（D）と，（B）と（D）の間に生じる，岡村重夫のいう社会関係（E）が加わっていることである。つまり，ソーシャルワーカーは，（A）と（B）と（D）が関与し，（E）に注目するものである。ソーシャルワーカーの対処する問題は（E）における心理・社会・経済的な問題が中心となる。もちろん，（C）にも対処するのでクリニカルソーシャルワークは心理臨床と類似することが多いが，クリニカルソーシャルワークにおいても，このソーシャルワークの基本は共有する。

そして，昨今の共生社会推進の状況のなかでは，地域精神保健医療においては，PSW は精神というスペシャルな領域でジェネラリストアプローチ（個別から地域への対応が可能な，方法論的にジェネラルなアプローチ）を行うことが期待されている。

図表 12 − 2 で PSW 対象者の状況による分類を，図表 12 − 3 で PSW の対象・場の拡大を示す。

図表 12 − 2 においては，PSW には，精神保健と精神医療と精神障害の 3 領域における実践があることを示している。対象領域の明確化のために，3 領域に対応して仮に PSW を分類すると 3 種類のソーシャルワーカーが存在することになる。

精神保健ソーシャルワーカーは健常者（健康者），精神病者，精神障害者に対して働きかける。ただし，健常者（健康者）に対する働きかけは，「ソーシャルワーク」ではなく，「ソーシャルワーク予防」である。

図表 12 − 2　PSW 対象者の状況による分類

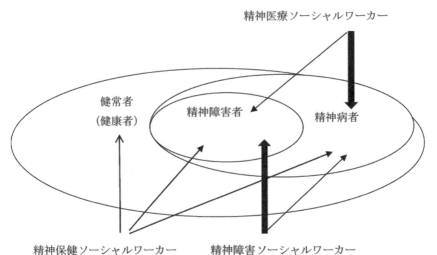

出所）厚生省保健医療局精神保健課が 1995 年に作成した資料をもとに筆者作成

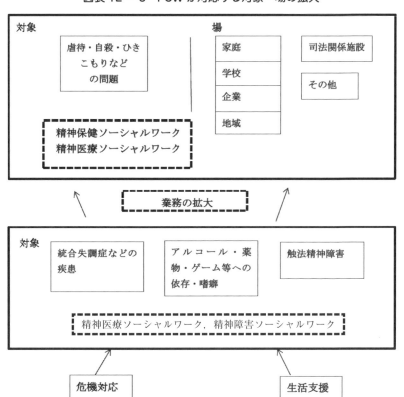

図表 12 − 3　PSW が対応する対象・場の拡大

出所）加納光子『改正精神衛生法時代を戦った保健所の PSW たち—萌芽するコミュニティソーシャルワークを支えた開拓型支援モデル—』ミネルヴァ書房，2017 年，p.42，一部変容

　精神障害ソーシャルワーカーは精神障害者を中心に精神病者にも働きかける。精神医療ソーシャルワーカーは精神病者を中心に精神障害者にも働きかける。しかし，障害者自立支援法が施行されて以来，PSW における障害者領域は，多職種が関わるようになってきており，将来的には PSW が主として関わる領域は精神保健医療領域へと移行して行くかもしれない。PSW の日本における呼称は，精神医学ソーシャルワーカーから，精神科ソーシャルワーカー，そして，精神保健医療ソーシャルワーカーへと変遷している。

　図表 12 − 3 では，PSW の業務の広がりを示している。前述の「心神喪失等の状態で重大な他害行為を行った者の医療及び観察等に関する法律（心神喪失者等医療観察法）」（2003 年）の制定以降，「社会復帰調整官」の設置など司法領域にも，拡がりを見せている。

2) 精神保健福祉士

　精神保健福祉士は，1997（平成 9）年度制定の「精神保健福祉士法」によると「『精神保健福祉士』とは，第二十八条の登録を受け，精神保健福祉士の名称を用いて，精神障害者の保健及び福祉に関する専門的知識及び技術をもって，精神科病院その他の医療施設において精神障害の医療を受け，又は精神障害者の

社会復帰の促進を図ることを目的とする施設を利用している者の地域相談支援（障害者の日常生活及び社会生活を総合的に支援するための法律（平成十七年法律第百二十三号）第五条第十六項 に規定する地域相談支援をいう。第四十一条第一項において同じ。）の利用に関する相談その他の社会復帰に関する相談に応じ，助言，指導，日常生活への適応のために必要な訓練その他の援助を行うこと（以下「相談援助」という。）を業とする者をいう」ということである。

　精神保健福祉士 =PSW ではない（旧カリキュラムのもとで PSW であっても，国家資格を取っていない人がいた）が，最近の PSW はほとんど精神保健福祉士の資格を取得している。資格取得者は一般には大学の福祉系の学部・学科卒であるが，専門学校もあり，その他いくつかの方法がある。

　そして，日本精神保健福祉士協会のホームページ [22) によると「精神保健福祉士は，精神科ソーシャルワーカー（PSW：Psychiatric Social Worker）という名称で 1950 年代より精神科医療機関を中心に医療チームの一員として導入された歴史のある専門職である。社会福祉学を学問的基盤として，精神障害者の抱える生活問題や，社会問題の解決のための援助や，社会参加に向けての支援活動を通して，その人らしいライフスタイルの獲得を目標とする。高ストレス社会といわれる現代にあって，広く国民の精神保健保持に資するために，医療，保健，そして福祉にまたがる領域で活躍する精神保健福祉士の役割はますます重要になってきている。」とされている。

　なお，ソーシャルワーカーとしての価値・倫理等については，多領域のソーシャルワーカーと共有するものであることは，もちろんのことである。

注）
1) 岡田靖雄「精神医療の歴史と現状」岡田靖雄編『精神医療』勁草書房，1964 年，p.20
2) 中井久夫『西欧精神医学背景史』みすず書房，1999 年，p.22
3) 前掲書 2)，pp.38-39
4) Shorter, Edward (1997) *A HISTORY OF PSYCHIATRY From the Era of the Asylum to the Age of Prozac* John Wiley & Sons, Inc.（= 1999 木村定『精神医学の歴史　隔離の時代から薬物療法の時代まで』青土社）997=1999，pp.25-26
5) 前掲書 2)，p.42
6) 前掲書 2)，p.63
7) 前掲書 1)，pp.22-23
8) 笠原嘉「レインの反精神医学について」『臨床精神医学』5 (5)，pp.675-682
9) 前掲書 1)，p.25
10) 精神保健福祉行政のあゆみ編集委員会『精神保健福祉行政のあゆみ—精神衛生法施行五十周年（精神病者監護法施行百周年）記念』中央法規出版，2000 年，pp.8-9
11) 加藤薗子「精神衛生相談員に関する研究」『佛教大学社会学部論叢』1969 年，p.40
12) 前掲書 10)，pp.11-12
13) 大野喜朗（2008）「イギリス精神保健の脱入院化への転換過程と精神保健ソーシャルワーク」『日本福祉大学社会福祉論集』第 119 号，2008 年，p.131

14) 荒川義子「第 2 章第 2 節　アメリカ精神医学ソーシャルワークの歴史」田村健三・坪上宏・浜田晋・岡上和雄編著『精神障害者福祉』相川書房，1986 年，p.53

15) 岡本民夫『ケースワーク研究』ミネルヴァ書房，1985 年，p.32

16) 前掲書 14)，p.53

17) 前掲書 14)，p.57

18) 前掲書 15)，pp.34-39

19) 前掲書 14)，p.63

20) 日本精神保健福祉士協会事業出版企画委員会編集『日本精神保健福祉士協会 40 年史』日本精神保健福祉士協会，2004 年，pp.18-19

21) 日本精神保健福祉士協会編集『精神障害者ケアマネジメント』へるす出版，2003 年，pp.22-27

22) 日本精神保健福祉士協会のホームページ，
https://www.japsw.or.jp/（2019 年 10 月 1 日閲覧）

プロムナード

　　最近，特に増加している児童虐待について，2019 年 1 月に，「児童虐待から子どもを守る議員の会」が開かれ，その席で西澤哲・山梨県立大学教授から「1990 年代から虐待対応が増加して児童相談所に求められる専門性が，施設に入所させる制度運用から，家族支援も含めたソーシャルワークへと変化している」，「高度な知識と技能が必要なのに，数年で異動する任用資格では専門性が育たず，問題が深刻化する」，「児童福祉司の 3 分の 1 を占めている社会福祉士の養成課程で子どもの虐待を学ぶのは 1 科目」，「公務員としてのアイデンティティも高く，児童福祉司の研修だけでは専門家は育たない」という指摘があったそうです。そして，新たな国家資格としての「子ども家庭福祉士（仮称）」の創設が提案されたといいます[注1]。

　　今まで事件が報道されるたびに，担当者の危機意識のなさに驚いていましたが，西澤氏の説明でその理由がわかりました。福祉士専門職でない人が 3 分の 2 もいたのです。西澤氏のいう「家族支援のソーシャルワーク」は本来ソーシャルワーカーの役割であって，その機能が十分発揮できないのは，行政の内部の運営の問題だと思います。内部の仕組みを変えるべきです。数年の移動も本人の希望を重視すれば良いのではないでしょうか。筆者の経験からすれば，専門職としてのミッションをしっかり持っている人なら，公務員へのアイデンティよりも専門職としてのアイデンティティの方が強いと思います。

　　担当者の増員は望ましい。故に「子ども家庭福祉士（仮称）」という名称の職種が必要であれば，国家資格にしなくとも十分な経験を積んだソーシャルワーカーを必置すれば良いのではないでしょうか。新たに募っても構わないし，他の職場からの移動であっても良いでしょう。応急的でありますが，今，急がねばならないのは「危機意識をもつこととその対応」です。社会福祉教育を受けたベテランのソーシャルワーカーなら児童分野もある程度経験すれば対応可能でしょう。そして，臨床心理や，精神医学の知見は精神保健福祉士ならその業務のなかで会得しているはずです。社会福祉士と精神保健福祉士という 2 つの国家資格ができたことで，安易に資格をつくろうという土壌ができ，本文でも述べましたが異なる名称をもつ多数の対人援助職ができてしまいました。

　　この本が出版される頃には，結果は出ていることになるかもしれませんが，今後に備えて，願わくば，社会福祉士を基礎資格としてその上に，精神保健福祉教育をするべきです。恐らく教育期間は学部教育の 4 年間に加えて何年かが必要でしょうが，このような教育を受けた人が西澤氏のいうような新資格に応えられる人ではないかと思います。

注 1)「福祉新聞」2019.2.6 引用
出所）https://www.fukushishimbun.co.jp/topics/21584 参照 2019.10.18

🖋 学びを深めるために

古屋龍太『精神科病院脱施設化論—長期在院患者の歴史と現況，地域移行支援の
　理念と課題—』批評社，2015 年
　　　PSW として実践経験の長い著者が，日本の精神科病院で長期在院している精
　神障害を有する方々の脱施設化を論じ，長期在院精神障害者の退院阻害要因と
　地域移行促進新要因を明らかにし，脱施設化戦略で関係者が共有すべき理念と
　方途を示しています。
加納光子『改正精神衛生法時代を戦った保健所の PSW たち—萌芽するコミュニ
　ティソーシャルワークを支えた開拓型支援モデル—』ミネルヴァ書房，2017 年
　　　初めて保健所に精神衛生相談員が登場した改正精神衛生法（1965 年成立）時代
　に，その場に身を置いた著者が，必要に迫られて自然発生的に行われた当時の
　コミュニティソーシャルワーク（＝日本で最初のコミュニティソーシャルワー
　ク）と，それを支えた開拓型支援モデルについて考究し，ソーシャルワークの本
　質を示しています。

第13章

高齢者福祉の問題を抱えた人びとに対する相談・援助活動

　　わが国の少子高齢社会の現状を把握するとともに，介護保険制度によって，在宅ケアを推進する方向性であることをふまえながら介護ニーズをとらえ，相談・援助活動を実施する必要がある。

1　高齢者福祉の課題である介護ニーズ

(1) 少子高齢社会の現状

　　総務省の人口調査によると，2018 年 10 月 1 日現在の日本の人口は，1 億 2,644 万人となった。前年比約 26 万人の減少，8 年連続の減少となった。

　　65 歳以上人口は，3,558 万人となり，高齢化率は 28.1%，その内訳では，「65 歳以上〜74 歳人口」は 1,760 万人，「75 歳以上人口」は 1,798 万人となり，初めて「75 歳以上人口」が「65 歳以上〜74 歳人口」を上回った。2018 年を境にして，今後「75 歳以上人口」すなわち後期高齢人口が増大していくと予測されている。

　　一方，15 歳〜64 歳人口は，1995 年に 8,716 万人でピークを迎え，その後減少し続け，2018 年には 7,545 万人と，総人口の 59.7% となった。

> **後期高齢人口**
> 前期高齢人口が 65 歳以上 75 歳未満であるのに対し，75 歳以上（場合によっては 80 歳以上）の人口を後期高齢人口とよぶ。

(2) 高齢者の家族と世帯の現状

　　『平成 29 年度国民生活基礎調査』によると，65 歳以上の者のいる世帯は 2,378 万世帯と，全世帯（5,042 万 5 千世帯）の 47.2% を占めている。

　　世帯構造別にみると，高齢夫婦のみで生活している「夫婦のみ世帯」が 32.5%，高齢者の一人暮らしである「単独世帯」が 26.4% となり，この両世帯を合わせると半数を超える状況になっている。

　　さらに 65 歳以上の「単独世帯」は，1980 年から 2015 年の 35 年間で，男性は 4.3% から 13.3%，女性は 11.2% から 21.1% となっており，今後は男女ともに増加する傾向にあると予測されている。

　　一方で，「三世代世帯」は 11.0% と年々減少している。「親と未婚の子のみの世帯」は，2011 年以降，20% 前後の推移となっている。

(3) 高齢者と疾病

　　『平成 28 年度国民生活基礎調査』による有訴者率は，年齢階級が高くなるにしたがって上昇し，「80 歳以上」では 520.2 となっている。症状別では，足腰に痛みのある高齢者の割合は，男性では 210.1，女性では 266.6 となっている。

　　通院者率（人口千対）では，年齢階級が高くなるにしたがって上昇し，「80 歳以上」で 730.3 となっている。

　　高齢者の死因別の死亡率（65 歳以上人口 10 万人当たりの死亡数）では，「悪性新生物（がん）」が最も高く，次いで「心疾患（高血圧性を除く）」，「老衰」と

> **有訴者率**
> 人口千人あたりの，病気やけが等で自覚症状のある者の比率。

なっている（厚生労働省「平成29年人口動態統計」）。

高齢者の認知症患者数と有病率の将来推計では，2012年は認知症患者数が462万人（高齢者の7人に1人）であったが，2025年には約700万人（高齢者の5人に1人）になると見込まれている（内閣府『平成28年版高齢社会白書』）。

(4) 高齢者と介護

介護保険制度における要介護または要支援の認定を受けた者は，2016年度末で618万7千人となっている。2007年度末から比べると，180万9千人の増加である（厚生労働省「介護保険事業状況報告（年報）」）。

年齢別でみると，「65〜74歳」で要支援の認定を受けた者は1.4％，要介護の認定を受けた者2.9％に対して，「75歳以上」では要支援の認定を受けた者は8.8％，要介護の認定を受けた者は23.3％となっており，「75歳以上」になると要介護の認定を受ける者の割合が大きく上昇していることがわかる（内閣府『令和元年版高齢社会白書』）。

次に介護が必要になる原因をみると，第1位認知症，第2位脳血管疾患（脳卒中），第3位高齢による衰弱，第4位骨折・転倒，第5位関節疾患となっている。介護度別にみると，要支援者では第1位関節疾患，第2位高齢による衰弱，要介護者では第1位認知症，第2位脳血管疾患（脳卒中）である（『平成28年度国民生活基礎調査』）。

こうした統計から，要介護，とりわけ介護度が高くなる大きな原因は，病気によるものといえる。したがって，多くの高齢者は在宅から病院へ入院となり，その後，退院する時には介護が必要な状態となっている。

(5) 高齢者と生活保護

生活保護被保護実人員は，2018年4月末現在210万3,666人，被保護世帯数は163万5,280世帯，うち高齢者世帯は87万9,041世帯で54％を占めている。近年，高齢者の被保護人員は増加傾向にある。

さらに生活保護を受けている高齢者世帯の9割が，一人暮らしであり，保護の受給期間が長い（厚生労働省「被保護者調査」2018年4月分）。

(6) 高齢者と犯罪被害

内閣府『令和元年版高齢社会白書』によると，2018年の振り込め詐欺の被害者は，60歳以上が83.7％を占めていた。オレオレ詐欺の被害者は，60歳以上が97.9％となっており，特に70歳以上の女性の被害者が79.8％を占めている。還付金等詐欺の被害者も，60歳以上が95.5％である。

図表13－1は，全国の消費生活センター等に寄せられた契約当事者が70歳以上の消費相談件数である。2018年度は，約23万件となっており，前年度か

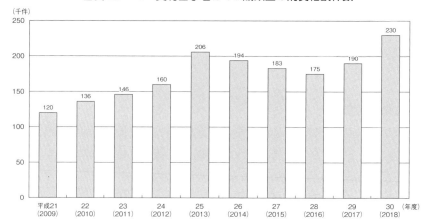

図表 13 - 1　契約当事者が 70 歳以上の消費相談件数

資料：消費者庁提供データより内閣府作成
（注）PIO-NET（全国消費生活情報ネットワークシステム）による平成 21（2009）年度〜平成 30（2018）
　　　年度受付分，平成 31（2019）年 3 月 31 日までの登録分。
出所）内閣府『令和元年版　高齢社会白書』2019 年 7 月，p.48

ら比べると 4 万件近く増えている。契約当事者が 70 歳以上の消費相談を販売方法や手口別でみると，かたり商法 3 万 1,578 件（13.7%）や家庭訪問販売 2 万 1,951 件（9.5%）となっている（内閣府『令和元年版高齢社会白書』）。

　（2）から**（6）**をふまえると，高齢による認知・理解力・判断力などの予備能力の低下が生じることによる生活の課題が起こってくること，つぎに，高齢により虚弱化や経済力低下，単身生活などによる社会的孤立に陥る可能性が高くなることがみてとれる。加えて，情報化社会にあっても高齢者は情報量が少なく，かつ偏った情報を得る傾向が強まること，こうした高齢期特有の課題を抱えながら，さらに介護を必要とする状態になったことにより，日常生活を営むことに困難な状況が生じていることがわかる。

　介護ニーズをとらえる際には，まず高齢者本人が人間としての基本的人権を尊重される生活が保障されることが前提となる。そして，介護保険制度下においても，家族介護が求められているため，介護している家族も人間としての基本的人権を尊重される生活が保障されなければならない。

2　要支援・要介護者家族の支援

（1）要介護・要支援認定者の現状

　要介護（要支援）認定者は，2017 年度末現在で 641 万人おり，2007 年度末の 437.8 万人から 203.2 万人増加している。第 1 号被保険者に占める認定者の割合は，全国平均で 18.0% となっている。

　前期高齢者（65 歳〜 74 歳）と後期高齢者（75 歳以上）の要支援・要介護認定を受けた者の割合をみる。前期高齢者で要支援の認定を受けた者は 1.4%，要介

護の認定を受けた者は2.9%，それに対して，後期高齢者では要支援の認定を受けた者は8.8%，要介護の認定を受けた者は23.3%となっている。後期高齢者になると，要介護の認定を受ける者の割合が高くなっていることがわかる（内閣府『令和元年版高齢社会白書』）。

次に，要支援・要介護の認定を受けた者が，介護保険制度のサービスをどのように利用しているのかをみる。

居宅（介護予防）サービス受給者は，2017年度累計で総数4,518万人，うち要介護（要支援）状態区分別では，要支援1は410万人，要支援2は570万人，要介護1は1,162万人，要介護2は1,043万人，要介護3は624万人，要介護4は431万人，要介護5は278万人となっており，要介護1の受給者数が25.7%と最も多く占めている。軽度（要支援1〜要介護2）の受給者では，約70.5%になる。1か月あたり平均でみると，総数で376万人となり，前年度（391万人）に比べ14万人（3.7%）減となっている（『平成29年度介護保険事業報告（年報）』）。

地域密着型（介護予防）サービス受給者数は，2017年度累計で総数1,001万人，うち要介護（要支援）状態区分別では，要支援1は6万人，要支援2は9万人，要介護1は283万人，要介護2は265万人，要介護3は204万人，要介護4は140万人，要介護5は93万人である。軽度（要支援1〜要介護2）の受給者は約56.3%，重度（要介護3〜要介護5）の受給者が約43.7%を占めている。1か月あたり平均でみると，総数で83.4万人となり，前年度（77.0万人）に比べ6万人（8.3%）増となっている。

施設サービス受給者数は，2017年度累計で総数1,116万人，うち要介護（要支援）状態区分別では，要介護1は60万人，要介護2は113万人，要介護3は258万人，要介護4は368万人，要介護5は317万人となっており，要介護4の受給者数が32.9%と最も多く，重度（要介護3〜要介護5）の受給者は約84.4%を占めている。1か月あたり平均でみると，介護老人福祉施設53万人，介護老人保健施設36万人，介護療養型医療施設5万人，総数94万人，前年度に比べ，介護老人福祉施設1.0万人（1.9%）増，介護老人保健施設0.3万人（0.9%）増，介護療養型医療施設0.5万人（9.7%）減となっている。

こうした統計から，今後，居宅サービスや地域密着型サービスを利用しながら，自宅や高齢者向け住宅，有料老人ホーム，グループリビングで生活する高齢者が増えていくであろう。一方介護度が高くなり，自宅や高齢者向け住宅，有料老人ホーム，グループリビングでの生活が困難な障害者は，施設で介護を受けるようになっていく。

(2) 介護者の現状

介護を必要とする高齢者は，家族による支援だけで生活をしている場合と居

宅（介護予防）サービスや地域密着型サービス（介護予防）を利用しながら，家族による支援を受けて生活している場合がある。

居宅における主な介護者は，要介護（要支援）者との「同居」が58.7％を占めている。その続柄をみると，「配偶者」が25.2％で最も多く，次いで「子」が21.8％，「子の配偶者」が9.7％となっている。さらに性別でみると，男性34.0％，女性66.0％，つぎに年齢階級別にみると，男女とも「60～69歳」が最も多く，男性28.5％，女性33.1％となっている（図表13－2）。

要介護度の状況を世帯構造別にみると，要介護者のいる世帯は「単独世帯」54.1％，「核家族世帯」68％，「三世代世帯」75.6％となっている。この統計から，「核家族世帯」や「三世代世帯」では同居している家族が介護を担っていることがわかる。一方，「単独世帯」のなかには，別々に暮らしている家族が介護を担っていることもある（『平成28年度国民生活基礎調査』）。

次に，同居している主な介護者が1日のうちに介護に要している時間をみると，「ほとんど終日」22.1％，「半日程度」10.9％，「2～3時間程度」10.7％，「必要なときに手をかす程度」44.5％である。要介護度別にみると，介護度が高くなればなるほど，「ほとんど終日」の占める割合が高くなり，「要介護5」では，54.6％となっている。

同居している主な介護者に関し，日常生活での悩みやストレスの有無をきくと，「ある」68.9％，「ない」26.8％となっている。性別でみると，「ある」は男性62.0％，女性72.4％で女性が高くなっている。ついで，日常生活での悩みやストレスが「ある」と回答した者の悩みやストレスの原因をみると，男女ともに「家族の病気や介護」が73.6％，76.8％と高く，次いで「自分の病気や介護」が33.0％，27.1％となっている（内閣府『令和元年度版高齢社会白書』）。

家族の介護や看護は，精神的にも体力的にも負担が生じるため，仕事を断念

図表13－2　要介護者等からみた主な介護者の続柄

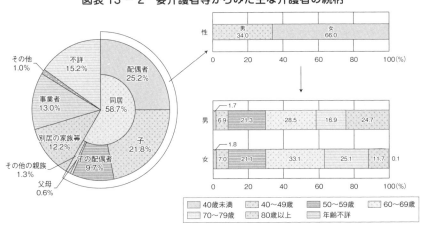

資料：厚生労働省「国民生活基礎調査」（平成28年）
（注）熊本県を除いたものである。
出所）図表13－1に同じ，p.34

しなくては介護や看護を継続できない状況に立たされる。2016年10月～2017年9月の1年間に介護・看護のため離職をしなくてはならない者は，99万1千人にもおよんでおり，とくに女性の離職者は75万1千人で，全体の75.8%を占めている（総務省「平成29年就業構造基本調査」）。

さらに，ヤングケアラーによる家族介護についても注目しておく必要がある。たとえば，市町村要保護児童対策地域協議会が把握しているヤングケアラー（N = 906）の属性は，男性が約39%，女性が約61%と，女性が多くなっている。また，学年では，小学生が約33%，中学生が約43%，高校生が約16%となっているが，それ以外にも，就学前が約1%，高校中退などで高校に行っていない18歳未満の子どもが約7%いた（「ヤングケアラーの実態に関する調査研究報告書」2019年3月）。

> **ヤングケアラー**
> 18歳未満の子どもが，家族にケアを必要とする人がいる場合に，大人が担うようなケアの責任を引き受け，家事や家族の世話，介護，感情面のサポートなどを行っていること。ケアが必要な人は，主に，障がいや病気のある親や高齢の祖父母，場合によっては，きょうだいや他の親族もある。

（3）介護者支援の必要性について

図表13 − 3は，「ケアラーを支えるための実態調査」（ケアラー連盟，2011年3月）のなかで，「ケアラー自身がほしい支援」についてまとめたものである。

図表13 − 3　ケアラー自身がほしい支援（ケアラー／回答者1,734人）

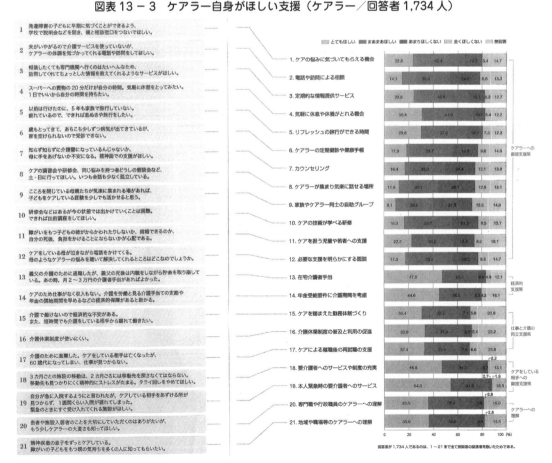

出所）NPO法人介護者サポートネットワーク・アラジン編集「ヤングケアラーの実態に関する調査研究報告書」2019年3月，pp.6-7

「とてもほしい」という回答について，高い順にみてみると，1番目は，「要介護者へのサービスや制度の充実」や「本人緊急時の要介護者へのサービス」といった「ケアをしている相手への直接支援策」である。2番目は「在宅介護者手当」や「年金受給要件に介護期間を考慮」といった「経済的支援策」，3番目は「専門職や行政職員のケアラーへの理解」や「地域や職場等のケアラーへの理解」といった「ケアラーへの理解」，4番目は「ケアを踏まえた勤務体制づくり」，「介護休業制度の普及と利用の促進」，「ケアによる離職後の再就職の支援」といった「仕事と介護の両立支援策」，5番目には「気軽に休息や休養がとれる機会」，「リフレッシュの旅行ができる時間」などの「ケアラーへの直接支援策」である。

さらに調査結果では，以下の3点を指摘している。1つ目としてケアラーが「とてもほしい」支援について，平均6つ選択していることから，幅広く多様な支援を望んでいることを指摘している。2つ目はケアラーにより，すべての項目を強く希望するグループと，いくつかの支援策のみを強く希望するグループに分かれた。そうした傾向から，ケアラーにより希望が異なり，その希望への強弱があることがわかった。3つ目は「ケアをしている相手」と両方への支援を強く望んでいることであった。

3 自己決定のニーズ

(1) 自己決定とは

自分自身が，自らの人生をどのように生きたいのか，生活をしていきたいのかを考え，決定することができることである。サービス利用者を対象者としてとらえるのではなく，「人生の主体者」としてとらえ直すことが重要になる。

(2) 高齢者が自己決定することの難しさについて

たとえば，介護保険制度における要介護認定調査を取り上げて考えてみたい。薬の内服についての項目で，「自立」「一部介助」「全介助」を聞くが，そもそも家族と同居しているか否かで異なってくる場合がある。高齢者自身ができる能力があっても，日常的に家族が手伝っていれば，高齢者自身は「できない」と思い込んでしまう場合が考えられる。いっぽう，高齢者の一人暮らしの場合，たとえ薬を飲み忘れることがあったとしても，頼る人が身近にいないことから本人がやるしかないため，薬の服薬はやっているすなわち「自立」となる。

このように，自己決定にあたっては，その人が置かれている社会的状況，判断能力，身体的，心理的な状態などとの関連で変わってくる。したがって，高齢者本人が意志表明をしたからといって，それが自己決定であるととらえてはならない。

> **自己決定**
>
> 人生の主体者としてとらえ直す視点が求められている。自己決定を可能ならしめるためには，選ぶことのできる選択肢の存在が必要であり，同意能力が欠如している者への援助も必要とされる。

（3）高齢者の「自己決定」の支援とは

　60歳以上の者に，万一治る見込みがない病気になった場合の最期を迎えたい場所を聞くと，「自宅」が51％，次いで31.4％が「病院・介護療養型医療施設」と回答をしている（内閣府『令和元年版高齢社会白書』）。

　いっぽう，実際の死亡場所についてみてみると，「診療所，病院死」75.8％，「自宅死」13％，「施設死」9.2％である（「人口動態統計」2016年）。年々，「施設死」，「自宅死」が少しずつ増加している。

　こうしてみると，たとえば人生の最期を迎える場所について，本人の希望と実際が異なっていることが推測できる。この場合において，希望と実際が異なる理由としてひとつは，家族や親族の意向が重視されたこと，2つには，自宅で最期を迎えたいが医療，看護，介護といったサービス体制が不十分なこと，3つには，高齢者本人の意志確認ができない，といったことが考えられる。

　「自己決定」は，高齢者本人が希望したことが実現できることであるが，実現が難しいこともある。希望することの実現に向けて，本人，家族，専門職，場合によっては地域住民などと，連絡を取り合ったり，調整したり，創り出したりしていく過程が大切である。その過程に，高齢者本人が主体的に参加できるようにすることこそ，「自己決定」に向けた専門職の支援である。

4 　認知症高齢者とその家族支援

（1）認知症高齢者の現状

　認知症高齢者数は，2012年に約462万人，65歳以上の高齢者の約7人に1人であったが，2025年には約5人に1人になると推計されている（内閣府『平成29年度版高齢社会白書』）。

　また認知症は，高齢者だけの病気ではない。「若年性認知症の実態等に関する調査」（厚生労働省2009年）によると，18歳〜64歳人口における人口10万人当たり若年性認知症の人数は，47.6人であり，うち男性57.8人，女性36.7人と男性が多かった。高齢になってから発症する認知症と比べて，脳の萎縮するスピードが速く，病気の進行が早くなる場合がある。さらに，仕事が続けられなくなり，収入がなくなり生活が困難になることもある。

　図表13－4は，認知症高齢者（日常生活自立度Ⅱ以上）の居場所の内訳である。半数は在宅で生活しており，半数は入所・入院（特別養護老人ホーム，介護老人保健施設，グループホーム，医療機関など）をしていることがわかる。図表13－4の（参考）は，認知症高齢者の日常生活自立度判定基準である。

（2）認知症高齢者を介護する家族への支援の必要性

　認知症高齢者を介護する家族への支援の必要性を理解するためには，当事者

若年性認知症
　18歳以上65歳未満で発症する認知症のある者をさす。

認知症高齢者の日常生活自立度判定基準
　地域や施設などの現場において，認知症高齢者に対する適切な対応がとれるよう，医師により認知症と診断された高齢者の日常生活自立度を保健師，看護師，社会福祉士，介護福祉士，介護支援専門員などが客観的かつ短時間に判定することを目的として，1993年に厚生省（現厚生労働省）により作成された判定基準である。

図表13－4　認知症高齢者の居場所別内訳（2010年9月末現在）

（単位：万人）

	居宅	特定施設	グループ ホーム	介護老人 福祉施設	介護老人 保健施設等	医療機関	合計
日常生活自立度 Ⅱ以上	140	10	14	41	36	38	280

※端数処理の関係により合計は一致しない。
※介護老人保健施設等には、介護療養型医療施設が含まれている。

（参考）

認知症高齢者の日常生活自立度

ランク	判　定　基　準		見られる症状・行動の例
Ⅰ		何らかの認知症を有するが、日常生活は家庭内及び社会的にほぼ自立している。	
Ⅱ		日常生活に支障を来すような症状・行動や意志疎通の困難さが多少見られても、誰かが注意していれば自立できる。	
	Ⅱa	家庭外で上記Ⅱの状態が見られる。	たびたび道に迷うとか、買い物や事務、金銭管理などそれまでできたことにミスが目立つ等
	Ⅱb	家庭内でも上記Ⅱの状態が見られる。	服薬管理ができない、電話の対応や訪問者との対応などひとりで留守番ができない等
Ⅲ		日常生活に支障を来すような症状・行動や意志疎通の困難さがときどき見られ、介護を必要とする。	
	Ⅲa	日中を中心として上記Ⅲの状態が見られる。	着替え、食事、排便・排尿が上手にできない・時間がかかる、やたらに物を口に入れる、物を拾い集める、徘徊、失禁、大声・奇声を上げる、火の不始末、不潔行為、性的異常行為等
	Ⅲb	夜間を中心として上記Ⅲの状態が見られる。	ランクⅢaに同じ
Ⅳ		日常生活に支障を来すような症状・行動や意志疎通の困難さが頻繁に見られ、常に介護を必要とする。	ランクⅢに同じ
M		著しい精神症状や問題行動あるいは重篤な身体疾患が見られ、専門医療を必要とする。	せん妄、妄想、興奮、自傷・他害等の精神症状や精神症状に起因する問題行動が継続する状態等

出所）厚生労働省老健局高齢者支援課認知症・虐待防止対策推進室「介護保険最新情報」Vol.298、2012年9月6日

組織の取り組みが参考になる。そこで「認知症の人と家族の会」による「認知症の介護家族が求める家族支援のあり方研究事業報告書（2011年度）」を取り上げる。

　この報告書では、認知症の高齢者を介護している家族の「つらさ」は、認知症高齢者との関わりのなかで生じる自分の気持ちの「つらさ」と、認知症高齢者本人以外の家族や親族との関係、近隣との関係などから生じる「つらさ」とに大別できることを指摘している。

　認知症高齢者本人との関わりにおける「つらさ」としては、認知症高齢者本人と「意思疎通がうまくいかない」という、その瞬間やその都度で生じる「つらさ」であった。さらに、認知症高齢者本人との関わりから生じる「自己嫌悪や情けなさ・疎外感」や「これで良かったのか」といった過去への後悔に対する「つらさ」もあることがわかった。

　次に、認知症高齢者本人以外の家族や親族との関係、近隣との関係においては、家族や親族あるいは近隣住民による、認知症に対する偏見、差別的なことばや態度によって受けた心の傷という「つらさ」であった。さらに地域住民に迷惑をかけてはいけないという気持ちから、「気の休まらなさ」という「つらさ」もあることがわかった。

　こうした介護の「つらさ」の時期については、「介護を初めて1～2年」と「本人の症状の変化が激しい時期」であることも明らかになった。

　一方、認知症高齢者を介護するなかで、家族が「介護をして得られる喜び・充足感」を持てたと回答している人もいることから、「つらさ」を一人で抱え

込んでしまわないよう，あるいは乗り越えられるように，専門職の支援が必要であることが指摘されている。

したがって，認知症高齢者を介護している家族が，介護をしていて「つらさ」が長く続き，孤独感や先の見えないなかで日々介護をしていると，虐待，介護自殺，介護心中，介護殺人などへつながっていく可能性が考えられる。制度やサービスの充実とともに，専門職が認知症高齢者を介護している家族の「つらさ」を理解し，支援をしていくことが重要である。

また，認知症サポーターを養成するための講座を通じて，地域住民に認知症を正しく理解してもらい，認知症になっても安心して地域で生活できる地域づくりの取り組みも不可欠である。地域住民が，認知症高齢者やその家族を温かく見守ることのできる地域社会になれば，認知症高齢者を介護する家族の「つらさ」を軽減することにもつながっていく。

参考文献
内閣府『令和元年版高齢社会白書』2019 年
公益社団法人全国老人保健施設協会編集『令和元年版介護白書』TAC 出版，2019 年

認知症サポーター
　2005 年より厚生労働省が開始した「認知症を知り地域をつくる 10 ヵ年キャンペーン」の一環として位置づけられた。このキャンペーンは，市民が認知症になっても安心して地域で暮らせるまちづくりをめざすもので，認知症サポーターの役割は，認知症に関する住民講座等に参加し，知見と理解を深め，認知症やその家族を応援するのである。

プロムナード

　孫が，祖父母の介護に携わるケースからヤングケアラーの抱えている課題を考えてみましょう。
　祖父が介護を必要とする状態になり，最初は配偶者である祖母が介護を担っていましたが，高齢のため無理できなくなりました。その子ども世代は共働きであり，老親の家に同居すると通勤できません。老親が子ども世代の家に同居することを検討しましたが，家が手狭なため無理でした。子ども世代の誰かが，介護離職する選択肢もありましたが，家のローンなどを考えたら共働きを辞められませんでした。
　そうしたなか，大学生の孫が祖父母と同居し，介護を担うこととなりました。通学は，親との同居の時は 1 時間程度でしたが，祖父母の家からは約 3 倍の時間を要するようになりました。それでも，最初は祖父の介護をしながら，学生生活も何とかやっていましたが，サークル活動を続けることができなくなり，1 時限目の授業は間に合わないことが多くなってしまいました。
　学業を犠牲にしないよう，介護保険制度のサービスを利用するよう教員が助言をしましたが，親は介護保険制度のサービス利用を拒否するため，孫である学生が祖父の介護を全面的に担わざるを得ませんでした。2 年生の頃，思い描いていた社会福祉分野の専門職への就職もあきらめてしまいました。
　ヤングケアラーが，学業を犠牲にしないで，家族のために介護を担えるような支援が必要です。

学びを深めるために

全国老人福祉問題研究会編『高齢者福祉白書　2019』本の泉社，2019 年
　この白書の執筆者は，高齢者福祉の実践者，現場の従事者，研究者などが，高齢者の生活や社会の現実に着目し，高齢者福祉の政策や制度のあり方を検討し，課題を導き出しています。市民・在野の視点で編集されていることから，制度，政策を批判的に読み解くことに役立ちます。

「ヤングケアラーの実態に関する調査研究 報告書」2019 年 3 月
　　日本では，介護者支援が諸外国と比較して遅れており，さらにヤングケアラーについては，認識さえもまだ不十分です。諸外国の実態や支援施策の紹介もあるため，ヤングケアラーの理解を深める一助となります。

索　引

あ 行

ICD　5
「IC のあり方に関する検討会」報告書　147
アイダ・キャノン　24
アイデンティティ　165
アクティブ 80 ヘルスプラン　68
浅賀ふさ　25
アセスメント　166
アドバンス・ケア・プランニング　133, 134, 150
アドヒアランス　166
アルコール健康障害対策基本法　180
アルモナー　21, 22
アンネ・カミンス　22
育成医療　51, 52
医師　104
意思決定支援　148, 149
一般病院　75
一般病床　58, 77
一般病棟入院基本料　91
遺伝子医療　14
医薬分業　106
医療介護総合確保推進法　59, 79, 132
医療・看護必要度　91
医療計画　57
医療圏　58
医療ソーシャルワーカー　114
医療ソーシャルワーカー業務指針　118, 120
医療ソーシャルワーカー倫理綱領　119, 152
医療的ケア児　11, 12
医療的ケア児等総合支援事業　12
医療費適正化　32
医療費の一部負担　47
医療法　3, 59, 72
医療法第 1 条の 4 第 2 項　147
医療保険給付優先　50
医療保護入院　179
医療倫理の 4 原則　151, 152
岩倉村の家庭保護　176
インターディシプリナリー・モデル　111
インターベンション　166
インテーク　166
院内連携　110
インフォームド・アセント　148
インフォームド・コンセント　104, 125, 146
ウェルビーイング　162
宇都宮病院事件　178, 179
栄養サポートチーム加算　100
ADL　84
エンゼルプラン　31

か 行

介護医療院　75, 80, 135
介護サービス計画　109
介護支援専門員（ケアマネジャー）　109
介護支援連携指導料　99
介護福祉士　108
介護保険事業計画　8, 137
介護保険法　132
介護予防・日常生活支援総合事業　133
介護老人保健施設　75
懐胎　152
がん医療　60
がん対策基本法　60, 82
回復期・慢性期　59
回復期リハビリテーション　164
回復期リハビリテーション病棟　83
回復的リハビリテーション　164
かかりつけ医　9, 81, 141
各種共済組合　46
家族会　120
家族介護　197
がん　60
看護師　104
患者サポート体制充実加算　97
患者の主体性の尊重　125
がん診療連携拠点病院　61, 83
感染症　4
感染症病床　58, 77
がん対策推進基本計画　60
管理栄養士　104, 107
緩和ケア　84, 101
基準病床数　58
基本診療料　90
キャプラン　176
キャボット，R.　23, 24
QOL（生活の質）　84, 160
救急医療　63
救急救命士　106
急性期　59
急性心筋梗塞　61
キューブラー・ロス　169
急変時の対応　140
救命救急センター　63
共助　133, 134
虚血性心疾患　61
居宅療養管理指導　140
記録の作成　128
均てん化　60
クラーク勧告　178
グリーフケア　170
呉秀三　176, 177
ケアマネジメント　127
経済的問題　119
経済的問題の解決，調整援助　123
ゲール　174
結核　4, 5
結核緊急事態宣言　6

結核病院　76
結核病床　77
ケネディ教書　177
健康格差　14, 69
健康寿命　69
健康増進法　69, 70
健康日本 21　68, 69
健康日本 21（第二次）　69
健康保険　41
健康保険法　36
言語聴覚士　104, 107
広域連合　49
高額医療・高額介護合算制度　33
高額療養費　47
後期高齢者医療制度　40, 48-50
後期高齢者支援金　48, 50
後期高齢人口　192
高次脳機能障害　14, 15
公助　133, 134
更生医療　51
公正の原則　151, 152
構想区域　59
高度急性期　59
高度生殖医療（生殖補助医療）　152
公費負担医療　50
公費優先　50
国民医療費　30
国民皆保険　3
国民皆保険皆年金　30
国民健康保険　40, 45
国民健康保険団体連合会　90
国民保健サービス（National Health Service）　22
国民保健サービス法　22
5 事業　57, 58
5 疾病　57, 58
互助　133, 134
個人情報の保護　126
個人情報の保護に関する法律　126
こども医療でんわ相談事業　66

さ　行

サービス付き高齢者向け住宅（サ高住）　134
災害医療　64
在宅医療　7, 138, 167
在宅療養後方支援病院　7, 143
在宅療養支援診療所　82, 93, 142
在宅療養支援病院　93, 142
作業療法士　104, 107
三次医療圏　57
GHQ　26
歯科医師　104
四箇院　19
事業継続計画（BCP）　64
事業場における治療と仕事の両立支援のためのガイドライン　12
自己決定　146, 198
自己実現　161
自己負担　47

自殺対策基本法　180
自助　133, 134
事前指示書（アドバンス・ディレクティブ）11
事前組織（化）協会（Charity Organization Society）（COS）　20
市町村社会福祉協議会　135
死の受容過程　169
社会生活上の基本的欲求　160
社会的入院　30, 180
社会的問題　119
社会福祉士　114
社会福祉士及び介護福祉士法　118
社会復帰援助　119, 122
社会保険診療報酬支払基金　90
社会保障制度改革国民会議報告　6
若年性認知症　199
周産期医療　66
周産期医療体制整備計画　67
重症度　91
終末期　10
就労支援　109
受診・受療援助　119, 122
受診・受療援助と医師の指示　127
出生前診断　153
受動喫煙　70
主任介護支援専門員　137
障害者基本計画　83
障害者基本法　83
障害児通所支援　12
障害者差別解消法　180
障害者支援区分　182
障害者総合支援法　63
障害者の雇用の促進等に関する法律の一部を改正する法律　180
障害受容　165
小児医療　65
助産師　104
助産所　75
自立支援医療　50
自律尊重の原則　151
審査支払機関　89
心神喪失等の状態で重大な他害行為を行った者の医療及び観察等に関する法律（心身喪失者等医療観察法）　179
人生会議　134, 150
人生会議（アドバンス・ケア・プランニング）10
人生の最終段階における医療・ケアの決定プロセスに関するガイドライン　101, 133, 134, 149
身体拘束　156
診療所　74
診療報酬　7, 122
診療報酬点数　90
診療報酬の仕組み　88
診療報酬明細（レセプト）　90
スピリチュアル　161
スマート・ライフ・プロジェクト（Smart life Project（SLP））　69

生活困窮者　136
生活習慣病　5
生活の質　84
生活保護被保護人員　193
生殖家族　163
精神医療審査会　179
精神衛生相談員　178
精神衛生法　177
精神科特例　177
精神科病院　76
精神疾患　15, 62
精神障害者　62
精神通院医療　51, 52
精神病床　58, 77
精神保健医療福祉の改革ビジョン　63
精神保健及び精神障害者福祉に関する法律（精神保健福祉法）　179
精神保健指定医制度　179
精神保健福祉士　108, 186
精神保健福祉士法　179, 186
精神保健法　179
自立支援給付　181
世界保健機関（WHO）　2
セカンドオピニオン　150
セクシャルマイノリティ　163
セツルメント運動　20, 23
船員保険　45
善行の原則　151
全国健康保険協会　40, 41-45
全国不妊専門相談センター事業　153
総医療費　34
臓器移植　11
臓器移植医療　154
臓器移植法第2条　154
相馬事件　176
ソーシャルワーカー　114
ソーシャルワーカー倫理綱領　119
ソーシャルワーク予防　185
尊厳死　155

た 行

ダーウィン　175
ターミナル・ケア　101, 139, 140
退院援助　119, 121
退院後生活環境相談員　182
退院支援　140
退院支援加算　95
退院支援計画書　95
退院時共同指導料　99
体外受精・顕微授精・凍結胚移植　152
ダブルケア　15
団塊の世代　132
短期保険証　123
地域移行機能強化病棟入院料　180
地域医療構想　9, 59, 139
地域医療構想調整会議　60
地域医療支援病院　76, 82
地域医療連携　112

地域援助事業者　182
地域活動支援センター　181
地域完結型医療　112
地域がん診療病院　61
地域がん診療拠点病院　60
地域共生社会　135
地域ケア会議　137, 138
地域ケアシステムにおける連携　112
地域支援事業　51, 139
地域生活支援事業　181
地域包括ケアシステム　7, 112, 132
地域包括ケア病棟　142
地域包括支援センター　136
地域密着型サービス　196
地域連携クリティカルパス　112
地域連携診療計画加算　99
地域連携パス　99
チームアプローチ　138
チーム医療　100, 106
チャールズ・ロック卿　21
中央社会保険医療協議会（中医協）　88
調剤薬局　75
定位家族　163
DMAT　64
出来高払い　93
トインビー・ホール　20
糖尿病　14, 62
ドクターヘリ　63
特定機能病院　75
特定行為に係る看護師　106
ドナー　154
トランスディシプリナリー・モデル　111
トリアージ　64, 152

な 行

生江孝之　25
ニーズ　118
二次医療圏　9, 57
21世紀における第二次国民健康づくり運動　69
日常生活圏域　132
日常の療養支援　140
ニッポン一億総活躍プラン　8
日本医療社会事業家協会　26
入院基本料　90
入院措置　178
入退院支援加算　95
任意入院制度・応急入院制度　179
認知症ケア　169
　——認知症ケア加算　97, 100
認知症高齢者の日常生活自立度判定基準　199
認知症サポーター　201
認知症施策推進大綱　106
脳卒中（脳血管障害）　5, 61

は 行

バザーリア　177
8050問題　15
発達障害　15

発達障害者支援法　180
ビアーズ，C.W.　175
PSW（Psychiatric Social Worker，精神保健医療
　　ソーシャルワーカー）　178
ひきこもり　15
PDCA サイクル　137
ピネル，P.　175
ヒポクラテス　18, 174
　　――の誓い　19
被保険者　35
日雇特例被保険者　44
日雇労働者　44
病院　74
標準報酬月額　34, 42
病診連携　112
病病連携　112
貧困状態　15
附属池田小事件　180
不妊治療　13
プライバシーの保護　126
プライマリ・ヘルスケア　36
プランニング　166
フレイル　8
フロイト　175
平均在院日数　32
へき地医療　65
へき地医療支援機構　65
へき地保健医療計画　65
ペルトン　23
包括医療制度　93
包括払い方式　93
訪問看護　94
他の保健医療スタッフ及び地域の関係機関との連携
　　126
保健医療　2
保険外併用療養費　33
保健師　56, 104, 106
保健師助産師看護師法　106
保健所　26, 56
保険診療の仕組み　88
保険料の減免措置　48
ホスピス　84
母体血清マーカー検査　154
ホリスティック　160

ま　行

マイヤー　183
マクロレベル　138
マズロー，A.　161
マズローの欲求階層　161
マルチディシプリナリ・モデル　111

慢性期　165
ミクロレベル　114, 138
看取り　140
無医地区　65
無危害の原則　151
無保険者　123
無料低額診療事業　47
メゾレベル　114, 138
メディケア　24
メディケイド　24
モニタリング　166
問題の予測と計画的対応　128

や　行

薬剤師　104
薬剤耐性（AMR）　67
　　――対策アクションプランの背景　67
ヤングケアラー　197
友愛訪問　23
有訴者率　192
予後　167

ら　行

ライシャワー事件　177, 178
ラウントリー　20
ラポール　166
リエゾン　66
理学療法士　104, 107
リッチモンド　23
リハビリテーション　61
リビング・ウィル　11, 156
療養・就労両立支援指導料　96
療養中の心理的・社会的問題の解決，調整援助
　　120
療養病床　58, 77, 93
療養病棟入院基本料　92
臨床研究中核病院　76
臨床工学技士　106
レシピエント　154
ロイヤルフリー病院　21
老人医療費　30
老人医療無料化　30
老人福祉法　6
老人保健法　6, 37
労働者災害補償保険法　37

わ　行

ワンデル勧告　37
ワンヘルス・アプローチ（One Health Approach）
　　67

［編著者紹介］

成清美治
なりきよよしはる

兵庫県生まれ

1985 年　龍谷大学大学院文学研究科修士課程社会福祉学専攻修了
現　職　神戸親和女子大学客員教授（社会福祉学博士）
主　著　『医療福祉概論』（共編）学文社　1997
　　　　『国際医療福祉最前線』（部分訳）勁草書房　1999
　　　　『現代医療福祉概論』（共編）学文社　2002
　　　　『医療介護とは何か』（共著）金原出版　2004
　　　　『保健医療サービス』（共編）学文社　2015　他

竹中麻由美
たけなかまゆみ

大阪府生まれ

1986 年　関西学院大学大学院社会学研究科修士課程修了
現　職　川崎医療福祉大学医療福祉学部医療福祉学科教授（博士（医療福祉学））
主　著　医療ソーシャルワーカーの仕事』（共著）相川書房　2000
　　　　『精神保健に問題を抱える人への介入の構造』（共訳）西日本法規出版　2005
　　　　『実践的医療ソーシャルワーク論』（共著）金原出版株式会社　2004
　　　　『保健医療サービス』（共著）学文社，2015
　　　　『多面的視点からのソーシャルワークを考える』晃洋書房（共編）　2016　他

大野まどか
おおの

兵庫県生まれ

1993 年　関西学院大学大学院社会学研究科修士課程修了
現　職　大阪人間科学大学人間科学部社会福祉学科教授（社会学修士）
主　著　『ケアマネージャーのための家族福祉論』（共編著）相川書房　2009
　　　　『事例中心で学ぶ相談援助演習』（共編著）みらい　2010
　　　　『相談援助の基盤と専門職』（共著）学文社　2010
　　　　『保健医療サービス〈改定版〉』（共著）学文社　2015
　　　　『保健医療サービス』（共著）ミネルヴァ書房　2017　他

保健医療と福祉

2020年4月1日　第1版第1刷発行
2022年1月30日　第1版第2刷発行

監修者　児　島　美都子
編著者　成　清　美　治
　　　　竹　中　麻由美
　　　　大　野　まどか
発行者　田　中　千津子
発行所　㈱　学　文　社

郵便番号　153-0064　東京都目黒区下目黒3-6-1
電話（03）3715-1501（代表）振替　00130-9-98842
https://www.gakubunsha.com

ISBN 978-4-7620-2977-6